教师专业发展的理性思考与实践策略研究

靳淑梅 著

天津出版传媒集团
天津科学技术出版社

图书在版编目（CIP）数据

教师专业发展的理性思考与实践策略研究 / 靳淑梅著. -- 天津 : 天津科学技术出版社, 2023.10
ISBN 978-7-5742-1414-9

Ⅰ. ①教… Ⅱ. ①靳… Ⅲ. ①师资培养 - 研究 Ⅳ. ①G451.2

中国国家版本馆CIP数据核字(2023)第133615号

教师专业发展的理性思考与实践策略研究
JIAOSHI ZHUANYE FAZHAN DE LIXING SIKAO YU SHIJIAN CELÜE YANJIU

责任编辑：田　原
责任印制：兰　毅

出　　版：天津出版传媒集团
　　　　　天津科学技术出版社
地　　址：天津市西康路35号
邮　　编：300051
电　　话：（022）23332377
网　　址：www.tjkjcbs.com.cn
发　　行：新华书店经销
印　　刷：石家庄汇展印刷有限公司

开本 710 × 1000　1/16　印张 16　字数 250 000
2023年10月第1版第1次印刷
定价：98.00元

前言

进入21世纪之后，教师专业化发展已成为我国教师教育改革的主流与主题，制定教师专业标准和教师教育课程标准、建立教师资格证“国考”制度等一系列重要举措，便是这一改革主流的明证。

对于身处这一改革时代而愿意从教的大学生而言，只有经过专业化的训练，才能成长为符合当代基础教育改革需要的高素质教师；只有具备完备、开放的专业知识结构，才能在面对现实教育情境时游刃有余；只有具备卓越的职业道德素养，才能在课堂中赢得“教育者”的美称。

本书共分为七个章节，对教师专业发展进行了较为全面的分析与研究，具体如下：

第一章为教师专业发展的认识，分别从教师专业与教师专业发展、教师专业发展的理论奠基、教师专业发展的理念指引三方面进行理论知识的论述。

第二章为教师专业发展的基本内容，主要包括形成合理的专业知识结构、持续增进和发展专业能力、不断提升专业道德水平。

第三章为教师专业发展的实施模式，主要包括学校本位下的教师专业发展实施模式、大中小学合作伙伴关系实施模式。

第四章为教师专业发展的影响因素，主要包括影响教师专业发展的内部因素、影响教师专业发展的外部因素。

第五章为教学反思相关内容，主要包括反思性教学对教师专业发展的促进作用以及教师专业发展教学反思实践策略。

第六章为同伴互助相关内容，主要包括同伴互助对教师专业发展的重要性以及同伴互助促进教师专业发展。

第七章为教师专业发展愿景规划设计与措施，主要包括实现愿景规划的六项重要修炼、做好个人专业发展的现状评估、制定实现愿景目标的具体措施。

为了确保研究内容的丰富性和多样性，书中参考了专家学者们的部分成果，在本书出版之际，谨向专家学者们及所有提供过帮助的朋友表示衷心感谢。许红花老师为本书的撰写提供了大量案例与实践资料，同时给出了很多宝贵建议，在此一并感谢。由于作者水平有待提高，本书难免存在不足，在此恳请读者朋友批评指正！

目　录

第一章　教师专业发展的认识

第一节　教师专业与教师专业发展

一、教师专业与教师专业发展解读

（一）专业与教师专业

1. 专业的内涵

《辞海》（第六版）中对“专业”的解释如下：①在教育上，指高等学校或中等专业学校根据社会专业分工的需要设立的学业类别；②产业部门中根据产品生产的不同过程而分成的各业务部分；③专门从事某项职业的。同时，它对“职业”的解释如下：①人们所从事的赖以谋生的工作的性质、内容和方式；②依人们参加社会劳动的性质和形式而划分的社会劳动集团。职业对于个人具有维持生活、参与社会活动、发挥才能的作用；对于社会具有实现社会控制、维持社会运转、为社会创造财富的功能。可见，职业与专业相关，但不等同。“职业”偏重于工作内容和方式范畴；“专业”强调其固有的专业技术素养和职责范畴，任何专业都有其被普遍认同的专业标准。一般来说，一种职业要被认可为“专业”，应该至少具备三个方面的基本特征，即具有不可或缺的社会功能、具有完善的专业理论和成熟的专业技能、具有高度的专业自主权和权威性的专业组织。

职业的“专业化”过程就是在一定时期内，逐渐成长成熟、符合一定的专业标准、从一个普通职业成为专门职业并获得相应的专业地位。教师职业的“专业化”过程也是如此，它不是以个人意志为转移的，而是受到整个社会职业的“专业化”浪潮推动，其实现是一个漫长的奋争过程。从半专业化到专业化是随着教师职业重要性的增强、专业技术内涵的丰富、技术水平的提高等而逐渐实现的。

2. 教师专业的含义

教师专业背后更深远的意义是在人类从工业化社会向信息化社会的巨大转型过程中，对于教师角色的功能和本质的重新理解和探索。当前，在全球范围内，教师专业化被普遍视为教师教育发展的主要趋势。对于其概念的界定主要源于人们对历史上其他职业专业化进程的洞察和分析。简单来说，教师专业化的含义是教师从“普通人”逐步转变为“教育者”，也就是从对教育缺乏专门知识和技能的个体，转变为拥有专门的教育知识和技能，并在社会中享有专业地位的过程。然而，值得注意的是，在一个职业专业化的过程中，提高专业地位和发展专业能力是相互关联、相互促进的。一方面，只有在一个职业的专业地位得到了提高，才能提出对专业知识和技能发展的要求，并为其提供保障。换言之，社会对教师角色的认可和尊重，是推动教师不断提升自己专业知识和技能的重要动力。另一方面，只有真正拥有独特的专业知识和技能，才能在社会中获得高度的专业地位。也就是说，教师必须通过自我发展和学习，不断提升自身的教育教学水平，提高对社会的服务质量，以便真正成为被社会尊重的专业人士。只有这样，教师才能真正赢得社会的尊重，实现自我专业化的目标。

（二）教师专业发展的内涵

教师的专业发展是指教师在其职业生涯中基于个体体验，依据职业发展规律不断提升、改进自己，以顺应职业发展需要的过程。教师专业发展不是把更深、更广的专业知识传授给教师，而是督促教师考虑如何在课堂上改善教学行为，进而为学生提供更优质的教学服务。教师专业发展是每位教师自身成长的必需，是教师职业自身的要求，是学校发展的必需，是个人行为，也是学校行为。

20 世纪 80 年代以后，教师专业发展成为教育学术界一个比较重要的课题，而对于什么是教师专业发展，目前仍没有特定的答案。基于不同的目的和对教师专业的不同认识，教师专业发展也产生了许多不同的观点和取向，可分为三类：一是教师专业发展的理智取向，认为教师的专业发展，就是教师接受充足的学科知识与教育知识；二是教师专业发展的实践—反思取向，认为教师专业发展所需的知识，不是通过外在的灌输获得，而是通过教师对自我实践的反思与理解来获得；三是教师专业发展的生态取向，认为教师专业发展不仅要通过教师个人的学习与实践反思，更为重要的是在教师群体中形成合作的专业发展文化与模式。[①]

教师专业发展的标志如下：专业信念——专业生活的动力和方向；教学主张——专业生活的价值追求；教学风格——专业生活的个性魅力；研究课题——专业生活的自我提升；写作兴趣——专业生活的心灵牧歌；教学业绩——专业生活的底气。而关于教师专业发展的内涵，本书从“要素”说和“素养”说两个方面进行阐释。

1. 教师专业发展“要素”说

教师专业发展“要素”说，是指教师的专业知识、专业技能、专业道德和专业情感四个方面的综合发展。其中，教师专业知识是指教师必备的科学文化知识，其结构总体上包括基本人文科学、自然科学知识、学科专门性知识和教育学科类知识。教师专业技能是指教师在教学过程中运用一定的专业知识和经验完成教学、科研任务的综合能力。教师专业道德是指教师在其职业生活中表现出来的专业价值观、专业行为准则、行为方式的总和。教师专业情感是教师素质中的动态要素，是教师对自身职业劳动的真情实感，其更多地体现为教师对自己所从事工作的认识和热爱。表 1-1 是与“要素”对应的教师专业发展的基本内容。

① 周跃良，曾苗苗 . 生态取向下促进教师专业发展的新途径：构建教师虚拟实践共同体 [J]. 教育信息化，2006（17）：3.

表1-1　与“要素”对应的教师专业发展的基本内容①

要　素	指　标	基本内容
专业知识	学科专业知识	学科专业知识精深，把握学科本质和学科思想与方法
	学科教研知识	能落实课标，能够示范教学的新理念和新设想
		根据内容和学生实际，创设情境、选择教学策略
	教师教育知识	明确教师需求和组织需求，构建学校特色学科和教师教育课程
		能够规划组织学校研修，并有针对性指导和引领
	课程知识	理解学科课程的育人价值，能够把握教材编写意图，组织教学
专业技能	课程建设与资源开发	能参与制定学校课程方案，指导课程开发与实施
		能根据学科课堂教学需求，带领团队建设学校课程教学资源
	教学研究与指导改进能力	能以多种形式调研教学现状，科学诊断课堂教学并精确指导
		能聚焦学科教学关键问题，带领团队研讨并在实践中改进
	质量评价与分析反馈能力	制定学科学业评价的方案，研制学科评价工具并实施评价
		基于大数据的分析和反馈，给学校和教师提出改进的建议
	教育教学科研能力	能洞察学科教学存在的问题，形成课题，用研究的方式解决问题
		能组织教学改革实验研究，善于发现并总结推广优秀的成果
专业道德	学习规划意识	树立正确的人生观和价值观，教育教学理念先进
		理解岗位内涵职责，以提升学校教育教学质量为己任
		合理规划职业发展，不断学习，顺应教育教学需求
专业情感	尊重和热爱	热爱学生和学科，不断提升教育境界
		遵循规律，尊重差异
		牢固树立服务意识，为学校、教师和学生的发展服务

① 初向伦．学校联盟 教师专业发展的新路径[M].长春：吉林大学出版社，2018：41-42.

教师专业发展的四个核心要素——知识、技能、道德和情感，可以被理解为教师在其全面认知结构中对知识、技能、道德和情感这四个认知部分的实际应用和展现。这样的理解是建立在心理学的认知联结理论之上的。根据认知联结理论，外部环境的各种刺激经过人们的思维和认知的加工以后，引发其产生特定的反应。因此，作为教师，在教育环境中不断接收到的外部刺激会经过思维和认知结构的处理，形成一系列的反应。这些反应在教师的行为和教学活动中得以体现，展现出他们的专业水平。然而，这不是一个单向的过程。教师在实践中的表现和反馈将再次反馈到他们自身的思维和认知中。这种反馈会触发新思维的产生，形成新的认知，从而导致教师在知识、技能、道德和情感这四个方面的变化。如图 1-1 所示。

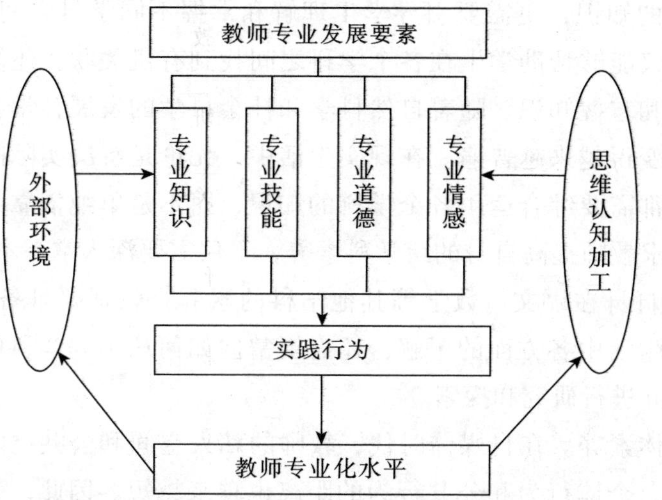

图 1-1　教师专业知识、专业技能、专业道德和专业情感的动态变化过程[①]

2. 教师专业发展“素养”说

（1）信息素养。人们生活在一个被信息化渗透的社会里，信息无处不在，犹如空气一样无孔不入。面对这种环境，如果还有教师盲目坚持“先闻道者为师”或“术业有专攻”这种信条，他们就可能无法满足现代学生的需求，也难以提高教育教学的质量和效率。如今的学生每天都会接触大量的信息，他们的信息素养在某些情况下甚至可能超过教师。因此，能够融入信息社会、

① 初向伦．学校联盟 教师专业发展的新路径 [M]. 长春：吉林大学出版社，2018：43.

提高自身的信息素养，已经变成教师胜任现代教育工作的基本条件。

（2）创新素养。教师的创新素养应该在以下几个方面得以体现：对教育教学具有积极的挑战心态、好奇心和想象力；鼓励学生发挥创新能力，将学生视为教育教学的主体，充分发挥学生在学习过程中的创新主体性；能够宽容学生在学习过程中的失败，鼓励他们敢于冒险，以此营造鼓励创新的教学氛围；将教育教学视作学生主动学习、探索反思、适应变化的创新过程；在教学过程中，从时间和空间上满足学生创新的需求，形成能够激发学生创新欲望、培育学生创新潜能的有效推动力；并且，教师自身在教学过程中也需要持续不断地创新，将每一次的教学都视作一次创新设计和实施的过程。

（3）跨学科素养。从学生全面发展的需求出发，教师不仅需要为学生提供单一学科的知识，更需要引导学生理解和掌握不同学科之间的互相联系。这种联系不仅能够帮助学生在各个学科之间找到有机关联，还能够帮助他们更好地理解和掌握知识。随着自然科学和社会科学的发展，学科之间的交叉和融合已经变得越来越普遍。在现实生活中，无论是解决实际问题还是理解社会现象，都需要综合运用各个学科的知识，而不是单纯依靠某个单一的学科。这就要求教师提高自身的跨学科素养，不仅需要深入掌握本专业的知识，还需要提高自身在语文、数学等其他学科的素养。教师要具备对科技动态、乡土人情等生活中各方面的了解，还需要掌握如何从不同学科的交叉、融合中找出问题并进行研究和探索。

（4）媒体素养。在自媒体时代，教师的私人空间和公共空间的界限已经越来越模糊，个体行为和公共行为的距离也越来越短。因此，教师提升自身的媒体素养变得尤其重要。这里所说的教师媒体素养，包括教师对媒体的认知、评判和运用的能力。教师应具备在面对海量信息时进行选择、理解、质疑和评估的能力，也需要具备熟练运用各种媒体工具的能力。教师的媒体素养可以分为三个层面，即基础素养、核心素养和关键素养。基础素养主要指各个领域的知识积累和教育教学的经验。核心素养主要包括了解各种媒体的特性、正确解读和运用信息、培养批判意识和能力、提高辨认和抵抗不良信息的能力，以及学会将媒体信息有效地用于教育教学的能力。关键素养则是持续追求教育新鲜信息的强烈意愿。

（5）社会参与和贡献素养。以往教师的活动范围多限定在学校的范围内，很少关注社会和政府事务。然而，随着我国国家治理体系和治理能力现代化的推进，教师被更多地期望参与政府事务和社会活动。在参与这些活动中，教师不仅可以实现自身的价值，也可能因为其特殊的身份和所获得的知识优势，成为引领公众参与社会事务的先驱。此外，教师也需要主动承担社会责任，参与学校周边社区的建设。他们可以利用自身的教学资源为社区居民提供服务，使学校的知名度与社会影响力得到提升，为社会的进步与发展贡献自己的力量。

（6）自我管理素养。自我管理强调的是教师的自我教育和自我约束的能力，这意味着行为的约束是通过内部的力量（自我）来实现的，而非传统的外部约束力量（如校长或专家）。简单地说，就是要知道自己应该做什么，并能够采取有效的行动。教师的自我管理能力包括多方面的内容，如设定清晰的目标，明确努力的方向，并积极朝这个方向迈进；时间管理，能够区分任务的优先级，有效安排和使用时间，避免工作拖延；沟通管理，根据不同的沟通对象采取相应的沟通策略，对可能影响沟通的问题进行早期发现和处理；情绪管理，能够控制自己的情绪，避免在情绪失控的情况下采取不合适的行动；健康管理，保持身心健康，定期进行身体锻炼，保持良好的心理状态等。

（三）教师专业化与教师专业发展的联系与区别

对于教师专业化与教师专业发展的关系存在着三种不同的观点。第一种观点认为，教师专业发展等同于教师专业化，所以在一些研究中，研究者往往将二者互换使用，不加区别。第二种观点认为，教师专业化包含着教师专业发展。专业化本身就包含着一种职业整体发展为专业的过程和某一专业中的个体逐渐成长为合格的专业人员两层意思。教师专业化也包括教师职业的专业化和教师个体的专业化过程两层意思。而教师专业发展则单指教师个体的专业化过程，即教师个体从非专业人员逐渐转变成专业人员并进一步发展的过程。第三种观点认为，教师专业发展不等同于教师专业化：教师专业化是指教师职业专业化的过程；教师专业发展则是指师个体由不熟练逐渐成长为成熟的、专业性强的专家型教师。这种观点强调教师专业发展的个体性和教师专业化的群体性区别。可以看出，对二者关系的不同看法是对二者概念的理解不一致导致的。

两个概念是有联系又有区别的。广义的教师专业化包括教师职业专业化和教师个体专业化，即包括教师职业专业化和教师专业发展。狭义的教师专业化则单指教师职业专业化，且在应用中，更多人倾向于使用狭义的教师专业化概念。所以，二者的联系首先在于广义教师专业化是包含教师专业发展的一个上位概念。其次，二者的联系还表现在二者是相辅相成的。在教师职业的专业化过程中，教师专业化制度的建立及教师专业化运动的发展为教师专业发展提供了保证，只有教师职业更加专门化才能为教师专业发展提供更好的条件。例如，20 世纪 60—70 年代人们争取教师职业的专业地位提升，待遇提高，这为教师的专业发展提供了更好的条件。教师个体专业水平的提高，也会更有力地支持和推进教师职业的专业化。

两者的区别如下。首先，20 世纪 60—70 年代是教师专业化，是教师群体、外在专业地位提升；20 世纪 80 年代后是教师专业发展，是个体、内在的专业性的提高。其次，教师专业化体现的是一种教育思想或思潮，是一种教育制度，以及一种教育改革运动；而教师专业发展包含的是一个教师成长的过程，是一个具体的实践过程。

二、教师专业发展的特征及意义

（一）教师专业发展的特征

1. 自主性

所谓自主性就是“自己做主”。教师专业发展是教师“自己做主”的发展过程。自主性一方面表现为发展的主体性和不可替代性，另一方面表现为发展的动力在内而不在外，是“我要发展”而不是“要我发展”。教师能不能发展，通过什么途径发展，在哪些方面得到发展以及发展到什么程度等，最终都取决于教师自身。自主性是教师专业发展的基本特点，更能体现教师专业发展“生命性”的特点。教师只有具备专业发展的自主性和自觉性，才能真正实现专业发展。教师专业发展的自主性具体表现在专业发展意识的形成、专业发展目标的设立、专业发展内容的确定、专业发展方式和途径的选择等方面。在某种程度上，专业自觉或专业自主本身就是教师专业结构的重要组成部分。

2. 终身性

教师专业发展不是一蹴而就的，而是一个长期的、持续终身的发展过程。一方面，生命个体的不确定性和生成性决定教师专业发展具有“终身性”的特点。教师的成熟只是相对的，发展才是绝对的，教师专业发展贯穿于教师职业生涯的始终，生命不止则发展永续。另一方面，知识的不确定性和获取渠道的多元化决定教师专业发展具有“终身性”的特点。知识日新月异、瞬息万变，教师也不再是学生获取知识的唯一渠道。教师只有坚持终身学习，不断提升自己的专业水平，才能适应不断变革的社会对教师职业的需要。

3. 独特性

每个生命都是独一无二的。每个教师都有自己的思想、感情和独立人格，所以教师的专业发展既具有共性，又具有自己的独特性和差异性。这种独特性和差异性具体表现在专业发展的速度、程度以及发展的途径、方式和内容等方面。在教师专业发展过程中，有的教师发展快，有的教师发展慢；有的教师这方面发展得好，有的教师那方面发展得不错；有的教师喜欢通过这种方式来提升自己，有的教师则习惯于那种方式发展自身。即便是两个都得到很好发展的教师，其风格也不尽相同。

4. 实践性

人的发展总是通过主体的各种实践活动来实现的，离开实践活动，人的发展无异于“纸上谈兵”。因此，教师专业发展离不开教师自身的教育教学实践，其具有实践性的特点。教师专业知识的理解离不开对教育教学活动的感悟，专业技能和专业能力的增强离不开教育教学实践的历练，专业信念的巩固更离不开教育教学情境的陶冶。可以说，教育教学实践是教师专业发展的现实动力和源泉。那种“书斋式”的教师专业发展是没有生命活力的，也是没有意义的，而且也算不上是真正的发展。只有与具体的教育教学实践密切联系，并在教育教学实践中不断学习、不断反思和不断改进，教师专业发展才能真正得以实现。正如学者张素玲所指出的那样：“教师角色的最终塑造必须在实践环境中进行。”[①]

① 张素玲.教师专业发展的特点与策略[J].辽宁教育研究，2003（8）：3.

（二）教师专业发展的意义

学校是精神特区、文化圣地、人才摇篮。教师作为立校之本、兴教之源，是亿万家庭的寄托、国家和民族的希望，对传承人类文明和社会进步起着桥梁和纽带作用。教师专业发展的意义表现在以下三个方面。

1. 教师专业发展是培养和造就人才的必要条件

教师是一种职业，也是一种专业，走专业化之路，既是教师实现人生价值的需要，也是为国育才的需要。教师要不辱使命，搞好教书育人不是轻而易举的事，需要付出极大的努力。学生只有通过教育才能成人成才，才能从无知走向睿智、走向成熟、走向卓越。教师的工作极具创造性和想象空间。教师所做的一切，都是创造性地促进学生发展，但教师自身的发展也是学校教育的重要目的。以教师的发展促进学生的发展是教师的根本任务，也就是说，没有教师的发展就没有学生的发展，只有做到教师为未知而教，学生才能做到为未来而学。可见，教师发展是学生发展的必要条件。

2. 教师专业发展是提高教育质量的关键因素

教育教学是学校的中心工作。学校教育质量的高低主要是由教师决定的，有了好教师才有好质量，有了一流的教师，才会有一流的教育。一所学校通过努力可以做到校舍漂亮、设备先进，但如果没有好的教师，其办学质量也难以保证，只能给人一个外在美感而已。教师作为课程的开发者和执行者、教书育人的组织者和参与者、学生成长的导师和领路人、教育改革的开拓者和终身的学习者，如果其素养不高、能力不强、教法运用不当，教育质量就无从谈起。目前，影响教育质量的因素很多，其中起决定作用的就是教师素养的发展水平。

3. 教师专业发展是形成学校教育力的核心要素

一个人遇到好教师是人生的幸运，一所学校拥有好教师是学校的光荣，一个民族源源不断涌现出一批又一批好教师则是国家的希望。学校办学有没有教育力、凝聚力和发展活力，关键看有没有好教师。教师的教育力主要来自教师对事业的无限忠诚和为事业的拼搏精神，来自校长的物质和精神的激励及对学生培养的高度责任感和自觉性。教师同其他人一样，在工作和生活中难免会产生惰性。如果教师总是机械地重复每一天的工作，没有明确目标和自主动力，势必会陷入推一推动一动、不推不动的局面，而被动的懈怠状态是不可能具有发展活力的。所以，不断为教师充电，不断注入新的专业发展动力，是形成学校教育力的关键所在。

第二节 教师专业发展的理论奠基

一、需求激励理论

（一）马斯洛的需求层次理论

美国心理学家马斯洛在需求层次理论中详细阐述了人类基本需求的五个层次，这五个层次是按照需求的重要性以及先后顺序进行划分的，分别为生理需求、安全需求、归属和爱的需求、尊重需求，以及最终达到的自我实现的需求。这种需求层次理论将人的需求从低级到高级进行了划分，体现了人的需求的发展顺序。也就是说，人们在满足了较低层次的需求之后，才会去追求更高级别的需求。同时，如果低级别的需求没有得到满足，更高级别的需求就不会产生。马斯洛的需求理论揭示了人的需求的本质特征，对人类行为的动机、激励理论和管理实践都有着重大的影响。然而，在现实生活中，人的需求往往是复杂和模糊的，不一定完全符合马斯洛的需求层次模型，需求的顺序排列可能因人而异、因时而异。因此，要激励他人，就要知道其现在处于需求层次的哪个水平，然后去满足这些需求。激励的基础是研究、分析被激励者的需求，特别是被激励者的主导需求。

（二）奥尔德弗的“ERG”理论

美国行为科学家奥尔德弗对需求层次理论进行了修正和精简，提出了同样具有深远影响的“ERG”理论。这个理论是基于奥尔德弗的大量研究和观察得出的，他认为人的基本需求不是五种，而可以概括为三种核心需求，分别是生存的需求（Existence）、关系的需求（Relatedness）和发展的需求（Growth）。在“ERG”理论中，生存需求指的是人们在基本的生活条件，如衣食住行等方面的需求。这是人们生存的基础，通常这些需求只有通过金钱才能得到满足，这与马斯洛需求层次理论中的生理的需求和安全的需求有很大的相似性。关系的需求主要是指与他人建立和保持良好关系的需求，包括和谐的人际关系、稳定的友情和感情关系以及找到归属感的需求。这个层次的需求在一定程度上对应了需求层次理论中的归属和爱的需求。而发展的需求，是指一个人在个人成长和事业发展上的需求，体现了人们追求自我提升、追求自我价值的实现，以及在工作和生活中有所成就的愿望。这部分需求相当于需求层次理论中的尊重的需求和自我实现的需求。奥尔德弗的“ERG”理论强调人的生存、关系和发展这三个方面的需求，为理解人的行为动机提供了一个新的视角，尤其是在劳动人事管理和现代企业激励管理领域提供了有力的理论支撑，并对企业实际操作和员工激励机制设计产生了深刻的启迪。也就是说，各种需求可以同时具有激励作用，人们可以同时追求各个层次的需求，而且由低到高的需求层次顺序也不一定非常严格，可以越级上升。只要能满足人们的需求，就可达到激励的目的。

（三）麦克利兰的成就需要理论

美国行为科学家麦克利兰著有《促使取得成就的事物》一书，他在这本书中提出了成就需要理论。该理论的核心要点是人的需要可以被分为三种类型，第一种是对权力的需要，第二种是对社交的需要，第三种是对成就的需要。如果一个人对于权力的需要非常强烈，那么他在生活中会十分热衷于追求领导者的地位，喜欢参加辩论、演讲这样的活动，喜欢去控制和影响别人；对社交需求强烈的人，则热衷于通过与社会及他人的友好交往来获得快乐，并在此过程中展现自我价值；对成就需求强烈的人，则更加愿意给自己设定一个目标，然后不断朝着这个目标去努力，不畏惧任何挑战，他们喜欢在良好的工作环境中奋斗，勇于承担责任并乐于通过自己的努力来解决问题，然后获得成就感和内心的满足感。在麦克利兰看来，人类最高等级的需求就是高成就需求，激励主体应该给激励客体创造条件，使激励客体能够取得成就。除此之外，人对于成就需求的程度不一样，其所采取的激励方法也不一样。

（四）赫茨伯格的双因素理论

20世纪60年代，美国心理学家赫茨伯格出版了《工作与人性》一书，他在书中提出了双因素理论，将引起人们工作动机的因素分成了两大类，一种是激励因素，另一种则是保健因素。激励因素是可以让人觉得满意的因素，保健因素则是让员工不满意的因素。前者能够使员工的满意程度得到提升，如果激励因素不足，员工就容易产生不满的情绪。保健因素的缺乏也会导致员工怀有不满情绪，但是即便是具备了保健因素，员工也不一定能够提升工作的积极性。激励因素属于心理因素，如领导的赏识、成就感、责任、进步等，这些因素都可以有效调动员工工作的积极性。而保健因素则与员工工作的环境有关，如公司的工资制度、同事关系、公司各种政策等。能够对员工起到激励作用的因素有工作中的成就感，工作带来的愉快，在工作中取得成绩后获得奖励，职务的责任感等。这些都属于积极因素，会在人的工作动机中长期发挥积极作用，也是员工工作动机的来源。另外，赫茨伯格还提出，为了提高工作效率，应增加激励因素，改变以往流水线的生产方式以及以往的管理方法，采用更加丰富化的管理方式，降低员工在工作中的不满情绪，从而控制旷工率，促使产品的生产效率及质量得到提升。激励主体研究激励客体工作中的因素或在工作中的需求，强调成就、认可、工作本身、责任、晋升、发展，通过改善工作或满足激励客体在工作中的需求来实现激励，调动激励客体的积极性。

要基于教师心理和行为活动的规律进行教师激励。需求是激励的内在基础或源泉，所以教师的激励必须从教师的需求出发。基于教师需求的激励是指学校管理者结合办学管理实际，在充分考虑和引导教师需求的基础上，通过多种激励方法的有效结合，合理且充分地满足教师需求，最大限度地持续激发教师的工作动机，使他们的积极性得到最佳发挥的过程。简言之，就是学校管理者合理且充分满足教师需求、激发教师动机、调动教师积极性的过程。基于教师需求的激励是对忽视教师需求的激励、未同时关注并满足学校需求和教师需求的激励以及只片面满足教师需求的激励的超越，因而是教师激励的新发展。

二、教师成长理论

（一）教师专业发展阶段理论

1. 国内教师专业发展阶段理论

（1）叶澜等的教师发展五阶段论。2001 年，叶澜等以自我专业发展意识为标准，找寻教师的内在专业结构更新和改进的规律，把教师专业发展分为五个阶段，即“非关注”阶段、“虚拟关注”阶段、“生存关注”阶段、“任务关注”阶段、“自我更新关注”阶段。① 该理论是在国外学者提出的理论的基础上进行的强化与扩展，更加全面且清晰。简单来说，就是对以往占据优势的“三关注”理论进行扩展和丰富，由新的“五关注”理论取而代之，这不仅是新时代背景下对教师专业化发展的需求，也体现了我国师范教育的特征，有着很强的实效性。

（2）吴康宁的教师职业社会化理论。吴康宁教授于 1998 年出版了《教育社会学》一书，就教师发展阶段展开了论述。他在书中提出，教师职业社会化是一个过程，包括两个阶段，即任教前的预期职业社会化与任教后的继续职业社会化。② 我国的教师必须有专业师范教育的经历才能在教育岗位任职，也就是说，只要进入了师范院校，就预示着职业社会化已经开始，而学生从院校毕业也就预示着该阶段已经结束。教师的继续职业社会化指的是个体为了胜任教师这一职业而进行社会化。继续职业社会化的方法除了教育教学实践以外，教师去往进修院校脱产学习也是实现社会化的一种途径。

2. 国外教师专业发展阶段理论

（1）教师专业发展三阶段理论。福勒和布朗的教师专业发展三阶段理论指的是在教师专业发展过程中经历了三个阶段。

第一阶段：关注生存。处于这一阶段的教师往往是刚刚参加工作的新教师，在职场中初出茅庐，对于学校中的一切环境还相对较为陌生，他们非常担心自己的生活适应性问题，尤其是个人的人际关系问题，于是将发展的重

① 叶澜，白益民，王枬，等．教师角色与教师发展新探[M]．北京：教育科学出版社，2001：278-302.

② 吴康宁．教育社会学[M]．北京：人民教育出版社，1998：215-221.

点放在处理各种人际关系上。

第二阶段：关注情境。当教师能够游刃有余地处理好周围的人际关系后，他们便开始将发展的重点转移到教学中，即进入关注情境阶段。这个阶段的教师一般是有一定经验的，他们会花更长的时间和更大的精力来投入自己的教学事业。开始考虑"上课前会准备什么样的材料""如何充分地备好课""怎样才能上好一堂课"以及"怎样才能提高学生的成绩"这种问题，同时也会对自己的班级进行管理，全面投入整个教育教学情境。

第三阶段：关注学生。一个教师仅仅关心所教班级学生的成绩是不足以成为一名优秀教师的，还需要将关注的重点聚焦在学生身上。这里的关注学生并不等同于关注生存阶段的希望学生喜欢自己，而是真正开始考虑学生的个别差异问题。每一个学生都是带着自身的经验来到课堂中的，他们每一个人的经验基础、兴趣爱好、个性特点等都是作为一个教师在教书育人过程中需要考虑的因素。要结合不同学生的需要和特点进行因材施教，选择适合学生发展的教学材料和方式。而能否自觉关注学生也是衡量一个教师是否成长成熟的重要标志之一。

（2）教师专业发展"四阶段"理论。该理论研究的鼻祖是美国学者福勒（Fuller），其在1969年编制的《教师关注问卷》成为教师发展理论研究的开始。根据关注内容的不同，将教师由师范生到专业教师的成长过程分为以下四个阶段：

任教前关注（pre-teaching concerns）阶段。此阶段因为尚未经历教学角色，没有教学经验，所以只关注自己。

早期生存关注（early concerns about survival）阶段。此阶段关注的是作为教师自己的生存问题。他们关注班级管理、教学内容以及指导者的评价。

教学情境关注（teaching situations concerns）阶段。此阶段关注的是教学情境的限制和挫折，以及对它们各种不同的教学要求。

关注学生（concerns about students）阶段。此阶段教师亲身体验到必须面对和克服较繁重的工作来关注学生。

（3）教师专业发展"五阶段"理论。美国亚利桑那州大学在对教师教学专长发展的研究中，受人工智能（AI）研究领域中"专家系统"的思路的启发，在德雷福斯（Dreyfus）（1980）职业专长发展五阶段理论的基础上，提出了教师教学专长发展的五阶段理论。

教师专业发展“五阶段”理论指的是教师教学专长的发展可以划分为新手教师、熟练新手教师、胜任型教师、业务精干型教师和专家型教师五个阶段。

所有教师都是从新手阶段起步的。随着知识和经验的积累，大约经过2～3年，新手教师逐渐发展成为熟练新手教师，其中大部分熟练新手教师经过教学实践和职业培训，经过3～4年成为胜任型教师，这是教师教学专长发展的基本目标。

此后，大约需要5年左右知识和经验的积累，有相当部分的教师成为业务精干型教师，其中部分业务精干型教师在以后的职业发展中成为专家型教师。

有学者在大量的定性与定量研究基础上，对教师教学专长不同发展阶段的特征进行了详细论述。

第一，新手教师的特征。新手教师是那些刚刚经受了系统的师范教育后走出校门、步入教育教学职业的新人。他们的教学特长在几个关键领域有明显的表现：首先，新手教师的行为具有理性化的特点，他们在遇到问题时会经过分析和思考后再去解决问题；其次，新手教师在处理问题时的灵活性相对较差，可能对于某些突发情况的应对不足；最后，新手教师在处理问题时往往会刻板地依赖特定的原则、规范和计划。在这个初级阶段，他们需要对与教学有关的实际情况以及具体的教学情境有一定的了解。也就是说，对于新手教师来说，从实践中积累经验往往比学习理论知识更关键。

第二，熟练新手教师的特性。熟练的新手教师已经开始将实践经验和书本知识进行有效整合，并逐步掌握了教学过程中的内在联系。他们在教学方法和策略方面的知识和经验有所提高，处理问题时已经能够表现出一定的灵活性。他们的教学行为更多地受到经验的指导，但在区分教学情境中的重要信息和无关信息方面仍然有一些困难。此外，他们对自己的教学行为的责任感还稍显不足。

第三，胜任型教师的特性。这些教师的教学行为目标性明确。他们能够找出教学情境中的关键信息，并且可以通过有效的方法和手段来实现教学目标；他们对自己的行为结果负有更高的责任感，对于成功和失败的结果都有强烈的情绪反应。然而，尽管已经达到了胜任的阶段，他们的教学行为在快捷性、流畅性以及灵活性方面仍有很大的提升空间。

第四，业务精干型教师的特征。经过多年教学经验的积累，他们拥有了很好的直觉判断能力，在类似的教学环境中无须过多思考就能做出正确的判断。同时，他们的教学技巧也已经进步到了近乎自动化的阶段。也就是说，他们能以极少的意识努力，对各种教学情境做出迅速、准确的反应。然而，即使他们的教学行为已达到流畅、灵活和迅速的程度，他们仍未完全实现认知自动化。这种水平的技巧，源于他们多年的教学实践，以及他们从中积累的丰富知识和经验。

第五，专家型教师的特征。专家型教师处理问题的方式超越了理性的层次，已经进入了非理性的领域。这并不意味着他们缺乏逻辑，而是说明他们能够直观地观察和判断教学环境，无须深入进行分析和思考。他们可以依靠多年的经验，迅速地识别出问题，并找到恰当的解决方案。他们处理教学问题的能力，已经达到了迅捷、流畅和灵活的程度，甚至实现了自动化水平。在大多数情况下，他们无须刻意努力，就能轻松应对各种教学问题。尽管他们在日常教学中很少表现出反省思维，但只要结果与预期有所偏差，他们就会马上开始反思和分析。值得注意的是，只有少部分业务精干型教师最终能够成长为专家型教师。

该理论对教师发展的诸多方面都拥有重要的启示和指导作用。首先，它为我们理解教师资格认证的问题提供了一个新的视角，引导我们思考何种认证标准能更好地反映出教师的教学能力和专业素养。其次，针对新入行的教师，这一理论也给予了我们对于其职业培训的形式和内容进行深入探索的依据，可以借鉴其思想，创新培训模式，增强培训效果。再次，对于培训的标准与规范，这一理论也提供了明确的方向，使我们能够在培训过程中有法可依、有标准可循。这个理论还引导我们思考如何更有效地将教师的理论知识与实践经验进行整合，使得教师的专业发展更加全面和深入。这不仅涉及教师的个体发展，也关系到教育组织的整体效能。最后，如何培养出更多的专家型教师，是教育工作者一直关注的问题。这个理论为我们提供了新的思考路径，鼓励我们从教师的知识、技能、态度等多个维度进行全面考量，实现教师专业化的持续提升。因此，这个理论无疑具有重要的参考价值和广泛的应用前景。

（二）教师合作理论

戴维·约翰逊的社会互依性理论具有深远的内涵，该理论探讨了特定社会环境下，人们如何根据自身所追求的目标结构来决定他们的相互交互方式。更为重要的是，这种交互方式又在相当大的程度上影响着特定环境的最终结果，并对互依类型、心理过程、交互方式和结果之间的因果联系进行了深入阐释。约翰逊的社会互依性理论进一步澄清了互依性类型与其相关心理过程、交互方式以及结果之间的内在关联。该理论主张以交互效率为标准，处于积极互依环境中的个体为了共享的目标更愿意分配信息资源，更倾向于与他人积极合作以实现共同的目标。然而，当处于消极互依的社会环境中时，个体间的互动模式会发生显著的变化。在这样的环境中，个体间的关系更多的是相互竞争，他们只专注于个体的成就，甚至在某些情况下，他们可能会以他人的失败为代价来实现自身的成功。另一种情况是无互依性的环境，这种情况下，个体在达成目标时与其他成员并无关联。个体更关注的是如何通过自身的努力来取得成功，这意味着不会产生实质性的互动。这一观点强调在这种无互依性的环境中，个体是以自我为中心，追求个人成功，而并非依赖与他人的交互。

对于互依的心理过程，约翰逊主要从三个方面进行深入剖析：心理能量的投入、替代性以及诱惑性。首先，关于心理能量的投入。在积极互依的情境中，合作者倾向于投入更大的心理能量，而在消极互依的情境中，心理能量的投入则相对较少。其次，从替代性的角度来看，在积极互依的环境中，个体的工作效果与团队其他成员的表现紧密相连。然而，当人们转向消极互依的情境时，这种替代性就不存在了。在这样的情境中，个体只有击败其他人，才能实现自身的成功。最后，关于诱惑性。在积极互依的情境中，互依的双方相互影响，具有较强的开放性。然而，在消极互依的环境下，互依的双方往往展现出更多的竞争、抗拒和对抗。而在无互依的环境下，心理过程不受影响。就互动方式而言，积极互依情境下的个体更容易产生协同的互动，因为他们通过构建共享的愿景，并积极合作实现目标，进而增进彼此的理解，建立良好的人际关系。相反，处于消极互依情境下的个体往往产生阻滞式的互动，他们以个人目标为驱动力，缺乏有效的沟通和合作，容易产生冷淡的人际关系。而对于无互依性情境下的个体来说，互动是不存在的。

从互动的结果来讲，积极互依可以使个体之间的关系得到增进，从而打造出良好的合作环境使个体与人合作的能力得到提升。也就是说，积极的互依所带来的结果也会是积极的；反过来说，如果是消极的互依，所带来的结果也必定的消极的；如果没有互依性，也就不会带来什么结果。在学校范围内，教师与教师之间的合作属于在特定社会环境下的一种互动，这样的合作与社会互动的基本要求和特征是相符的，基于社会互动理论，对教师合作的意蕴进行重新解读，并对教师合作的意义进行提炼，这是非常切合的。教师是一种特殊职业，教师群体长时间以来都在被专业的个人主义以及专业自主传统所影响，使教学工作呈现出个体性及独立自主性。然而在新时代的发展背景下，教师要积极与他人合作，在合作的过程中获得他人对自己的评价与期望，然后利用新的理念，通过知识共享、能力提升等方式来自我改进，从而向着大家期待的方向去发展。

通过探究社会互依性理论在三种不同互依情境下个体间的互动模式、方式、效率及相应的结果，我们可以更加深刻地理解创造积极互依情境的重大意义。通过构建积极的互依环境，个体在合作过程中能有效地将自身的利益与团队的共同利益紧密相连。这让个体学习到如何在保护自身利益的同时，不仅仅局限于个人的收益，并在与他人的合作中建立起良好的人际关系，提升自身的协作技巧，并在合作的过程中获得成长。这也是社会互依性理论在解析不同互依环境下个体间互依状态的价值所在，为进一步构建协作文化提供了理论基石。

（三）学习型组织理论

1900 年，由彼得·圣吉编著的《第五项修炼：学习型组织的艺术与实务》出版，书中首次提出了学习型组织的理念。要想创建学习型组织，要做好五项修炼，即自我超越、改善心智模式、建立共同愿景、团队学习和系统思考。学习型组织理论是管理理论中新的典范，它与当代的终身教育思想相结合，并得到了大量的实践，在管理界引发了重大反响，也给教育界从理论及实践两个方面都带来了深远的影响。

合作源于主体的资源与主动，教师之间能否建立良好的合作关系，也是由教师是否主动参与合作的心理与态度所决定的。而自我超越的精神需求则对于教师的合作态度与心理具有重要影响，精神“自我超越”的人内心深处会有一个非常想要实现的愿望，并且会为了实现这个愿望而全心投入、不断创造，从而实现一种真正意义上的终身“学习”。所以，就“五项修炼”对教师合作的动力、方法、途径以及培育教师合作文化上的启示进行探讨，从一种全新的理念和视角审视教师合作这一重要而现实的问题，有利于促进教育实践中教师间的有效合作。

第三节　教师专业发展的理念指引

一、师德为先

（一）师德教育要重视与教师专业情意提升相结合

教师的专业素养应覆盖三个核心领域，即教师的专业知识积累、专业技能的精炼以及专业情感的完整。在教师的专业成长路径中，我们往往高度重视教师的专业知识和技能，却常常忽视了专业情感的培养。实际上，专业情感是教师职业道德的精髓，是教师对于教育事业的情感关怀与价值取向的有机结合，主要包括专业理想、专业情操、专业倾向以及专业自我四个方面。我国对于专业情感的研究，在最近几年里才开始逐渐得到重视，并被视为提升教师职业道德的关键。

首先，要聚焦于强化学校环境的营造。一个富有生机并积极的学校环境有助于培养和激发教师的专业热情，同时也有利于提升他们的道德素质。因此，为了提高教师的道德素养，学校应在其独特的研究和管理框架下，创造一个能提升教师专业情感素养的文化氛围，并构建一个可以驱动教师专业成长的机制。

其次，对于教师的心理健康和稳定，学校必须给予足够的关注。在追求专业发展的道路上，教师需要有自我成长和进步的意识和渴望。然而，面对日常生活和工作中的各种压力，教师可能会出现一些心理问题，这可能导致他们的专业热情减退、教育责任感下降，甚至对自身的评价产生疑虑。因此，在道德教育的实施中，学校需要特别关注教师的个别心理辅导工作，尤其是对于新入行的年轻教师和经历专业挫折或者稳定更新阶段的教师，要及时介入并解决他们的专业情感问题。

最后，为了强化教师的专业情感并培养他们的专业道德，应尽可能地开展“教师经典阅读”活动。这种以阅读经典作品为基础的教师职业教育模式，可以通过阅读人文经典、教育经典、学科经典书籍来增强教师的专业情感，提升他们的精神境界，提高他们的人文和科学素质，从而塑造他们的专业道德。这种做法无疑是提升学校道德教育水平的重要途径。

（二）师德教育要注重与教师的专业知识技能发展紧密结合

教师的道德素养并非孤立存在，而是深深地嵌入其专业技能之中，这一素养在教育教学的过程中展露无遗，并以教师的实践洞察为依托得以实现。要使道德教育有所成效，就需要将其融入实际的教学，这样才能使教师的道德素养与其专业技能达到无缝衔接，形成一个不可分割的整体，从而助力教师的专业发展。为了实现这一目标，道德教育者需要注意以下几个关键因素。

首先，需要扩大道德教育的内容，使其与教育教学实践相结合。道德教育并非仅仅是教师职业道德规范和法规条款的学习，实施道德教育时，除了教师需要掌握通常的道德规范，还需要确立与现代社会相一致的教育理念，拥有全面的知识体系、优秀的沟通技巧和全面的人文素养。只有这样，专业技能的提升和道德修养的提高才能相辅相成。

其次，需要改变道德教育的形式，尽可能使其无形无迹。因为传统的道德教育过于重视形式，有些活动容易使教师感到疲倦、厌烦，甚至产生抵触心理。因此，道德教育者需要悄然无声地将道德教育融入教育教学的各个环节，通过提升教师的专业发展，达到道德教育的效果。这样一来，教师的道德素养就能自然而然地达到内心自愿接受、理解和认同道德教育的目标，将实现道德价值视为自我价值的实现，视之为内心的快乐，视之为自己生活的一部分。

最后，需要以教师的专业技能为基础，寻找到合适的方式来实施道德教育。如果将道德原则与教师专业发展的各个方面分开，道德教育就会像在树上寻找鱼一样毫无效果。因此，强化道德教育的关键在于学校根据其实际情况，找到合适的实施途径，将道德修养与教育教学紧密地结合在一起，通过道德推动能力提升，通过能力表达道德，激发教师全力以赴地探索教育教学的规律，全面改革教育教学的方法，提升教育教学的质量。除了使用传统的道德教育方式，还需要根据实际情况，利用案例研究、课程开发、微博、教学反思等新颖的方法，使道德教育与教师的专业发展紧密地结合在一起。只有道德教育紧密地与教师的专业技能相结合，贴近教学的实际情况，使教师明白“为何这样做”，道德教育才会更有说服力，更能引起共鸣，并产生实际效果，从而有力地推动教师的专业发展。

二、学生为本

（一）让学生得到全面和谐发展

以“学生为本”的教育理论在核心上关注的是提升学生的全面成长。此处的全面发展是根据马克思主义的理念，强调人的全方位成长。这一理念主要包括三个方面：第一，人的生理及心理力量都会得到充分发挥，而其余各个方面的力量也会在此基础上得到提升；第二，人的身体以及智力会在充分发展后得到整合；第三，人各个方面的能力会慢慢向熟练认识社会发展规律及利用自然的方向发展，最后成为自由王国中的一员。

现代人的全面发展应涵盖自然属性和社会属性、身体和智力、生理和心理的协调、统一发展。现代教育要致力于对个体的全面培育。如今社会市场在不断拓宽，社交呈现出广泛化的特点，人们有了更多的自由时间，这都为人的全面发展提供了有利的条件。简而言之，“以学生为本”的教育理念要将学生的全面发展作为重要内容。

（二）让全体学生都得到发展

确保每位学生都能进步是素质教育的必须标准。一个显著的现代教育特点就是其民主精神。民主在教育领域的体现，外在来看就是教育普遍覆盖所有人，而其内在体现就是每位学生都得以全面发展。实现所有学生的全面发展是实现社会公正，特别是教育公平的基本途径，这也是“以学生为本”的教育理念的核心含义。为了做到这一点，必须确保在不同地区、学校和班级间平等分配教育资源，并对所有学生一视同仁。

（三）让学生主动发展

“以学生为本”的教育理念除了注重促进学生的全面发展，还致力于将这种发展变成主动发展。古往今来，不管是我国还是国外，教育发展史上一直都有主动发展的教育思想，如苏格拉底的“产婆术”，以及布卢姆的掌握学习、建构主义的学习理论等。可见，主动发展是尤为重要的，尤其是在当前的时代背景下，主动发展的重要性更加突出。也正因为这样，教会学生学习、促进学生积极主动的发展是世界各国教育改革的共同目标。要想促进学生的主动发展，就要注重将学生的内发性以及主观能动性激发出来。内发性指的是学生的发展不是被迫的，而是出于自身的内在需求；主观能动性则是指在发展过程中，学生所展现出来的创造性。教师不应简单地向学生传授知识，还要教给学生获取知识的方法，培养学生主动学习的意识、自觉性和主动性。

（四）让学生实现可持续发展

可持续发展理念已经成为被国际社会所认可与推崇的发展观。要想实现社会的可持续发展，势必要从人的可持续发展入手。如今人类社会已经进入了学习型社会，终身教育也在被广泛推行，人们不再局限于接受学校阶段的单一教育，而是将学习当成了促进自我发展的终身任务。为了与此相适应，教育也要进行相应变革，从而促进学生可持续发展的实现。

一是适应性发展。也就是要培养和提升学生在工作、生活等多个方面适应现代社会以及未来社会的能力。

二是潜能发展。从哲学角度讲，之所以会提出人的可持续发展，就表明人是需要不断完善的社会存在。每一个个体都有自己的独特性，有自己的长处与潜能，而教育行为就是为了将个体的这些潜能最大限度地挖掘出来，并不断发展，使人得到不断的自我完善。

三是连续发展。当前的发展是未来发展的基础，学生要连续地发展，从而达到终身进步的目标。

（五）充分发挥教师的主导作用

“以学生为本”的教育理念重视学生在教育教学中的主体地位，但是并没有对教师的主导地位加以否定。也就是说，以学生为主体和以教师为主导二者并不冲突，而是和谐统一的关系。只有充分发挥教师的主导作用，才能真正做到“以学生为本”；发挥教师主导作用是“以学生为本”的必要条件。正如汤光凡所言：“教师用一种爱的力量、真理的力量、向上的力量去影响和感染或制约学生，用一种关切去解决学生主动发展中需要解决的一切。”①

（六）充分发挥教育的社会功能

长期以来，有关教育价值取向的观点主要有两个，一个是教育社会本位论，另一个是教育个人本位论。“以学生为本”并没有忽视教育的社会功能，而是说在现代教育里，个人发展与社会发展的结合才是更为关键的。只有以学生为中心，教育才能真正使学生得到好的发展，培养出可持续发展的人，从而实现教育的最终目标。要不断培养学生发展成为社会需要的人才，使其在步入社会后为社会做出贡献，实现教育的社会功能。教育活动势必要基于社会需求而开展，社会多多少少都会对教育产生一定的影响，因此，“以学生为本”的教育理念不应脱离社会条件，这一教育理念的内在要求也包括社会功能的充分发挥。

三、能力为重

（一）教师能力标准的理论界定

1.关于“标准”的理解

对于“标准”一词的理解，可以参考《辞海》的基本定义：①衡量事物的依据或准则；②榜样，规范。教师能力标准的理解应该充分体现这一基本含义，既是评鉴的准则，也是工作的指导。基于这种理解，教师能力标准具有四个方面的意义和功能：工作标准、评价标准、认定标准和发展标准。首先，作为工作标准，教师能力标准是教师在教育教学中取得实践效果的有效

① 汤光凡．生本课堂教学策略的思考与实践[J].湖南教育：中旬（B），2016（1）：28-29.

指导。其次，作为评价标准，教师能力标准为检查、评估、鉴定和诊断教师的实践能力水平提供基本准则。再次，作为认定标准，教师能力标准为确认教师的专业能力水平提供认定依据。最后，作为发展标准，教师能力标准为形成和发展教师的专业能力提供方向性和规范性要求。

2.关于“能力”的理解

在众多的关于教师能力和教师能力标准的研究中，对教师能力的界定是以外延性描述呈现的。例如，廖泉文、杨泉认为能力是指一个人在从事某项工作或完成某项任务时所必须具备的知识、技能和态度。①

国际培训、绩效、教学标准委员会对能力标准的定义如下：它包括了一系列准备、教学方法与策略、评估与评价、教学管理等能力维度，使个人能够按照专业标准要求有效地完成特定职业或工作职责。这些能力标准还具体包括各项能力和具体的绩效指标。

通过分析上述相关研究现状发现，在描述能力的内涵、结构和外延性之间缺乏内在一致的解释环节。简单地列举外延并不能清晰地展示实质性的内涵，与此相关的是，外延组合没有明确内涵，不能为教育能力结构体系提供合理的支撑，不能在经验之外对确定的条款及维度加以解释，也无法论证该体系如何能够完整、无偏差地呈现教师应具备的能力。所以，与教师能力相关的实质性内涵是不容忽视的重要问题。本书尝试基于教师的专业意识建立教师知识、技能和情感态度的能力理论模型。选择教师专业意识作为出发点的理由是教师专业能力主要是精神形态的心智能力，人类一切精神活动的初始形态都是以意识来呈现的，并且也伴随和支配着人的行为活动的发生。所以，作为通过行为表现出来的特质，人的心智能力被归结为意识，而教师专业能力的内涵也可能通过意识去定义，即教师专业能力就是在教师教学行为与活动过程中呈现出来的专业的意识品质。教师专业能力实质上是教师专业意识的外在化和客观表现。在这个定义中，关于“在行为中究竟表现出来的是什么”的问题得到了明确的回答，根据教师专业活动的特点，答案是意识，也就是教师的专业意识品质。它不仅会在教师的教学行为中体现，也是教学行为的动力。

---

① 廖泉文，杨泉．人力资源发展专业人员所需具备的知识、能力和技巧[J].人才资源开发，2007(8)：2.

该理论的定义有可能会成为对教师能力内涵界定和外延表现二者关系进行解释的途径。此外，该理论定义也启发人们培养教师的意识品质也能有效促进教师专业能力的形成与发展，以获得可以操作的路径；通过这一路径可观察到在具体的教学实践中教师能力的可观测性。

（二）教师能力标准理论模型

1.教师能力标准理论模型概述

教师能力的标准理论模型是以教学理论、教学意识和教学行为这三个要素为基础的。“教学”在这里特指教师的教学活动，这是一个简练却深入本质的描述。“教学意识”到“教学行为”展示了理论的界定：教师的专业能力实质上是教师专业意识的物化，表现在外部的行为上。教学行为受教学意识驱动和支配，且始终伴随着教学意识。同时，教学行为也是教学意识的直接反映。“教学理论”到“教学意识”体现了教学作为一种专业活动的特性。教学意识在形式上不同于普通人的意识，但作为专业意识，其内涵和来源确实与普通意识不同。教学意识由教学理论的内化形成。因为教师拥有由教学理论内化而成的教学意识，这使他们具有独特的专业性，这种专业性是其他群体无法替代的。教学意识源自教学理论，但教学理论不仅仅是一个启动的“开关”，在启动之后就被抛到一边，而是在教学意识中内化，构成了教学意识的基础。因此，教学意识始终拥有教学理论的意识，这不仅使它能够驱动专业的教学行为，也指向教学理论，不断加强对教学理论的理解。这种相互作用的关系揭示了教学理论、教学意识和教学行为三者之间关系所构成的教师能力的基本机制：教学理论引发教学意识，教学意识引发教学行为。同时，每一个“引发”关系，都不仅仅是启动，而是既引发又内在拥有的关系。在教学行为中内含着驱动行为的教学意识，驱动并内在于教学行为的教学意识中，又包含着教学理论。

2.关于教的理论

在本模型中，教的理论处于起点的位置，并按照模型的理论逻辑，具有既引起教的意识，又内在于教的意识，最终也内在于教的行为的内在拥有关系。这种内在拥有关系是因为教的理论本身具有构成它的内在前提。教的理论在模型中是由多种学科体系共同构成的，如哲学、教育学、自然科学等，它属于解释和支持系统，同时也是一种自觉的、庄严神圣的追求超越和普遍态度的共组。知识体系可以来源于多个学科领域，具体内容也丰富多样，但是不管是哪一学科的理论，都不能缺少庄严神圣、追求超越和普遍的态度。同样，教的理论也是如此，作为教师之教的解释和支持系统，它同样不是单一学科所构成，而是各个相关内容共同组成的，而庄严神圣、追求超越和普遍态度也伴随其存在。作为教的理论整体的存在，它通过引起和内化为教的意识对教师之教产生有效的支持，开始形成教师之教的能力。在理论内化为意识的过程中，理论的根本意义再次得到了展现，教的理论作为教师教的解释与支持系统，不应该是机械化、概念化、教条的内容，而是会因为积极地参与而变得更加形象和丰富。这一过程的实现也正是教师“教”的使命。

3. 关于教的意识

教的意识在本模型中处于核心位置。教师的行为受到教的意识的引导和支配，教的理论也通过教的意识对行为产生直接影响。教师的行为主要是有意识的行为，对于影响教师行为的各个因素，最终主要还是通过意识来实施。教师的经验，也是通过意识引发教师行为的。尽管存在通过无意识执行经验引起教师行为的情况，教师经验中也包含无法完全涵盖的意识成分，如习惯和技能可能因为熟练而自动执行，但需要注意的是，尽管这些成分对于教师教学具有一定意义，但它们的发展更倾向于“匠人”的操作性行为方向。教师曾经被形容为“教书匠”，正是因为过于强调了这一方面的成分。本模型更注重教的理论引发教的意识，教的意识引发教师行为，进而构成教师能力的基本机制，将其作为教师专业化的基本机制。在模型中，通过意向、信念、理解、反思这四个方面，使教的意识得以呈现和把握。这种呈现结构并不是严格意义上的意识结构，意识的整体性使得意识结构问题变得复杂。

4. 关于教的行为

教的行为可以说具有无限丰富的外延。本模型试图从根本的内涵实质出发，把握教的行为。教的行为总是有意识的形成、发展或变化。尽管教的行为的外延可以非常广泛，但它只有在具备了内涵实质时才能成为真正的教的行为。教的意识意味着意识到每个教的行为都需要引发意识的发生、发展的变化。教的行为能否有效地引发意识的形成成为一个标志，取决于它是否能为意识的形成提供可以接纳它的内在前提。意识的最根本、最原初的前提具有直观、可感的意识形象，这是教育中强调直观性原则的真正来源。然而，直观性并不仅仅指感官刺激引发的反应，刺激会很快消失，而它和刺激是不一样的，它会成为一种持续的意识形象。由于事物不同，学科领域中意识形象所呈现出的学科性质也不同。教的行为要求教的人对于各学科领域都有深刻的理解，从而保证意识形象可以将各学科的特性准确地反映出来。意识发展阶段不同，在体现意识形象时也会有多种不同的形式。意识在发展成熟以后，抽象的逻辑和概念也能引发意识形象。不过，教育不只是引发意识的概念及逻辑，也能促进意识的养成。正确的第一反应是学生意识品质形成的体现，教的行为过程可以通过学生的第一反应来把握。

四、终身学习

（一）终身学习的背景

终身学习是一种不断学习的过程，它贯穿于每个人的一生，旨在帮助每个社会成员适应社会发展和实现个人发展。也就是我们常说的“终其一生，不断求知”。

（1）20 世纪 50 年代末到 60 年代初，社会和技术急速变革，不仅经济结构、流程和功能在诸如生产、销售和消费等方面发生了巨大变化，普通家庭的日常生活方式也遭受了深远影响。人们面对的职业、家庭和社会生活是全新且不断发展变化的。为了适应这些变化，人们必须用新的知识、技能和观念来武装自己。终身学习理念强调人们在一生中需要持续学习，以不断更新知识和保持适应性。

（2）随着社会的不断发展，人们的个人追求也随之不断提升，人们对于自我实现的要求也在不断提高。第二次世界大战以后，经济不断恢复，人们也慢慢走出了往日的生活资源不足的困境。科学技术的进步使人们承担的工作、生活等方面的体力劳动得到减轻，人们可以自由支配的时间越来越多，开始追求高品质、高层次的精神生活，想要通过自身的努力来完善自我。然而，仅凭单一的学校教育是很难实现的，树立终身教育的理念就显得尤为重要。

（3）自从建立了近代的教育制度后，在培养与塑造新时代青年方面，学校扮演着不可替代的角色。然而，20世纪60年代后，学校教育出现了诸多矛盾，很多弊端都暴露了出来，如校园暴力问题、学生逃课现象、考试压力过大及过分重视学历而造成学校教育和社会脱节的问题等。面对诸多问题，人们纷纷提倡从根本上对教育制度进行改革来解决问题，希望将学校教育、家庭教育与社会教育相结合，大力倡导终身教育。

（二）终身学习的特点

1.终身性

终身学习强调的是将学习看作一个人一生中需要不断坚持做下去的事。学习是个体生命中所受的教育总和，包括正规的教育体系以及非正规的教育形式，同时包含教育体系的各种形式以及各个阶段。

2.普遍性

终身学习的普遍性表现在不管社会中的个体是什么年龄、性别、种族和经济状况，都应该接受终身教育。事实上，每个人在当今社会都必须学会生存，而学会生存就必须接受终身教育。因为适应并发展于时代是每个人的必然选择，而能够生存就必须会学习，这是现代社会对每个人提出的新要求。

3.灵活性和实用性

现代社会提倡的终身学习具有灵活性与实用性，这体现在有学习需求的人不管是在什么时间、地点都可以通过各种方式来满足自己的学习需求，学习的时间、地点、方式都可以根据学习者的需求来决定，学习者可以根据自己的想法灵活地做出选择。

终身学习的实用性表现在以下方面：它可以帮助人们解决工作中遇到的一些问题；可以促使人们在生存与发展中的需求得到满足；会使人们拥有更多实现人生价值的机会；会使人们的精神世界变得更加丰富多彩；可以使人们的生活品质得到提升。要想不断地认识世界、探索自然、不断发展和完善自我，就必须走学习这条道路。不管是对于一个个体来说，还是对于一个团体、一个民族，甚至是整个社会来说，只有坚持学习，才能不断获得新的知识，提升自己的才能，从而跟上时代的发展步伐。

终身学习是指人们在整个生命过程中的持续学习，无论年龄多大，学习活动都应该贯穿于日常生活中，从而为人们的成长和发展发挥良好的促进作用，并满足不断变化和发展的社会的新需求。从一个个体来到这个世界上开始，学习就成了他的基本行为。不学习就无法认识和改变自然，也无法适应社会，无法获得进步。学习的意义并不仅仅是可以获得一些知识与技能，学习还可以使人更聪明，使整个社会更文明，使自我更完善。正因为这个原因，学习被人们视作永恒的主题，人们不断强调学习的重要性，并积极寻找有效的学习方法。另外，人们也逐渐意识到，学习就和实践一样，都是永无止境的。生命是有限的，但知识是无限的。世界是不断变化的，总是会有新的问题和新的情况出现，知识的更新速度也在不断加快。为了与这个瞬息万变的世界相适应，每一个生活在世界上的个体都要通过学习来不断提升自我，将学习当作一种生活方式，要活到老、学到老，最终实现终身学习。

第二章　教师专业发展的基本内容

第一节　形成合理的专业知识结构

一、本体性知识

教师的本体性知识与教学效果不是简单的线性关系，即并非教师的学科专业知识越丰富和高深，教学效果就必然越好。但是，具有丰富的学科专业知识，无疑是一名优秀教师不可或缺的条件之一。

由于学科和学段的不同，每一门学科及不同学段的教师拥有的专业知识也不完全一样。例如，生物教师需要具备的学科理论知识一般包括植物学、动物学、人体解剖生理学、生物化学、遗传学、植物生理学、微生物学、进化论、生态学等。对于高中生物教师来说，除了这些学科理论知识，还应掌握细胞生物学、组织胚胎学、分子生物学、营养学等专业知识及有关分支学科的基本内容和学科前沿发展状况。

从一般意义上来说，本体性知识主要涉及以下几个方面。

（一）基本的学科知识和思想方法

教师必须准确、广泛而又深刻地理解和把握本学科的基本理论知识，尤其是准确、熟练地掌握本学科的基本概念、基本技能和技巧以及这些基础性知识中所蕴含的思想方法。只有这样，才可以保证传授给学生的是正确的、可靠的知识，而不是模棱两可、似是而非、经不起推敲和检验的，甚至是错误的知识。同样，只有在熟练掌握本学科基础知识的基础上，才可以更好地理解和领会基础知识中所包含的思想方法。而掌握了这些思想方法并吃透它们，教师才可以在保证准确无误地传授知识的前提下，将更多的精力放在教学设计上，才可以更好地提升教学的质量和效果。

应当特别强调学科知识中蕴含的思想方法，这很容易被忽视。例如，作为一名数学教师，如果仅仅掌握数学的基本概念、定理、公式等，而不能深刻领会数学学科的丰富思想和方法，在教学过程中就只能“就事论事”，就会使学生学得不深、不透，无法给学生留下深刻的印象，也无法使学生产生探究的欲望和创造的兴趣。一门学科的思想方法或者思维方式，就是这门学科独特的、认识世界的视角、域界、层次以及思考的工具与方法。教师掌握学科的思维方法，有助于了解该学科专家的发现和创造过程，即不但“知其然”，而且“知其所以然”。这样一来，教师在传授学科知识时，就不只是一个知识的“传声筒”，而是可以引导学生不断探究和发现，增强和提升他们的创造精神和创新意识。

（二）学科的过去和未来

一门学科不是凭空产生的，也不会无故消失。每门学科都有着自己的发展历史和发展趋势，也就是学科的过去和未来。孔子在《论语》中说过：“温故而知新，可以为师矣。”这里的“温故”，我们是否可以将其看作对于学科知识的历史的了解和学习呢？而“知新”是否可以看作对于学科知识未来发展趋势的把握呢？了解了学科的历史和发展趋势，也就了解了推动本学科发展的动因，以及本学科对人类和社会发展的价值以及本学科在人类生活实践中的多种表现形态。这样一来，教师就可以在教学中把学科知识与人类社会生产、生活的关系以及与现实世界的关系揭示出来，使科学具有丰富的人文价值，同时能激发学生的学习兴趣，增强学生探索、发现和创造的欲望。

（三）学科之间的联系

教师应注重学科之间的联系和融会贯通，对各学科知识广泛涉猎，这不但有助于促进学生用相互联系的、整体的眼光来看待各学科之间的关系以及客观世界，而且能极大地调动学生的学习积极性。

在讨论了本体性知识所包含的基本内容以及本体性知识对于教师的重要性之后，还有必要进一步讨论教师应该如何更好地掌握本体性知识的问题。一般认为，教师对于本体性知识的掌握，需要在“实”“深”“活”这三个字上下功夫。

所谓“实”，是指教师在钻研本专业知识时，要做到踏实、扎实和一丝不苟。“实”是一个“学”的过程。这种学习是一种全面性、实在性、持续性的学习，就像前面所说的那样，教师必须全面、系统地钻研本专业知识，对每个部分的知识以及各部分知识之间的关系，要有实实在在的、较为全面的了解。一名对学科知识囫囵吞枣、一知半解的教师，显然不是一名称职的教师，这样的教师是不能担当起培养人才的重任的。

所谓“深”，是指教师应当深入、透彻地掌握专业知识，能做到举一反三、触类旁通。只有对专业知识有了一定程度的把握，才能把握专业知识的内在联系和规律，才能在教学中做到游刃有余。“深”是“思”的结果，正所谓：“学而不思则罔，思而不学则殆。”要想达到“深”的水平，离不开“思”的过程。只有经过自己深入的思考，才能谈得上真正理解了学科的基础理论知识，才能了解本学科的发展趋向和前景。当然，在达到学科知识钻研的“深”的同时，教师应当明白，这样做的目的是更好地教学，使学生学得更轻松、更明白，而不是让教师用“深”的学问来“展现”自己。

所谓“活”，是指教师能活学专业知识，将自己真正理解、消化了的专业知识转化为自己的教学技巧和能力，并能在实践中灵活地运用，进而能够做到在教学活动中引领学生很好地运用学到的专业知识，去分析和解决一些实际问题。“活”是一种“行”的方式。这里的“行”并非是指生活中所说的“行”，而是指教师的教学。无论是“学”得“实”，还是“思”得“深”，最终的目的都是能够“行”得“活”。教师要善于将所学的知识融会贯通，将书本理论灵活运用到实践当中，并以此来引导学生更好地学习。

二、条件性知识

所谓条件性知识，主要是指教师所拥有的教育理论基础知识。教师及其教学活动存在着“经验”“科学”以及“艺术”三种不同的境界，或者说是三个不同的高度。停留在“经验”层面的教师，充其量只是一个“教书匠”，要想达到“科学”以及更高的“艺术”高度，就必须拥有教育理论基础知识。

虽然不同学科教师的专业知识各有不同，但教育学、心理学知识却是各科教师必学的基础知识。目前的教育理论基础知识体系包含很多具体的学科，如课程与教学论、德育论、教育管理学、教育哲学、教育社会学、教育经济学、教育统计学、教育评价学、比较教育学、学科教育学、教育技术学、普通心理学、教育心理学、教师心理学、学习心理学、品德心理学、社会心理学等。善于和精于教学的教师，无一不是有着深厚的教育理论知识，懂得教育的规律，能够把握学生身心发展特点，并在此基础上进行有针对性的教学的。

（一）教师要掌握教育学理论知识

教育学是研究和揭示教育现象及其规律的科学。在教育学的理论中，有些学科虽然不直接提供解决有关教育教学问题的具体方法，但可以提供解决问题的基本理念和思路。而有些学科则能够直接提供解决有关教育教学问题的具体的操作方法，对教育实践具有直接的指导作用。通过对教育学理论的学习，教师可以比较系统地了解教育的目的、过程、原则、方法等教育理论与教育实践问题，有助于教师更好地把握教育教学的规律，促进从教能力和水平的提高。

陈景润是我国著名的数学家，他的数学专业知识可谓博大精深。但是，他在学校担任教学工作时，由于没有接触过教育学的基础理论知识，不能运用教育学的理论指导实际工作，教学效果很不理想。也许有人会提出这样的问题：“为什么有些老教师并没有接受过系统的教育理论的学习，但在教学中却取得了很好的效果；相反，一些刚从大学毕业的师范生虽然有不错的教育理论知识，在教学上却不一定比那些没有学习过教育理论的老教师强呢？”这种情况可以这样解释——老教师可以取得好的教学业绩的重要原因，在于其拥有丰富的教育教学经验，他们在教育实践中长期不断摸索，已经对教育教学的规律有所认识和体悟，而这些认识和体悟本身就已经契合了教育学的相关理论。所以，老教师的成功，实际上间接地证明了教育理论的重要性。而掌握了教育理论知识的一些年轻教师教学能力并不强，教学效果也不够理想，其原因则主要在于实践经验的欠缺。在教育工作中，仅仅具有教育理论知识是不够的，还需要将这些理论知识转化为实际的工作能力，这种转化需要在实践中逐步获得。具备了教育理论知识的年轻教师在经过一定时间的实践历练之后，其教学业绩很快就会赶上和超越那些没有接受过系统的教育理论学习和训练的教师。这是因为他们有着系统的教育理论的指导，在实践中是可以少走很多弯路的，可以减少和避免盲目摸索，从而有效加快自己的专业发展进程。

因此，仅仅在“经验”的层次上从事教学工作，终究只能是一名“教书匠”，要达到“科学”的乃至更高的“艺术”境界，成为一位真正意义上的“教育家”，不但需要具备丰富的经验，而且需要具备扎实的教育理论知识。

（二）教师要了解和掌握心理学方面的知识

心理学是研究人的心理现象、揭示人的心理活动发生发展规律的科学。教师具备丰富的心理学理论知识，可以更好地开展教学工作，指导学生的学习活动。例如，现代心理学认为，绝大多数学生在智力或禀赋上并不存在显著差异，只存在学习风格上的差异。教师如果能够知晓这些，并有针对性地观察和研究学生，分析他们各自的学习风格，并由此调整自己的教学策略，就可以在很大程度上帮助学生发挥自己的学习潜力，提升自己的学习成绩。再如，美国心理学家霍华德·加德纳提出的多元智能理论，从智能的类型上来讨论智能差异，认为智能是在某个社会和文化背景的价值标准下，个体用以解决自己遇到的难题或产生和创造一个产品的能力。

心理学理论知识对教学活动具有重要的指导作用。心理学研究中揭示了很多原理，如成功效应、木桶原理、晕轮效应、罗森塔尔效应、青蛙效应等，如果教师在教育教学过程中对这些理论加以有效地运用，就可以提升教育教学活动的效果。因此，可以说学习和掌握心理学方面的理论知识，是教师提高教学针对性和有效性的一个重要前提。

三、背景性知识

本书所说的背景性知识，指的是教师的一般文化基础常识，也可称之为教师的通用性知识。背景性知识是指在本体性知识和条件性知识之外，便于教师有效开展教育教学工作的各种一般知识的总和，它具体包括哲学知识、现代科学和技术的一般常识、各门社会科学的一些最基本的理论与观点等。

教师的工作对象是未成年的学生，而从学生所具备和拥有的知识状况看，与教师相比，学生是出于“知之不多”或者“知之甚少”的状态。同时，他们具有强烈的好奇心和非常旺盛的求知欲，对各个方面、各个领域的知识都有着浓厚的兴趣。因此，教师如果具有广博的背景性知识，拥有宽广的知识面，那么在与学生的交往和互动中，就能够随时随地解答学生提出的各种疑问，从而满足学生的好奇心和求知欲。从这个意义上说，一名教师，尤其是一名优秀的骨干教师，必须具有广博的背景性知识。

当然，要求教师拥有广泛的知识，并不是要求教师无所不知，因为这是不可能的，也是不现实的。教师需要做的，是在掌握本体性知识和条件性知识的前提下，涉猎各门文化科学知识，包括文学、历史、哲学、天文、地理、生物、数学、物理等，形成自己宽广的知识面。作为一名教师，不能将自己简单地定义为文科教师或者理科教师，因为文科教师需要补充自然科学方面的知识，理科教师需要充实自己在人文社会科学方面的素养。

四、实践性知识

学术界对教师的实践性知识有多种不同的理解、指称和界定。由于认识的多样性，研究者对其有诸多称谓，如教师个人实践理论、教师个人理论、教师实践知识等。

教师的实践性知识一般具有模糊性、行动性、反思性与生成性等特征。

模糊性是由于教师实践性知识无法简单还原为理论解释，它涉及的对象和领域往往是不确定的，没有清晰的概念，其概念是灵活的、可调整的。教师实践性知识通过实践的逻辑来理解客观世界，但实践逻辑有其限度。超过一定程度，逻辑可能失去意义。这类知识因情况、时间、地点而变化，具备变动性、灵活性和适应性。

行动性是指教师在实践中主要面临的问题通常是具体的教学情境，而非理论问题。教师在面对如何教授某一课文、课程或特定学生的问题时，不需要依赖于普遍性的理念，而是对当前具体教学情境和事件进行判断和决策。

反思性与生成性则是指教师的实践性知识并非只是经验本身，而是通过理性反思形式化的结果，具有理论性。它是对有效、可能和正确的工作经验的进一步提升，代表了关于如何进行教育的实践智慧。这种知识在教师日常工作中产生，是在对教育情境的全面观察中萌生的，体现在具体的教育环境中。

总之，教师的实践性知识是教师个人在实践情境中通过自我反思等途径建构出来的一套“自珍而实用”的内隐知识，它不同于一般的知识——多数实践性知识是难以用语言准确表达和传递的，需要教师在教学的实际过程中，通过对自身实践活动的体悟和对优秀同行的不断观察和接触，才能够逐渐汲取和习得。若想成为一名优秀的骨干教师，这种实践性知识的获得与充实是必不可少的，它与教学的质量和效果有着密切的联系。

五、TPACK 知识

TPACK 是 Technological Pedagogical Content Knowledge 的缩写，即整合技术的学科教学知识，是美国学者科勒（Koehler）和米什拉（Mishra）于 2005 年在舒尔曼（Shulman）提出的学科教学知识 PCK 的基础上提出的。从 2005 年开始，国内外学者对 TPACK 展开了大量的理论和实践研究，通过研究，学界一致认为教师的 TPACK 能力是未来教师必备的能力。

TPACK 是一个独特的教育理论，该理论诞生于信息时代，它结合了三个关键的教育领域：学科内容知识（CK）、教学方法知识（PK）和技术知识（TK）。通过这三个领域的交叉和融合，生成了三种整合知识：整合技术的教学法知识（TPK）、整合技术的学科内容知识（TCK）以及学科教学法知识（PCK）。这些知识相互作用，形成了整合技术的学科教学知识（TPACK）。TPACK 框架揭示了现代教师不仅需要掌握传统的学科内容和教学方法，还需要将这些知识与现代信息技术融合，从而成功地实现教师专业发展的转型。该框架打破了传统的“学术派”与“技术派”之间的界限，使学科知识、教学方法和技术三者有机地融合，形成了一个整体。在数字化时代，整合是 TPACK 理论的核心理念。通过整合，教师可以更好地适应和利用现代技术，实现教学目标。TPACK 理论提供了一个完整的框架，帮助教师在各个领域中找到平衡，以最有效地利用技术改善教学效果。

（一）思想转型：从技术到设计的教学思维

教师在数字化时代需要从技术导向转向教学设计的思维方式，这是推进TPACK能力提升的关键。这种转变包括四个步骤。首先，教师需要参与信息化教学能力培训，提升教学技术能力。只有熟练运用现代信息化教学技术，教师才能更好地进行教学设计。其次，教师需要具备知识分析和调试能力。随着现代技术的发展，学生已构建了全面的知识体系。在这个背景下，教师不再仅仅是传授知识，更需要整合多元化、碎片化的信息，以满足学生的学习需求。再次，教师的思维转变需要学生的参与和互动。整合技术的学科教学法知识具有一定的复杂性，教师不仅要进行实践教学，还要引导学生参与课程设计。最后，教师需要创设灵活多变的考核机制，尊重学生的个性，鼓励团队合作，提升学生的学习兴趣。

（二）结构变革：从解构到建构的实践变革

要进行教学信息化转型，教师需要进行结构到建构的实践变革。首先，基于自我反思进行教育模式的改革。教师需理解学生的心理特征和认知能力，然后根据学生的实际情况制订个性化的教学计划。在实践过程中，教师应发现并解决教学问题，以解构传统教育模式。例如，根据学生的认知水平、操作能力和语言表达能力的差异，教师可以采用分组教学法，通过小组竞赛、合作学习等方式，逐渐突破教学重点和难点。其次，依据学生的反馈，试验新型教育模式，并引入TPACK理论进行教学设计。例如，通过智慧教学平台如“雨课堂”等，建立课外和课堂教学的有效链接，使教学更信息化、数据化和科学化。最后，融合新旧实践理念，通过吸取并再次实践新知识，重建符合教师个人特色的TPACK理论教学设计。在此过程中，教师的专业信息化教学能力将得到进一步丰富。

（三）保障机制：建设资源平台

实现TPACK理论的成功运用，除了教师自身的思想与结构变革，还需要有力的外在保障机制。其中，资源平台的建设是关键。

网络资源共享在数字化时代变得至关重要。多种学习资源平台，如微课、雨课堂、慕课、论坛、贴吧、QQ 群等，为教师提供了丰富的教学资源。这些平台打破了学习的时空界限，形成了“教师—学生”的学习共同体，支撑了教师 TPACK 理论的建构，并构建了新型教学模式。学校可通过设立教学服务机构，为教师提供制度保障，如管理办法、评价体系与激励机制。在此基础上，通过实施导师制、分享教学经验等交流活动，更有效地提升教师的 TPACK。此外，培训模式的转型也至关重要。应增加教师培训的时间和丰富培训方式，可借鉴国际上的培训模式，如培训班、网络教学、咨询服务、实践教学培训等多元化的培训模式，帮助教师建立系统完善的 TPACK。同时，应建立相关的监督机制，对培训内容进行教师 TPACK 评价，通过自评和他评，优化培训内容，改进培训方式。

第二节　持续增进和发展专业能力

一、扎实的教学基本功

教学基本功是指教师能够胜任教学工作所必须具备的最基本的素养和条件。教学基本功主要涉及口头语言表达能力、板书能力、运用现代教育技术的能力等。

（一）口头语言表达能力

教师的口头语言表达能力，是指教师在教学活动中，运用口头语言讲授知识、讲解道理，系统、连贯地传达信息，启发学生积极思考的能力。

良好的口头语言表达能力是任何一位优秀教师都必须具备的一种基本能力，即使在今天这个教育技术不断发展的时代，教师的口头语言表达能力依然在很大程度上关系到课堂教学质量的高低。对教师来说，要想具备良好的口头语言表达能力，应当做到以下几个方面。

1. 口头语言要简明、准确

教师向学生传授的知识应具有科学性，这就要求教师使用准确的口头语言来表达。那些词不达意或模棱两可的含糊口头语言，只会干扰知识的传授，造成学生思维混乱，破坏教学气氛，影响教学效果。为了保证课堂教学有足够的信息量，教师的口头语言还要简洁明快、干净利落，不能拖泥带水，更不能信马由缰。其中，教师在课堂教学中还兼有对学生进行规范口头语言的训练和口头语言陶冶工作，因此教师应当注意自身口头语言的规范性和示范性，用准确、简明的口头语言最大限度地提高教育教学工作的效能。

2. 口头语言要生动、形象

学校教材中使用的是规范的书面语言，教师若不对其进行一番解释，将较为抽象的书面语言转化成为生动形象、浅显易懂的口头语言，则学生未必能够真正理解和领会这些书面语言。这就要求教师能把教材中较抽象、概括性强的书面语言用自己的话表达得明确、具体、形象、通俗，使学生听得懂、记得清，留下深刻的印象。

3. 教师要思路清晰

语无伦次、说话条理不清是教师口头语言表达的大忌。教师的口头语言表达不但要简明准确、通俗易懂，而且要语意连贯、严谨清晰。根据任教学科和学段的不同，教师要能灵活地调整自身的语言逻辑。教师面对低年级的学生时，语言要在生动、活泼的基础上带有鲜明的逻辑性；面对文科的学生时，教师的语言要丰富、优美；面对理科的学生时，教师的语言要严谨、准确。教师不但需要在课堂讲授时注意自己的口头语言表达，做到口头语言表达措辞恰当，讲究声调、音速和节奏，声音有高有低、有起有伏、抑扬顿挫，语速快慢适宜，能充分调动学生的听课情绪，渲染课堂气氛，使学生对课堂教学留下深刻的印象，而且在对学生进行思想品德教育时，同样需要注意自己的语言表达，以增强教育的效果。

（二）板书能力

除了需要具备良好的口头语言表达能力，良好的课堂板书能力也是教师教学基本功中至关重要的部分。板书能力是指教师在黑板上或投影片上，以文字、符号、线条和图片等方式，向学生呈现教学内容的能力。教师设计的条理化、系统化的板书，可以帮助学生正确理解和领会教学内容，增强记忆，辅助自己课堂口头语言的表达，保留需要向学生传输的信息，进而提高教学活动的效率和效果。

板书就像是“微型的教科书”，好的板书设计可以让学生更加明了当堂课的教学内容。教师设计板书时，应从教科书的基本内容出发，板书使用的词语一般应是从教科书中提炼出来的，能体现教学目标的要求，板书设计的主体和结构应根据教学目标的要求加以规定。好的板书可以展示上课内容的全貌，体现内容的精髓，揭示教学的重点和关键，具有高度的概括性。精心设计的板书，可以反映出教材中的知识结构的特点，能够将孤立、零散的知识连接起来并形成体系。好的板书不但可以帮助学生深刻地记忆和理解知识体系，而且可以帮助教师厘清教学思路。在课堂教学过程中，教师要遵循教学程序，配合讲解，边讲边写，有条理地呈现知识的重点。板书内容能够为学生所理解和接受，自然也就意味着教师的教学活动取得了基本的成功。

（三）运用现代教育技术的能力

随着教育技术的不断发展，当前的课堂教学已经不同于以往，教师除了讲解和板书外，还可以运用先进的教育技术设备，化复杂为简单，化抽象为具体，化静态为动态，化无声为有声，从而有效提升课堂教学的质量。

教师运用现代教育技术的能力一般涉及以下几个方面。

1. 视觉媒体的运用能力

视觉媒体包括幻灯片、投影仪等，这些设备操作简单、使用方便，教师可以边讲解、边展示。幻灯片和投影画面是对教师讲解的补充，教师的讲解是对幻灯片和投影画面的解释，学生可以边听边看，将抽象的知识形象化。使用幻灯片和投影仪的另一个好处是缩减了教师用粉笔板书的时间。幻灯片是教师课下做好带到课堂上使用的，这样就可以替代部分板书，可以节省教师的教学时间。同时，幻灯片还可以制作出动画效果，便于学生更直观地感知教师讲解的知识。

2. 听觉媒体的运用能力

听觉媒体一般包括录音机、广播等。在语言的学习方面，学生听得多了，自然就会明白怎么去组织语言了。教师在课堂教学过程中，根据教学需要，可以组织学生收听一些广播，也可以播放相关音频，学生可以边听边学。教师还可以将学生的话语录音播放出来，这时学生就会发现自己在语言表达中的欠缺之处，以便于其改正。

3. 多媒体的运用能力

使用单一媒体所起到的作用毕竟有限，将文字、图像、声音和动画合在一起，可以最大限度地传递和输送信息。当下的多媒体技术正在迅速发展，可以呈现三维动画效果，这样就可以把教师不容易讲解的很多知识生动地呈现出来。例如，在讲解细胞分裂的内容时，教师可以选择三维动画效果加以呈现。这样一来，学生就能直观了解细胞的分裂过程，可以更好地理解相关知识。

4. 网络的运用能力

网络作为知识与信息的载体，蕴含着巨大而丰富的学习资源。教师自然应成为使用网络资源的能手，从备课到课堂讲解，越来越多的环节都可以运用网络的资源。通过网络平台，教师可以寻找到许多优秀的教学案例，使教案的编写更加完善，为上课做好充分的准备，从而促进教学水平的提高。网络是教师与学生交流的重要工具之一，学生可以在网络上向教师请教问题，也可以通过网络向教师提交作业。网络还可以成为教师与同行进行交流的重要工具，通过这种同行间的交流，教师之间可以相互学习、共同提高。

当前，现代教育技术在教学领域的使用正越来越广泛，掌握现代教育技术已经成为教师的基本功之一。若想成为一位优秀的骨干教师，教师必须在这方面努力学习和钻研，不断提升自己运用现代教育技术的能力。

二、引导、教育学生的能力

引导、教育学生的能力，简称教育能力，一般是指教师依据社会的要求，采取一定的措施和手段，促使受教育者的道德品质以及各方面综合素质得以提高和完善的能力，也可以说是教育学生如何做人的能力。教育能力是教师能力的重要组成部分，学生来到学校不但是要学习文化科学知识，而且要学习如何成为一个具有良好道德素养和综合素质的人才。所以，要成为优秀的骨干教师，引导、教育学生的能力是不可缺少的。教师的教育能力主要包括了解学生的能力，正确评价学生的能力，开展德育工作的能力，对学生进行心理素质教育的能力，教导和转化问题学生的能力，等等。

（一）了解学生的能力

了解学生是教育学生的前提。教师在对学生进行教育之前，必须全面了解学生，这样才能把握学生的情况和特点，进行有针对性的教育，而不是无的放矢。了解学生的能力包括了解学生整体情况的能力和了解个别学生的能力。

了解学生整体情况是指教师了解他所任教的这个年龄阶段的学生的共性。例如，小学一年级的教师要想做好教育学生的工作，就必须了解小学低年级学生的生理、心理发展的一般特点和规律，以及他们在学习和发展上有哪些共性等，这些是教师在进行教学之前必须做到的。这就要求教师熟知一些儿童发展心理学的知识，能够正确把握具体年龄段的学生的特征。

了解个别学生是指教师要对班级中的每一个学生的个性特点、性格气质、兴趣特长、道德表现和行为方式等有全面、深入、细致的把握。例如，对于小学一年级的班主任来说，其需要在对一年级小学生整体特点把握的基础上，进一步了解班级中每一位学生的特点，如哪些学生性格外向，哪些学生性格内向；哪些学生较为粗心，哪些学生较为细心；哪些学生较为勤奋，哪些学生较为懒惰；等等，这些都是教师需要一一了解的。只有了解了这些情况和信息，教师才有可能真正做到因材施教，才能在教育学生时采取有针对性的方法和措施。

常见的教师了解学生的方法有以下几种：

第一，查看学生的书面材料。在学校里，每个学生都有伴随他们成长的档案，教师在接手一个班级的时候，可以查看这些书面材料，如其他教师的评语、学生以往的道德行为表现和学业成绩等。这样一来，教师就可以对每位学生有个简单的印象。

第二，学生的自评。教师可以组织学生进行自我评价，要求学生写出自己的兴趣爱好、受奖励处分情况以及学生的个人理想等。这样一来，教师就可以清楚地勾画出学生的自身形象。

第三，访谈。教师可以通过学生的家长、其他教师以及其他学生来了解某个学生的具体情况，还可以直接与学生进行面对面的交谈等。这样一来，通过多种途径和方法，教师就更能清楚、细致地了解每一位学生的情况。

当然，对学生的了解是一个漫长的过程，而且学生本身处在不断的成长和变化之中，教师不应当用固定的眼光看待每一个学生，而应当用动态的、不断发展的眼光看待学生，不断地更新和调整对每一位学生的认识。只有这样，才能真正做到全面了解学生。

（二）正确评价学生的能力

正确评价学生是指在正确的教育价值观指导下，根据一定的标准，运用一系列评价方法，对学生的思想品德、学业成绩、身心素质、情感态度等的发展过程和状况进行价值判断的活动。一般包括描述学生的优点或缺点，提出如何改进的建议和要求，并对学生的未来表现出积极的期待。

教师对学生的正确评价，会对学生的发展产生巨大而持久的重要影响。因此，在对学生进行评价时，应当注意以下几个问题。

首先，要注意摆脱所谓“第一印象”的影响。教师在第一次接触某些学生的时候，可能会对其中的某一位或者某几位学生产生良好的或者不太理想的所谓“第一印象”，这种“第一印象”会影响到教师日后对学生的态度、判断和评价。但是，这种“第一印象”毕竟是在短时间内形成的，是在缺乏对学生的深入了解的情况下产生的，它未必能够准确地反映学生的个性特点。所以，教师若想做到客观、准确地评价学生，就要注意摆脱“第一印象”的影响，消除那些主观的、没有可靠根据的判断，要以学生后续的实际表现为依据，正确地评价学生。

其次，教师要防止“晕轮效应”和以偏概全。教师在评价学生时，经常会因为学生某一方面突出的优点而有意无意地忽略学生其他方面的不足。在对学生的评价中，教师容易对那些学习成绩特别优秀的学生和学生干部产生失真评价。在很多教师眼里，学生的学习成绩是衡量学生好与坏的重要标准之一。极个别教师对成绩优秀学生所表现出来的缺点甚至严重的错误，有时会视而不见。殊不知，学习成绩不能代表一个学生的全部，教师的这种做法，实际上是对学生不负责任。

再次，表扬和批评都应适当、适度。在教育过程中，每个学生都非常渴望得到教师的表扬和肯定，渴望得到教师的关爱和尊重。教师面对的是正在成长和发展中的学生，教师的每一句评价都有可能改变学生的一生，一个不经意的眼神和动作，都有可能深深地影响一个学生的内心世界。所以，教师在对学生进行评价的时候，适当、适度的表扬和批评是至关重要的。表扬不应是无限度的，有时表扬过了头，也会产生反作用。批评要在关爱和尊重学生的前提下进行，既要有理有据，又要适可而止。对于有缺点、有错误的学生，教师如果只是一味批评，就可能导致他们变得不思进取。对这些学生，如果他们表现出了进步，教师应及时地给予肯定和表扬，让其他同学认可他们的努力与付出。

最后，评价的内容要包含对学生的积极期待。正确评价学生的最终目的，是为了让学生更加清楚地认识自己的优点和长处，改正自己身上的缺点和错误，在今后的学习和生活中能有更优异的表现。所以，教师对学生的评价要具有激励意义，不能让学生看到教师的评价后一蹶不振，觉得自己没有改正和进步的希望。对待学生，哪怕是成绩再差的学生，教师也不能轻言放弃，要对每位学生始终抱有积极的期待，相信总有一天他会在某些方面表现得非常优秀，相信每位学生都会成为社会的有用之才。教师对学生有了期望，才会更加用心地去教育学生；学生在感受到教师对自己的期望后，一定会更加努力，争取不辜负教师的期望，让自己变得更加优秀和出色。

（三）开展德育工作的能力

教师要想开展好德育工作，就需要对德育的内容和方法等具有较为全面的了解和把握，并善于结合学生实际，对学生的思想品德施加积极的影响。在我国，德育涵盖的内容和范围非常丰富，它包括政治教育、思想教育、道德品质教育等丰富内涵。在德育方法方面，一般包括说服、榜样、锻炼、修养、陶冶以及奖惩等。教师应该意识到，德育的各种方法各有其特点与作用，每一种方法都是进行德育工作所不可缺少的，但不是万能的。学生品德的培养，不可能通过个别方法就能实现，必须科学地、综合地运用多种德育方法才能达到目的。因此，教师要熟悉各种德育方法，并善于将各种方法相互结合，创造性地加以运用。当然，教师还应知道，人的道德品质的发展，政治觉悟的提高，世界观和人生观的形成，是分属于不同层面的问题，其过程与机制存在较大差异，教师在实施政治教育、思想教育和道德教育时，在手段、途径和方式等方面应有所区别，不能简单地一刀切、一锅煮。

（四）对学生进行心理素质教育的能力

近年来，学生的心理素质问题受到各方面越来越多的关注。作为一名教师，尤其是骨干教师，不但要能教好课，而且要拥有一定的心理辅导能力，能够及时发现学生的心理变化，帮助学生解决心理方面的各种问题。

第一，教师要善于倾听学生的心声。教师要明白倾听学生心声的重要性，只有学生愿意对教师诉说，教师才有可能深入了解和发现学生的心理问题。倾听学生心声的前提是师生关系要融洽，教师与学生的关系越亲密，学生就越愿意对教师诉说。教师在倾听的过程中，要注意让学生完整地表达自己的想法，不要急于插话，更不要加以责备，要理解学生各种不成熟的想法，要容忍学生的错误，要成为学生的知心朋友，多从学生的角度进行思考。

第二，教师要善于进行心理疏导。倾听是为了让学生坦诚地对教师表达自己的想法，疏导就是教师要帮助学生解决各种心理方面的问题。教师进行心理疏导的基础和前提，是拥有丰富的心理学知识。教师要善于运用自己的心理学知识，分析和解读学生的各种心理困惑。同时，在疏导学生的过程中，教师要真诚和运用善言。真诚是指教师在疏导学生的时候，要坦诚地面对学生，放下教师的权威，对学生耐心地进行教育，要让学生感觉教师与自己是心心相通的，教师是真心在帮助自己。善言就是指教师在开导学生的过程中要讲究方式、方法，能够准确表达自己的意思，以免产生歧义而使学生误解。

（五）教导和转化问题学生的能力

所谓问题学生，是指在学习态度、品行修养以及学习成绩等方面存在某些问题的学生。这类学生在任何一个学校和班级里面都会存在，他们和其他学生一样需要得到教师的关注。

教师在对问题学生进行指导和帮助之前，首先要对他们的各方面情况进行全面的了解和分析，避免把焦点集中在问题本身。例如，有的问题学生虽然学习成绩较差，可是他的劳动积极性高；有的问题学生虽然经常违反纪律，但他或她性格非常耿直。这些都是需要教师提前了解的。另外，对于学生的家庭环境和交往情况也需进行深入了解，与学生交流的过程往往就是发现问题症结的过程。通过这个过程，教师可以抓住问题学生发生“问题”的原因，这为教师后续的教导和转化工作打下了坚实的基础。

在对问题学生进行教导和转化工作时，教师需要在以下几个方面多加注意。

1.动之以情

问题学生往往不同于其他学生，他们经常会遭受家长的批评、同学的排斥，他们内心世界的大门一般不会轻易向他人开启。教师首先要做的就是尊重他们、关心他们，用自己的深情、关爱融化学生内心的坚冰，打开学生复杂的心结。教师可以单独找问题学生谈话，与其交流思想和情感，谈话时最好避开其他教师和学生。在面对面交谈的过程中，教师不应以居高临下的支配者的身份和姿态去命令学生，而应当以朋友和伙伴的姿态对待他们，交谈的话语要能真正打动学生，帮助学生找到内心真正需要的东西，要让学生感到自己的诚意和真情。只有这样，他们才会敞开心扉，愿意接受教师的教诲。

2.晓之以理

教师在对问题学生进行教导和转化时，除了要有情感，还要注意以理服人。教师可以通过摆事实、讲道理，使学生真正明白自己的问题出在什么地方。说理要通透、真实，要能让学生发自内心地信服。例如，对学生沉迷于网络的问题，教师要把网络的优点与缺点实事求是地全部告诉学生，既要肯定网络给人们生活带来的诸多益处，又要分析和说明网络的种种弊端，运用生活中一些案例和教训，让学生真正明白沉迷于网络的严重危害。

3.导之以行

教师可以树立和运用正面榜样，将榜样作为问题学生的行为标杆，引导学生做出相应的改变行为。有了明确的行为榜样，问题学生就有了正确的努力方向。例如，教师可以以现实中某些问题学生成功转化的典型，向其他问题学生提供示范和楷模，引导他们告别过去，开始新的学习和生活；还可以通过营造积极的整体环境和氛围等方法，促使问题学生的行为发生转变。例如，对于班级中个别不守纪律的问题学生，教师可以利用班会时间，在班上提出明确目标要求，要求本班在全校带头争创“文明班级”。这样，大部分学生有了争取集体荣誉的强烈要求，个个愿做遵守纪律的模范，在“从众效应”的影响下，个别不守纪律的同学会深受感染，改变自己的行为，转化成为一个守纪律的学生。此外，在教导和转化问题学生时，对问题学生身上表现出来的优点和每一点进步，教师都要毫不吝啬地加以表扬和肯定，以增强他们实现转化的信心。教师还可以大胆选择一些有能力的问题学生承担一些班级的管理工作，以鼓励他们继续做得更好，实现问题学生真正的转化。

三、组织开展教学活动的能力

教师开展教学活动的能力（简称“教学能力”）是指教师合理运用教科书等相关材料，采用适当的教学方式和方法，顺利开展教学活动并完成教学目标的能力。对于学校教师而言，良好的教学能力是一项最基本的要求，也是最重要的要求之一。教师工作的主要内容就是教学，在评价一名教师是否优秀的标准中，最重要的也是其教学能力。

教师的教学能力不但涉及教师的课堂讲授，而且涉及课前准备以及课后评价等多个方面。

（一）准备教学的能力

教学准备是指教师在进行课堂教学前，为课堂教学的有效开展所做的各种准备，一般包括教师对课程标准的把握、对教材和教参的钻研以及教案的撰写等。做好教学准备是教师上好课的重要前提和基础。

“课程标准”是国家教育主管部门依据教育方针和课程计划以及各门课程的具体情况和特点，分科制定的教学指导性文件，它以纲要的形式展示了各个学科的教学目的、教学计划、教学内容，是教师进行教学的主要依据，也是对教师的教学进行评价的重要标准之一。作为教师，对“课程标准”的准确理解和把握是一项最基本的要求。教师要认真地学习、领会“课程标准”的每一处内容和每一个细节，要把标准的要求很好地贯彻到教学过程当中。

教材即教科书，是根据课程标准编写的教学用书，是教师进行教学的主要工具。教科书为教师提供了课堂教学的基本内容与结构，教师应该教学生什么知识、技能，以及教学的重点、难点等，教科书上都一目了然。教师一般应当按照教科书内容的逻辑编排顺序进行教学，因为教科书的编写者在编写教科书的时候，都是经过反复推敲和严格论证的，教师完全可以放心地依据教科书内容的编排顺序来组织教学。虽然教科书是教师教学的主要工具，但这并不意味着教师在教学过程中要对教科书采取完全照搬的态度，而是应当在尊重教科书基本内容的基础上，自己再进行一番必要的创造性加工，这样可以使教学活动更好地适应班级学生的具体情况和特点，更加有的放矢。

教学参考书简称教参，包括课程标准解析、各个出版社出版的练习题等。教学参考书种类繁多，在书店里最常见的就是各门课程的教学参考书。很多家长和学生对教学参考书都有着较强的购买欲望，教师则应理性地看待教学参考书，做到既不全盘否定，又不过于依赖。对于种类繁多的教学参考书，教师要精心挑选，择其善者而用之，选取最适合自己学生的参考书，并在课前准备时适当地进行阅读和参考。

教案也称课时计划，是教师撰写的课堂教学过程的实施方案。它是教师在对教学大纲的要求进行细致研究、对教科书内容进行科学处理、对教学过程经过缜密思考和预先安排之后的成果。它可将教师在课堂上要进行的每个步骤、每个环节都细致地预先记录下来。从通常情况来看，教案编写得越详细、越周密、越实用，教师在讲课时就越胸有成竹。

（二）实施教学的能力

实施教学是指教师的课堂教学过程，它是整个教学的核心组成部分。就像运动员参加比赛一样，前期的各项准备固然很重要，但是比赛现场才是真正赛出成绩、真正展示自己实力的地方。教师实施教学的能力，就是教师选择和运用一定的教学方法，使教学活动能够顺利开展和完成，并达成既定目标的能力。在课堂教学之前，教师已经做好了各种前期准备。所以，教学的实施主要就是要看教师在课堂上运用什么方法来完成预定的教学任务了。

1. 教学方法的选择

做任何一件事，对于方法的恰当选择都是至关重要的。教师的课堂教学，同样需要选择恰当的教学方法。一般来说，选择教学方法的依据，主要包括学生的具体情况、学科的特点以及每节课的教学目标等。所以，教师在选择教学方法时，首先要对班级学生进行全面、深入、细致的了解，并从学生的具体情况和特点，如认知水平、知识结构等出发，选择适合学生的教学方法。其次，教师要充分考虑任教学科的具体特点，以此来选择教学方法。不同的学科，在教学方法上应有所区别。例如，在音乐教学中，教师可能更多地要让学生去欣赏音乐作品；在化学教学中，教师可能更多地选择实验和演示等方法。最后，在教学方法的选择上，教师要考虑到每节课所要实现的具体的教学目标。教师要根据每一节课的目标，选择不同的教学方法。如果教学的目标是要让学生熟读课文，那么教师在选择方法时，就应更多地让学生阅读；如果教学目标是要让学生学会写字，教师的教学方法就要注重学生手写能力的训练，在课堂上多采用练习的方法。一些有经验的教师在选择教学方法时，会积极借鉴他人的经验，吸收其中合理的成分，并将其与课程的具体要求相结合，生成新的教学方法。

2. 教学方法的运用

在对教学方法进行选择之后，接下来就是方法的有效运用问题。一般来说，在一节课中，开头与结尾是相对比较重要的环节。教师如何在一节课的开始先声夺人，从而调动学生学习的积极性，对整节课都有重要意义。通常，在一节课刚开始时，学生的注意力往往不太集中，教师必须在尽可能短的时间内使学生的注意力集中起来，让他们快速地进入状态。为此，教师可以通过提出一些具有启发性的问题等方法，引发学生积极思考，激起学生的求知欲。这种方法可以运用到整节课的教学中去，教师可以在课堂教学的各个环节中，不断地抛出各种难度适宜的问题，激发学生的思考和灵感，使学生始终保持高度的兴奋状态。有经验的教师会掌握好提问的时机，如在学生注意力不够集中的时候，在讲解教学重点和难点的时候，及时地提问——提问时机的恰当选择，可以将提问的作用发挥到最大。一节课的结尾环节也异常重要，教师在一节课收尾时，一般要用几句概括的话语，将一节课的难点和重点内容归纳和表达清楚，要让学生一听就懂，不可反复啰唆，要有效帮助学生回顾整节课的主要内容。教师在整节课收尾时，要注意承上启下，为下一次课的内容抛出“引子”，使前后的知识连贯起来。

3. 教学方法的调整

教师面对的教育对象是人，人是具有能动性的，课堂上随时有可能发生各种教师始料未及的情况。因此，在课堂教学过程中，教师要能够根据课堂情境的实时变化，迅速调整和灵活改变教学方法，寻找更为恰当的方式、方法。例如，在课堂教学的实施过程中，教师一旦发现学生对于某处内容听得不太明白，或者其知识结构存在欠缺的地方，就应该及时调整课堂教学的进度，暂时放慢课堂教学的节奏，采用复习或回顾的方法，帮助学生弥补知识结构上的不足和缺陷，使正常的教学活动继续进行。教学方法的灵活变化在很大程度上需要教师长期的经验积累，教师只有时常总结自己的教学工作，才能做到在课堂上应变自如。

（三）评价教学的能力

教学评价是依据教学目标对教学过程及结果进行价值判断并为教学决策服务的活动。它一般包括对教师、学生、教学内容、教学方法、教学环境、教学管理等诸因素的评价，但主要是对学生学习效果的评价和对教师教学工作过程的评价。通过教学评价，教师可以及时了解自己的教学情况，判断教学的质量、水平、成效和缺陷等。

教师对教学进行评价应主要从教学目标着手，即主要看自己的教学有没有实现既定的目标，如果没有实现既定的目标，还要主动分析原因。除此之外，教师要分析教学重点是否突出，教学难点有没有突破，教学方法是否得当，学生是否积极，学生对知识的理解是否到位，教学过程中出现的疑问是否得到解决，相关问题有没有更好的处理方式，等等，这些都是教师在进行评价时所必须考虑的。教师不但要思考这些问题，而且要找到答案，以方便做教学总结。可见，教学评价就如同身体检查一样，是对教学进行的一次严谨的科学诊断。

全面、客观地进行教学评价，不但可以帮助教师对自己的教学情况有一个准确的判断，而且对教师具有重要的激励和鞭策作用。教师可以根据评价信息，把一些优秀的做法、成功的经验延续和发扬下去。同时，要汲取一些失败的教训，及时修订原先的工作计划，调整自己的教学行为，从而更加有效地达到工作目标。教师除了进行自我评价以外，还可以邀请其他教师去自己的课堂听课，并提出相关意见等。总之，具备教学评价的能力，以准确了解、把握和不断改进自己的教学工作，对于任何一位教师，尤其是一位优秀教师来说，是一项必不可少的要求。

四、班级管理能力

班级管理是一种有目的、有计划、有步骤的社会活动，是教师根据一定的目的、要求，采用一定的手段和措施，带领全班学生，对班级中的各种资源进行计划、组织、协调、控制，以实现教育目标的组织活动过程。

班级管理的根本目的是实现教育目标，使学生得到充分的、全面的发展。班级管理的主要对象是学生，即班级管理主要是对学生的管理。要想成为一名优秀的骨干教师，应该善于做好班级管理的各项工作。

教师的班级管理能力一般包括建设班集体的能力，合理任用和培养班干部的能力，组织学生开展班级活动的能力，等等。

（一）建设班集体的能力

班集体不同于一般意义上的班级，它是由教师带领学生有意识地创建的具有积极作用的集体，是在教师和学生的共同努力下，在班级基础上建设和发展起来的、能够产生巨大教育能量的教育主体。班集体不但是教育的对象，而且是一种强大的教育力量。

班集体建设是班主任工作的中心内容，是学校教育教学和管理工作的基础。良好的班集体对于完成教育教学任务、促进学生全面和谐发展具有重要意义。因此，教师尤其是班主任，必须高度重视班集体建设。

建设一个良好的班集体，需要教师尤其是班主任善于从班级具体情况出发，完成大量深入细致的工作。这些工作主要包括以下内容：

第一，确立明确的集体奋斗目标。班集体的奋斗目标是班集体前进的导向和动力。这种目标是教师和学生根据教育目的、学校工作计划和学生发展的需要共同制定出来的，是经过师生共同努力可以实现的预期发展结果。

第二，形成良好的班风和集体氛围。班风和集体氛围是一个班级在长期活动和交往中形成的共同心理倾向和精神风貌。它一经形成，便会成为一种强大而无形的力量，对于每一个成员都具有约束、感染、同化、激励作用，它是形成和巩固班集体及教育集体内成员的重要手段之一。

第三，健全班级规章制度。班级规章制度是一个班级依据学校的规章制度和本班的实际情况制定的各种规范、计划、办法的总和。它是班集体按一定程序办事的规程，也是学生在学习和生活中必须遵守的行为准则，具有重要的管理和教育作用。健全规章制度，可以使班级各项工作有条不紊地展开，避免班级工作的盲目性和随意性。规章制度的贯彻执行，可以促进学生良好行为习惯的养成以及优良班风的形成。

第四，开展形式多样的集体活动。班集体是在全班同学参加各种教育活动中逐步成长起来的，而各种教育活动又可以使每个成员有机会为集体出力并展示自己的才能。设计和开展经常性的、形式多样的集体活动，对于形成班集体的凝聚力具有重要作用。

（二）合理任用和培养班干部的能力

班干部是班集体的核心和中坚力量，他们在教师和同学之间起着上通下达、纵横联络的沟通作用，在班集体建设中发挥着组织管理、服务同学和示范带头作用，是教师工作得以顺利进行的得力助手。在任何一个班级中，班干部的作用都是非常重要的。对班干部的任用和培养体现着教师的智慧。认真选拔和培养班干部，是建设优良班集体的一项重要工作。

第一，依据选择标准，慎重挑选。教师在选用班干部时，要善于通过多种途径，如听取其他任课教师意见、观察学生的日常表现等，对学生的情况进行全面摸底和了解。在此基础上，对照班干部所必须具备的条件和标准，把那些有朝气、有热情、敢想敢做、团结同学、关心热爱集体、有奉献精神、有一定组织能力和特长、在同学中有威信、能够胜任管理工作的学生选拔出来，使其担任班干部，这样才能形成坚强的班级领导核心。

第二，采用多样化的方式进行选用。传统的班干部选任多由教师指定，这样选拔出来的班干部不一定具有群众基础，而且教师的选择有时可能具有片面性，导致部分有能力的学生被埋没。所以，班干部的选拔方式应灵活多样，轮岗制、选举制、自荐制等，都可以成为选拔班干部的方式。

轮岗制是指让班级全体同学按照一定周期轮流担任班干部，这样做的好处是能够让更多的学生有机会担任班级管理者的角色，使更多的学生得到锻炼，增强学生的主人翁意识。但采用轮岗制时，应注意合理把握学生任期时间，任期太短会达不到预期效果；任期太长，可能又会出现部分干部即使难以胜任工作也不能及时更换的问题。

选举制是由学生通过投票方式选举出班干部。这种做法的好处是尊重学生的选择权利，有利于增强学生的民主意识和竞争意识，同时有助于激励学生努力投身于班级工作，争取获得多数同学的信赖。

自荐制是指在选用班干部的时候，学生可采用毛遂自荐的方式，自告奋勇担任某些管理岗位的工作。这种做法可以增强学生自我展示的意识，增强学生的自信心和勇气，为他们以后的发展打下良好的心理素质。

班干部的选用可不拘泥于一种方式，有经验的教师会将多种方式交替或结合使用。例如，对已经挑选好的班干部，可先让其担任代理工作，以便在工作中考察他们，让他们用自己的实际行动取得同学们的信任和支持，等同学们对代理干部有一定的了解后，再以民主选举的形式选出班干部；也可先让学生自荐担任各种代理干部，然后依据不同岗位进行竞选竞任，最后由全班同学投票选举出班干部。

第三，注重对班干部的培养。培养班干部是建设班集体的重要环节之一。班干部选出后，教师要注重加强对班干部的培养和培训，尤其是对初次担任班干部的学生，教师更要悉心指导他们，使其尽快适应角色。

培训的第一步是对班干部进行分工，让他们明确自己的岗位和职责。分工安排切忌笼统、抽象，一定要具体、明确，要让班干部知道究竟要做什么以及怎么做。教师对于班干部的分工要量才而用，要在深入了解学生的基础之上，为他们安排合适的工作，使其各司其职、发挥特长。例如，班长一般要让具有较高威信、拥有全局意识、具备一定的领导能力的学生担任；学习委员一般要让学习态度端正、成绩优异的同学担任；文艺委员则要能歌善舞，具有较好的艺术天赋；等等。

培训的第二步是召开主要班干部会议，告诉他们班级中的一些问题和不良现象的处理方式，如班委能自己处理的就自己处理，班委不能处理的交由班长处理，班长不能处理的再交由教师和班主任处理，等等。总之，能自己处理的事情就不应上报。

培训的第三步是分头培训。有些班干部的能力较强，培训一两次就能独当一面，而有些班干部的能力相对较弱，或者工作比较被动，这就需要班主任再分别对这些班干部进行培训。

第四，对班干部既要充分信赖，又要严格要求。俗话说，用人不疑。教师既然选择了某些同学担任班干部，那就要给予其充分的信任，对他们要大胆地放权，要树立班干部的威信，主要让他们来管理班级，支持他们独立完成工作。只有这样，教师才能从烦琐的班级工作中解放出来，把更多的精力投入教学。在充分信赖班干部的同时，教师要对班干部严格要求，让他们以身作则，起到模范带头作用，要防止他们产生优越感或特权思想，要引导班干部牢固树立服务观念，端正为同学服务的态度。教师还要帮助班干部养成团队合作习惯，使各个班干部之间相互协作，支持同伴工作，并且相互监督、共同进步。

班干部有了工作成绩，要及时表扬，但犯了错误，就应该严肃批评，使他们了解到这是教师对自己的爱护，意识到班级内人人平等、没有“特殊学生”。在实施考核时，教师对班干部要更加严格要求。对于一些不作为的班干部，教师要及时地帮助他们树立为同学服务的意识。

（三）组织开展班级活动的能力

班级活动是学生在学校学习和生活的重要组成部分，是学生充分展现自己、锻炼自己，并从中体验到学校生活的快乐的最有效的集体行为。它能够在很大程度上弥补课堂教学的不足，对于丰富学生情感、健全学生心理、促进学生之间的交往、增进学生之间的友谊等具有不可替代的作用。在班级活动过程中，学生可以学到很多课堂上学不到的东西，从而使个人综合素质得到切实提高。

作为一名优秀教师，应当根据教育目的和学生的兴趣及需要，积极组织、开展好各类班级活动，为学生创造锻炼、展示和发展的机会。在组织、开展班级活动时，应遵循班级活动的一些基本原则。

第一，自主性。班级活动的主体是学生。因此，在选择和开展班级活动时，要充分尊重学生的态度和意见，一般情况下，教师应当让学生自主选择他们喜爱的活动类型和方式，活动过程需要由学生自己参与设计和安排，这对于学生独立工作能力的培养和锻炼具有十分积极的意义。

第二，愉悦性。学生多喜欢愉悦的活动方式，他们更希望在玩、乐中接受教育和影响。所以，教师在组织班级活动的时候，要考虑学生的年龄特征，注意寓教于乐，使学生在快乐的班级活动中获得知识。

第三，创新性。学生一般不喜欢参加缺少新意、索然无味的班级活动。因此，教师在组织班级活动时，要勇于创新，敢于标新立异。无论是班级活动的形式，还是班级活动的内容，都要经常发展和创新。这样既对学生有较强的吸引力，又有利于促进学生创新素养的发展。

第四，开放性。班级活动并不意味着完全只能由教师和学生参与，也并不意味着一定只能在教室和学校内进行，还可以采取“请进来”“走出去”等多种办法来组织、实施。例如，可以邀请校外的一些先进模范人物来与班级学生互动，也可以组织学生走出校门到野外郊游，还可以与学校所在社区合作开展班级活动，等等。

要想组织、开展好班级活动，教师通常要做好以下几个环节的工作。

其一，明确目的，有的放矢。开展任何一项班级活动，都应有明确、具体的目的。活动最终要达到什么目的或解决什么问题，是在活动开展之前必须考虑的问题。例如，班主任感到本班同学的集体荣誉感不强，打算通过组织一系列与其他班级的拔河比赛或篮球比赛等，来增强班级同学的集体荣誉感，增强班级的凝聚力，这样的活动就是有着较为明确的目的的。

其二，明确分工，做好动员。开展任何一项班级活动，都需要明确人员分工和相关职责，如有的同学负责拟定活动方案，有的同学负责组织活动队伍，有的同学负责搞好协调工作，有的同学负责后勤支持与保障，等等。同时，要做好宣传工作，动员大家踊跃参加，调动广大学生的积极性，使每位学生都能以高涨的热情参与其中，要避免出现班主任或少数班干部一手包办的情况。只有让全体同学都参与其中，才能真正达到活动的目的。

其三，指导检查，确保成效。在活动实施的过程中，教师要善于把握活动的进程，周密组织好每个环节。为了保证活动取得预期的成效，教师必须对活动进行全程指导、检查，以一个活动参与者的角色，与班干部及同学进行沟通、交流，提出指导意见和建议等。

其四，做好活动总结。班级活动结束后，教师应及时对本次活动进行总结和反思。没有总结和反思，开展活动的意义就会大打折扣。教师可以通过召开班干部会议和全班大会的形式，针对活动的成败进行评价，肯定学生做得好的一面；对于在活动中表现优异的同学，还要给予肯定和奖励。

通过对活动进行总结和反思，既能进一步提高教师自身的工作能力和水平，又可以达到激励和鞭策学生的目的。

五、反思能力与创新能力

（一）反思能力

反思意为自我反省、思考过去的事情，并从中总结经验教训。考试后教师要求学生写的“反思”，大体是学生对自己的考试所做出的评价以及对以后改进学习的思考。

反思能力是一个人持续发展所必备的素质之一。一个人只有学会反思，才能不断修正错误，从而不断提高。

教师的反思能力是指教师以自己的教育教学活动作为思考的对象，不断地、积极主动地对自己的决策、行为、方法以及由此产生的结果进行审视、分析、检查、评价、反馈、调节的能力。反思能力是一名普通教师向优秀骨干教师发展的核心要求之一。

反思的过程就是促进教师成长和提高的过程。反思的作用就在于使教师对自己的教育教学行为和结果进行客观的认识、诊断与评价，总结成败得失，纠正错误，明确改进的方向，从而确定新的行为策略和方法。教师要想自己的专业素养得到不断提升和发展，就必须经常、不断地进行反思。

教师的成长 = 经验 + 反思，即教师的专业成长与教学反思之间有着密不可分的联系。有关教师专业发展的研究表明，那些成功的和有效率的教师，一般都更倾向于及时地、主动地和创造性地反思他们工作中的诸多方面，包括教学的目标、教学的行为策略、教学的环境等。而且，随着研究与实践的发展，很多研究者和教师已将反思的视野和范围从过去单纯的课堂教学领域延伸到了整个职业工作领域，从日常教学的范畴扩大到更为广泛的整体教育的范畴。随着信息技术的发展，教师反思的对象也从个体自身扩大到对周围的教育同行及其教育教学理念和行为。

反思是提升教师实践智慧的重要途径之一，是促进教师主动成长的核心因素之一。对于任何一名教师的专业发展而言，反思都具有极为重要的意义。

有关个体发展的理论一般认为，个体发展是在发展主体与周围环境积极的相互作用中，通过主体的各种实践活动实现的，其实质是个体生命的多种潜在可能性逐渐转化为现实的过程。反思作为教师的一种专业实践活动，贯穿于教师的整个职业生涯中，这样一种专业实践活动对于教师的专业知识、专业理念、专业技能、专业情意等方面的提升和拓展，无疑具有十分重要的意义。有关研究表明，教师“怎样做”比教师“是怎样的”更为重要。在以“自我更新”为取向的教师专业发展中，反思这样一种教师专业实践活动，对于教师加快自身专业发展的进程自然是一个不可缺少的重要因素。

反思可以促使教师端正教书育人的态度，提高教师教育教学水平。那些在工作岗位上成长较快的教师，大部分都是善于进行反思的教师，他们能够自觉地、经常性地反思自己的教育教学活动。在教育改革的大潮中，他们不断实践、探索、总结和反思，其敬业精神不断增强，教育教学水平迅速提高，专业发展日臻成熟和完善。实践证明，一名教师只有对自己的专业工作具有了反思能力，才能真正拥有较高的专业发展水平。反思能力的强弱，在很大程度上决定着教师专业素质的高低。没有反思，不勤于总结，教师专业水平是不可能得到很快提升的。

反思可以更好地搭建起理论与实践相结合的桥梁。反思能够促使教师将现代教育理念应用于教学实践，转化为自己的教学行动。反思还可以检验教育理论的可行性与适切性，经过教师的深入反思，可以发现某些理论的不完善甚至错误之处，促使教师继续学习和掌握先进的教育理论，用先进的理论武装自己，指导自己的行动。

反思可以充分激发教师的创造性，并为其专业发展提供更多的机会和条件。反思是引导教师不断成长并最终成为“教育家型的教师”的一条重要途径。反思具有显著的实践性和自觉能动性，而教师的创造性就是在实践中萌发出来的创新意向和念头，这种意向和念头正是源于教师反思的自觉能动性。教师自觉能动的反思，对自身创造性的发展起着巨大的推动作用。有反思才有探究，有探究才有破译，有破译才有创造。一般来说，反思越自觉、越积极，就越能够促进创造性的发展。

教师的反思是多层次的，教师的反思，特别是教学反思，一般包括教学前、教学中、教学后的反思等。教学前的反思可以有效地提高教师的教学预测能力，具有很强的前瞻意义。教学中的反思则主要起到监控教学过程的作用，可以促使教师及时、主动地调节自己的教学活动，更好地随机应变，使教学过程高质、高效、有序地运行。教学后的反思则具有较为浓厚的批判性色彩，可以促使教师回顾和发现教学过程中的失误和不足，有助于教师调整、改进和完善自己的教学工作，并升华自己的教学理念。

教师的反思是多维度的。教师对教学的反思，不但包括对成功的反思，而且包括对失误的反思。教师的一堂课通常总有成功和精彩的地方，如师生之间的高度默契与协调配合，课堂教学中随机应变的得当举措，层次清楚、条理分明的板书设计，为讲清重点和突破难点而选用的典型例句，教育学和心理学一些基本原理的适当运用，教学方法上的改革与创新，等等。同时，一堂课中也总有或多或少的失误，即使是非常成功的课堂教学，也难免有疏漏、遗憾之处。无论是课堂教学中的成功和精彩，还是失误和疏漏，教师都应及时、系统地加以回顾、梳理、反思和总结，尤其是对其中不足之处更要深刻反省、探究和剖析，以便在今后的教学中吸取教训，避免再犯类似的错误。

除了课堂教学的反思，要成为一名骨干教师，还要对自己的道德行为加以反思。教师肩负着教书育人的重任，教师的职业道德修养是教书育人的精神支柱和动力之源。教师职业道德修养的提高要从多个维度着手，其中自然包括注重对自身的道德认知、道德情感、道德意志、道德信念、道德行为习惯的反思和内省。教师可依据师德规范对自身做出客观、公正的自我评价、批判和调控，以查漏补缺、精进提高。

总之，反思所追求的目标，是使教师在更好地促进学生发展的同时，能够切实地发展和完善自身，实现教师发展与学生发展的统一。也就是说，对教师而言，反思不但是为了“照亮学生”，也是为了“完善自己”。

（二）创新能力

对教师而言，创新能力主要体现在以下两个方面。

1.教育创新的能力

教师具备教育创新的能力，是培养和造就创新人才的客观需要。一个国家、一个民族要发展和进步，必须要有一大批具有创新意识、创新精神和创新能力的创新人才。而这种创新人才的培养，则需要教师具备教育创新的能力，要求教师在教育实践中不断探索、开拓创新。一个照本宣科、循规蹈矩，缺乏创新能力的教师，是很难造就出思维活跃、敢于突破、富有创造力的学生的。所以，应教师具备教育创新的能力，为培养出具有良好的创新素养的人才做出贡献。

教师的教育创新能力体现在教育观念创新、教学模式创新、教学内容创新、教学方法和手段创新等方面。

（1）创新教育观念的能力。创新是以观念的转变为先导的。在当今时代，各种教育新理念、新思想不断涌现，强调多元、崇尚差异、重视平等、推崇创造的教育思想观念日益深入人心，教师必须与时俱进、解放思想，树立适应时代和社会发展需要的一系列新的教育思想观念。例如，在人类知识总量爆炸性增长的今天。教师必须从时代的特点和要求出发，及时更新观念，树立新的教师观，即从知识的传授者转变成为学生自主学习的引导者、学生能力的培养者、学生创新意识的激发者等。

（2）创新教学模式的能力。创新人才的培养是一种新的人才培养模式。作为教学改革的实践者的教师，不但需要具备现代的教育理念，而且要在教学实践中不断探索新的教学模式。例如，研究型教学模式是近年来涌现出的一种新的教学模式，这种教学模式强调教师引导学生开展研究性学习，将教师的研究性教学与学生的研究性学习有机地结合起来。在研究型的教学模式中，教师需要把激活学生自主学习和探究的热情、培养学生的研究兴趣放在突出位置，有效增强学生参与知识构建的积极性和自觉性，进而达到培养学生研究能力和创造能力的目的。

（3）创新教学内容的能力。教学内容的创新是进行创新教育的基础和保证。要讲好一门课程，教师首先要确立“授课而非授书”的思想观念，要认真研究教材内容和多种不同版本的教学参考书等，通过对其进行比较和分析，形成自己的看法。要通过对目前学科教学前沿动态状况的了解和掌握，及时吸收一些新知识、新材料、新观点，并提出自己的一些独到见解，以实现教学内容的常讲常新。在教学过程中，要以本学科的重要原理和理论为重点，系统地阐述和讲解其发展过程和应用价值，以培养学生进行科学知识创新的兴趣和能力。要注重实践环节，引导学生运用所学的知识、理论和技能，进行探索未知世界的科学训练和解决生产、生活中存在问题的模拟科学研究，以切实提高学生的实践能力。

（4）创新教学方法和手段的能力。传统的“填鸭式”“满堂灌”的教学方法压抑了学生的能动性和积极性，阻碍了学生思维的发展，更谈不上培养学生的创新思维和创新能力。因此，教学方法和手段的改革和创新，是摆在每个教师面前的一项迫切任务。教学方法与手段创新的根本宗旨是培养学生的创造品质。教师要大力提倡启发式教学，废止“填鸭式”教学；提倡民主讨论式教学，废止“一言堂”“满堂灌”；提倡引导式教学，废止“保姆式”“管家式”教学。要充分调动学生的主动性、自觉性，使学生的感知、记忆、思维和想象等在教学过程中始终处于高度活跃的状态，切实提高学生分析问题和解决问题的能力。此外，还要积极采用现代教育技术手段，通过多媒体教学、网络化教学等，激发学生学习的兴趣和创新的激情。

2. 科研创新的能力

传统观念认为，从事教育科研只是大学教师和专业理论工作者的事情，教师只要会上课、上好课就行了，没有必要进行教育科研活动。然而，随着教育改革的不断深入及其对教师研究素养要求的提高，“教师成为研究者”已成大势所趋，越来越多的教师正从过去进行单一的教学活动走向教学与研究相结合的道路，越来越多的专业研究人员选择与一线教师共同进行教育科研工作。在此背景下，教师的科研状况自然成了很多学校考核教师的重要指标之一，科研创新能力自然成了教师必不可少的核心素质之一。

（1）教师科研创新能力的提升具有现实的必要性和紧迫性。教育对象的特殊性以及各种现实教育问题的出现，要求教师必须具备教育科研能力。同时，“教学有法，教无定法”，这要求教师对教学方法的选择和运用进行研究。此外，教师在面对不同的教学情境时，应该怎样启发、引导学生，怎样调动学生的积极性，怎样组织教学，怎样有效地培养学生的思想品德，怎样应对教育教学中的各种突发事件，怎样有效控制网络对学生的负面影响等，都需要进行深入的思考和研究。从这个意义上说，教师从事教育科研活动是具有现实的必要性的。

课程改革实践要求教师必须具备教育科研能力。近年来，基础教育的新课程改革正在不断深入推进，课程目标、课程结构、课程内容、课程实施、课程评价和课程管理等方面都发生了深刻的变化。新课程改革针对以往课程注重传授书本知识、强调学科本位、注重接受学习的倾向，强调重视形成学生积极、主动的学习态度，重视加强课程内容与学生生活以及现代社会和科技发展的联系，关注学生的学习兴趣和经验，倡导学生主动参与、乐于探究、勤于动手，重视培养学生搜集和处理信息的能力、获取新知识的能力、分析和解决问题的能力以及交流与合作的能力等。新课程改革为教师主体性的充分发挥提供了广阔的舞台，对教师提出了一系列新的挑战。例如，新课程中的教师将不再是知识的灌输者，而是学生学习活动的组织者、引导者、合作者、促进者；新课程中的教师不仅是课程实施的单纯的执行者，而且是课程的设计者和开发者；等等。面对新的课程实践环境和要求，教师要想适应和参与课改的大潮，并在课改实践中有所建树，就必须具备一定的教育科学研究能力。可以说，新课程改革的实施和持续推进，对教师科学研究能力的提升提出了十分迫切的要求。

（2）教师科研创新能力的提升具有现实的可能性。一般而言，教师的科研是以一线教师为研究主体，通过学习、运用教育教学理论，将教育教学实践和教育管理实践过程中已出现的或可能存在的问题作为课题，进行有意识反思，设计出解决方案并加以实施，从而提高教育教学质量，更好地促进学生发展和自身专业素质提高的种实践活动。

一线教师的科研是教育科研的重要组成部分。教育科研并非闭门造车的事情，它需要教育实践的支持。理论来自实践，实践可以检验理论。教育科研的实践性特点，决定了一线教师不但完全可以成为教育科研工作的参与者，而且在开展教育科研方面，其具有自己的独特优势和有利条件。这种独特优势和有利条件主要在于同专业教育理论工作者相比，一线教师身处教学实践的最前沿，可以充分利用自身丰富的实践经验，直接将自己的教学实践与科研有机结合起来。

专业教育理论工作者所从事的教育研究，主要是去发现和揭示教育规律，构建和完善教育理论体系，促进教育科学发展，为教育科学理论的建设做出贡献。而一线教师从事的教育科研，则主要是为了解决教育实际问题，他们的研究多以课堂为现场、以教学为重点、以学生为关注中心，研究的问题来自教育实践，立足于教育实践，并最终指向教育实践。一线教师进行的教育研究，虽然能够发现教育规律、获得教育科学的理论成果，但他们并不以此作为教育研究的主要目的，也不以此作为教育研究的唯一追求。他们的研究更关注教育教学中的现实问题，更关注通过这些现实问题的解决来改进自己的工作、促进教育教学质量的提高。即使教师的研究成果在理论上和操作上都没有取得什么突破，教师仍然会因为发现了问题、参与了研究、获得了体验等而使自己受益。

教师的科研在指向教育实践的同时，也引领和促进着教师不断完善自我、提高自身的专业化水平。教师通过对自我专业实践活动的研究，可以不断提高自身在复杂的教育情境中机智、有效地解决复杂问题的专业能力，不断提升自己的专业生活质量，不断实现自我发展和自我超越。

总而言之，提升教师的科研能力既是必要的，又是可能的，教育教学改革的实践要求教师成为研究型教师，而教育科研的实践性特点使教师具有开展科研活动的优势与可能性。所以，作为一名优秀教师，必须在从事日常教学工作的同时，高度重视并积极参与科研，以教学带动科研，再以科研促进教学，实现教学与科研的良性循环和相互促进。

第三节　不断提升专业道德水平

一、对待学生的道德

（一）关心、爱护学生

教师的工作对象是学生。教师在与学生交往的过程中，要始终带着对他们的深切的关爱。一个富有爱心的教师远比一个知识丰富却冷酷无情的教师更有魅力。“当你对某个学生用尽了所有的办法还不见效，感到实在没有办法的时候，其实还有一个办法，那就是爱。”[①] 师爱是教育的“润滑剂”，是进行教育的必要条件和基础，也是教师职业道德的根本。

教师在工作中要热爱每一个学生，而不是偏爱其中的一个或一部分学生。学习成绩好的学生要爱，学习成绩一般的学生要爱，学习成绩差的学生也要爱；活泼的学生要爱，文静、踏实的学生要爱，内向、拘谨的学生更要爱；“金凤凰”要爱，“丑小鸭”也要爱。尤其是对待后进生，教师要多给他们一些温暖和关爱，用爱来影响和改变他们。

作为一名骨干教师，关爱学生不但是发自内心的情感传递，而且是完成教育任务的一种“有效方法”。

首先，教师对学生的关爱，可以提升学生对教师的信任度。而教师一旦获得了学生的信任，学生就会对教师敞开心扉，就会更容易理解教师的良苦用心，更乐于接受教师提出的要求，包括教师对其提出的各种建议和批评等。

---

① 李建伟．中国文化经典与当代教育［M］．北京：光明日报出版社，2014：67.

这样，教师就可以深入地了解和把握学生的内心世界，及时、准确地教育学生，从而产生更好的教育教学效果，最终促进学生更好地发展。

其次，教师对学生的关爱，可以激发学生的积极态度和情感。人与人之间的感情沟通是相互的，教师通过对学生的关爱可以向学生传递积极的情感信息，使学生在浓郁的师爱氛围中成长和发展。学生感受到教师对他们的关爱，就会被教师的真情所感染，并形成愉悦的情绪状态。这样，他们就会以更加积极的态度和情感去面对学习、生活中的各种困难和挑战。

最后，教师对学生的关爱，有助于促进学生社会化的发展。学校是一个小社会，学生在这个环境中逐渐发展自己的社会化。作为学生社会化发展的重要的促进者之一，教师对学生的关爱会直接影响到学生对社会、对他人的态度和行为。教师的关爱能给学生带来正面的榜样效应，让学生知道在社会中人与人之间应当如何相处，这对于学生今后更好地面对社会、面对他人具有重要意义。

教师对学生的关爱，有别于父母对子女基于亲子关系的关爱。教师对学生的关爱，是基于教师对教育事业的热情、信念和执着追求而产生的。教师的关爱既充满情感，又不乏深刻的理性。

为了帮助学生更好地成长和发展，教师的关爱当中自然应包含着对学生的严格要求，而且这种严格要求应当有始有终，贯穿于从课堂教学到课外活动的全部过程。这里需要指出的是，严格要求与关爱学生并不是矛盾的。关爱不是溺爱，关爱并不意味着放弃要求。在现实中，有些教师为了能与学生“和睦相处”，对学生提出的各种要求都无条件、无原则地予以满足，缺少对学生的严格要求，任由学生为所欲为，这种态度和做法实际上并非关爱，而是对学生的放纵和不负责任。关爱学生应当从学生的长远发展去考虑，应当思考怎样做才是真正有助于学生人格养成的。面对学生出现的偏差和错误，教师有责任、有义务及时地予以批评、指正。当然，教师严格要求学生，也绝不意味着教师可以无视学生的尊严，严格要求应具有合理性，它应是建立在符合教育目的以及照顾学生身心发展的基础之上的，应是真诚的和善意的，其目的是帮助学生更好地健康成长。优秀的骨干教师要能够准确把握关爱学生与严格要求学生之间的关系，对待学生应做到既关爱又不溺爱，既不严苛又不放纵。

（二）公正对待学生

教师的公正是指教师在自己的教育活动中对待不同利益关系所表现出来的公平和正义。它表现在教师与自身、教师与同事、教师与学生等人际关系之中。教师公正的核心是对学生的公正。其主要含义是在教育活动中对所有的学生，包括不同性别、年龄、智力、个性、相貌、出身的学生，能够做到一视同仁、同等对待、公平无私，不以个人的私利和好恶作为标准，使每个受教育者在教育过程中都能够“得其应得”，避免出现“当得而未得”或“得其不应得”等情况。教师公正作为教师的一项重要职业道德要求，在教育活动中发挥着重要的作用。

第一，教师的公正是形成良好教育教学环境的基础。教师公正、合理地对待和评价学生，对待学生不厚此薄彼，不偏爱、歧视，能大大激发学生对教师的亲切感和信赖感，会令每位学生都感到自己是重要的，这样就会在无形中给学生增添自信的筹码，有利于调动学生的学习积极性，有利于班级形成勤奋、积极进取的学习氛围，有利于师生创造出良好的教育教学环境。

第二，教师的公正是培养学生良好人格的关键。教师的公正对于学生具有极大的教育示范意义。可以说，只有具备公正品质的教师，才能培养和教育出具有公正品质的学生。教师公正本身就是一门隐形的德育课程，教师的正直与无私，能使学生在与教师的交往中感觉到公正的美好和必要，从而奠定他们在未来社会、生活中努力追求道德公正的心理基础，有利于影响和激励学生对真、善、美的追求，培养他们良好的人格品质。反之，教师对学生的不公，包括对一些学生的偏爱以及对另一些学生的歧视等，必然会造成很多学生情感的压抑，会使学生丧失对教师的信任、对学校的信任。显然，这是非常不利于学生良好人格的形成的。

教师在公平对待学生时，尤其要注意抛弃对一些成绩较差的学生的偏见。教师公正的缺失，经常表现在对待成绩优异与成绩较差的学生的不同态度上。面对成绩优异的学生，一些教师往往会更加宽容，很容易忽略这些学生所犯的错误。这样做的结果，既伤害了其他同学，又容易使这些学生误以为即使自己犯了错误，也可以享受某些特权，于是不思悔过，这是不利于其今后的健康成长的。而面对成绩较差的学生，一些教师则容易放大他们的缺点，只看到他们身上的缺点，看不到他们的优点，于是对他们要么表现得冷漠，要么公然歧视，这同样是不利于他们今后的发展的。作为一名骨干教师，在面对学生时，要注意把自己的爱传递给每一个学生。特别是面对后进学生时，更要用满腔的热情去肯定他们的每一个微小进步，帮助他们克服自卑，树立自信；使他们体会到自己是集体中重要的一员，自己与其他人是平等的；尽可能地创造条件，让他们都有展示自我的机会。这样才能激发他们内心深处的希望和信心，他们才能不断奋发向上。

（三）尊重、信任学生

教师与学生之间固然是教育者和被教育者的关系，但是从人的角度来说，两者都具有完整的人格，由此就决定了教师在与学生的交往过程中，必须充分地尊重和信任自己的学生，而不应无视他们的人格和尊严。

陶行知先生曾经这样告诫过教师："你的教鞭下有瓦特，你的冷眼里有牛顿，你的讥笑中有爱迪生。"[①] 教师只有充分了解自己的教育对象，以平等的态度对待学生，学生才会乐于向教师敞开心扉，展现他们的精神世界；学生才会在课堂上积极思考，提出自己独到的见解，发挥学习的主动性和积极性。

教师面对的每一个学生都是有着独立人格的人，教师与学生之间在人格上没有高低贵贱之分，教师不能以居高临下的"统治者"的姿态对待学生，这样会严重挫伤学生的心灵，应当把学生真正地看作有思想、有感情的人，尊重他们的合理需要和要求。

尊重、信任学生，意味着教师要学会倾听学生的意见，允许学生有自己的独立思考和见解，充分尊重他们的表达权。学生是迅速发展中的人，他们通过自身的学习和知识的积累，会逐步形成一些独到的见解。或许他们的某些个人见解是肤浅的、不成熟的，但是拥有自己的独立思考和见解，本身就是学生进步的表现，教师对此要予以积极鼓励，并不断给予引领和指导。

师生关系是一种较为纯朴的人际关系，并不存在着相互间复杂的利益交换。教师尊重和信任学生，可以帮助师生之间建立起和谐、融洽的关系。而只有建立起和谐、融洽的师生关系，教师才能被学生充分认可，师生之间

---

① 陶行知．陶行知全集：第 7 卷 [M]. 成都：四川教育出版社，1991：34.

才有可能产生相互理解、相互信赖、相互支持与配合的良性互动，学生才会“亲其师，信其道”，才会发自内心地、心悦诚服地接受教师的观点和教诲。这反过来会促使教师产生积极的情感，充满对工作的热情。

二、对待所属群体和同事的道德

教师工作的主要对象是学生，但这并不意味着教师的职业道德只体现在与学生的关系中。学校是教师工作的职业场所，教师与教师之间同样有着密切的工作关系和人际关系，这种工作关系和人际关系会在很大程度上影响教师的工作质量和学生的发展。因此，在教师与所属群体之间、教师与其他同事之间建立起良好的道德关系也是至关重要的。

第一，教师要处理好与所属群体及组织，如与教研组及学校之间的道德关系。骨干教师一般是学校业务工作的顶梁柱，其中有些骨干教师还在教研组内担当组长或其他领导者角色。而作为骨干教师，应当对所属群体及组织，如教研组及学校有强烈的归属感，努力为学校工作做出奉献。

第二，教师要处理好与其他同事的道德关系。作为骨干教师，应当意识到教师群体的强大凝聚力是教育事业取得成功的重要保障条件，教师个人单枪匹马的力量是十分微弱和有限的。每一个学生的成功，都是全体教师共同努力的结果，只有全体教师都具备团队合作精神，彼此之间以诚相待、相互尊重、紧密配合、共同协作，才能共同做好教育工作，促进全体学生全面、健康发展。

在当前的新形势下，为了顺利完成教育教学任务，应该倡导教师之间形成相互学习、相互交流的良好风气，使多种信息、多种经验得以推广和共享。智慧的火花常常在交流和碰撞中闪烁，教师之间只有经常切磋和交流，才能更好地分享彼此的成功经验，这有利于自身工作的开展，可以达到大家一起进步、共同提高教育教学质量的目的。

作为骨干教师，不但要虚心向其他教师学习，而且要利用自己在业务上的优势，积极帮助其他教师尤其是青年教师成长，在教学方法技巧、教育科研上给予青年教师耐心、细致的帮助和指导，用自己的良好行为为青年教师树立榜样；积极参与其他教师的听课、评课及论文指导，帮助其他教师快速成长。如果担任了班主任工作，教师还要注意发挥班主任的桥梁和纽带作用，协调好班级各位科任教师之间的关系，协调好科任教师与教辅人员之间的关系，等等。这样才能形成工作“合力”，才有利于更好地开展教育活动，从而更好地促进学生的发展。

三、对待教育事业的道德

教师职业面对的对象是未成年的青少年学生，他们的身心发展处在尚未成熟的阶段，具有极大的可塑性。教师的劳动是在塑造国家和社会的未来，不但要通过自己的语言向学生传授科学知识，而且要用自己的行动给学生树立榜样，从而影响学生人格的形成，使他们成为身心健康发展的新的一代。基于此，教师必须对自己所从事的工作和事业有着坚持不懈的追求，具备坚定的职业信念、专注的职业精神、强烈的责任感与使命感等。

具体来说，教师对待教育事业的道德应体现在以下几个方面。

（一）坚定的职业理想与信念

教育和教学工作是一项长期而艰苦的工作，不是短期内就能够见效的，而是需要教师始终如一、坚持不懈、持之以恒，这样才能实现既定的目标。在此过程中，坚定的职业理想与信念，是教师从事教育工作的强大而持久的支持力量，是支撑他们不断进取、追求卓越、实现自身专业发展的内在动力源泉，是他们保持旺盛的职业生命力和工作积极性、获得职业幸福感的重要源泉。教师的职业理想与信念一旦形成，就会成为支配教师行为的巨大精神力量。

只要具备了坚定的职业理想与信念，教师就可以毫不动摇地坚持自己的职责、坚守自己的岗位，任凭工作条件和环境发生何种变化，任凭各种世俗偏见如何影响和干扰，他们都能一如既往地坚持敬业爱岗，对自己所承担的工作始终抱着认真负责、一丝不苟的态度，绝不会因为工作过程中出现一些消极因素的干扰，就气馁和失望，甚至放弃自己的职业追求而另谋其他出路。

只有具备了坚定的职业理想与信念，才能激发教师对教育事业的热情。当教师对教育事业的价值、意义等问题有了清晰的认识之后，教师专业发展才能成为教师发自内心的需求。此时，他们会把教育工作看成一项崇高的事业，而不是仅仅停留在把教师职业看成一种谋生的手段。教师职业信念的形成和完善，可以使教师专业发展成为内在的价值追求和外在行为的统一，使教育教学活动成为教师自觉、自主的活动。

（二）强烈的职业责任感与使命感

教师责任是社会对教师职业角色所抱持的期望，而教师对这种期望的认同与承担，就是教师的职业责任感。

作为一名教师，必须成为一个真正意义上的具有高度责任感与使命感以及专注的职业精神的人。关注每一个学生的成长，帮助学生学习和发展，创造有利的学习情境，使教学活动契合学生的需要，最大限度地开发每个学生的潜能等，是每一名教师的使命和任务所在。只要教师具备了强烈的责任感与使命感，就意味着他时时刻刻都会关注学生的需要，尤其是关注学生的精神需要，并随时准备为之采取相应的积极行动。

（三）教师的职业良心

在社会日益现代化的今天，经济杠杆的作用和市场化的发展，使得学校教育的商业化色彩日趋浓厚。在一些人眼中，教育活动正在转变为一种商业行为，即学校是一种商业服务机构，学生和家长是学校的顾客，教师是教育机构中的营销人员，其职责就是通过文化知识销售自己的智力和学识，师生之间的关系与营销者和消费者之间的关系并无二致。

这种状况不但与社会对教师的期待背道而驰，而且与教师的职业良心格格不入。作为教师，尤其是优秀的骨干教师，在自己的内心深处，应当时时刻刻有一杆“良心之秤”，要能够经常反思自己的一言一行是否与教师的职业角色相称、是否与为人师表的社会期望相悖。只有如此，才能有效抵御各种金钱和物质的诱惑，面对各种消极的社会环境因素和不良风气的侵袭而能够保持自己的率真和执着，真正担当起教书育人的神圣职责。

四、对待自己的道德

教师职业的特殊性在于其工作对象是人而不是物，教师是塑造学生心灵的工程师，是学生精神世界的建设者。教师除了将知识传授给学生外，还需要用自己的德行、操守影响学生，学生从教师那里学到的不仅有知识，还有如何做事做人。所以，教师与学生之间存在着表率与效仿的关系，教师的言行对学生的发展有着重大的影响，任何一名教师都肩负着教书和育人的双重责任。这自然就意味着每一名教师必须以严格的标准来规范自己的一言一行，必须持续不断地发展和提升自己，实现自我突破和自我超越。

要成为具有自我提升能力的优秀教师，就要先加强自身的品德修养，提高自身的思想境界。诚实守信、谦虚谨慎、表里如一、言行一致等，都是优秀骨干教师必须具备的最基本的品质。教师尤其要注重言传与身教的统一，为学生的言行举止树立榜样，凡是要求学生做到的，自己首先必须做到，切忌对他人严苛而对自己宽容。同时，要养成良好的学风。教师的良好学风，是指教师在面对学术问题时，能保持科学、严肃、谨慎的态度，对于任何学术问题，都要经过周密的思考和论证，做出科学、规范的回答。教师对待科学和学术问题的这种严肃认真的态度，会潜移默化地影响学生，促使学生逐渐养成勤于思考、努力探索、一丝不苟的严谨学风和习惯。

第三章　教师专业发展的实施模式

第一节　学校本位的教师专业发展实施模式

一、学校本位的教师专业发展模式的理论建构

（一）学校本位的教师专业发展模式的内涵

教师专业发展模式的学校本位理论着重强调了教师专业发展与学校发展的密切关系。这个理论认为，教师的专业发展不仅应满足个人职业成长的需求，而且应致力于学校整体的进步和发展。在这种理论框架下，教师的发展既是个人目标的实现，也是对学校发展的贡献。

学校本位的教师专业发展模式理论主要包含了三个核心概念：地理学校本位、政治学校本位和组织学校本位。下面分别从这三个角度解析学校本位的教师专业发展模式的内涵。

1．地理概念的学校本位

学校本位的教师专业发展模式强调教师在学校中实现专业发展，以学校作为教师发展的实践场所和环境。从地理概念的角度来解读，学校本位意味着教师的专业发展是以学校为基础和依托进行的。教师将自己的发展定位在学校中，将学校作为自身发展的“土壤”。这种模式强调学校作为教师专业发展的核心，强调学校作为教师实践和成长的重要场所。然而，需要明确的是，学校本位的教师专业发展模式并不局限于学校内部。尽管学校在这一模

式中扮演着重要的角色，但教师专业发展模式并不仅限于学校的范围。它强调了学校的重要性和支持作用，同时也鼓励教师在校外寻找和利用各种发展机会和资源。学校本位的教师专业发展模式强调以学校为基础或中心，建立教师专业发展的基地和平台，并充分考虑学校的实际情况和可利用的资源。这包括校内和校外提供的各种资源。同时，这种模式强调教师专业发展在学校内进行，以学校作为教师专业发展和提升的场所。教师依托于学校内的教学、学生管理、校园活动等实践，以解决实际问题为导向，提升自身的实践技能。这种模式旨在为教师提供一个基于学校的环境，促使他们的专业素养与能力得以提升与发展。这里值得一提的是，除了学校内部以外，校外的资源与机会的利用，也可以运用于学校本位的教师专业发展模式中。但无论是在校内还是校外，学校仍然扮演着重要的角色，为教师的发展提供支持和指导。

在学校内开展各项教师专业发展的实践活动，使得学校与教师都能够得到一定程度上的发展，是学校本位的教师专业发展模式的具体要求。在实际的教学中，为了促使学校教育有多种发展的可能性，需要特别关注学校作为一个物理空间的存在，也就是强调学校本位的“场”概念。与此同时，要对教师在教学活动中的主体地位给予充分重视与尊重。故此，该模式应当最大限度地促使学校与教师获得双重发展，并不局限于学校的范围。

2. 政治概念的学校本位

与我国教育背景有所不同，英美教育的学校本位实质上是一种策略，大多强调的是学校的自主权，努力摆脱地方政府的干预与控制，力求最大限度地提升教师专业地位。学校本位主张学校应该拥有相对独立的教育决策权，超越学区和政府的干预。相对于集中权力和自上而下的教育管理方式，学校本位在教学观念、教师角色、灵活性、评估方式和权责分配等方面存在显著差异。基于学校的教师发展决策及行动，与学校对行动结果负责的能力和学校行使决策权力的来源则是学校本位的教师专业发展模式的关注点。学校本位的教师专业发展模式注重学校对教育对策的自主性和自我管理能力，以便更好地满足学校和教师的需求。在学校本位模式下，教师专业发展的决策和行动与学校的特定情况和目标密切相关。

在教师专业发展的学校本位模式中，通过增能、决策、职责、赋权，显著的政治特性得以凸显。其中，“赋权”强调作为教育决策的基础环节的学校，拥有关于教师专业发展的关键决策权，并具有一定程度的教育资源管理权。这种权力的大小往往取决于上级教育机构和政府在教育领域的权力分配和干预程度，进而影响学校从深度与广度上自由地执行该模式。从根本上看，所有参与学校决策的人员与角色对“决策”起到决定性作用，其中既包括学校方面的权力行使，又包括与学校各种利益相关的“权力分散、集体决策”模式。“职责”主要是指学校对自身发展的责任认识，对决策结果的负责态度，以及对教育资源的有效使用和绩效的审查。学校必须对由此产生的各种风险与利益承担一定的责任。“增能”主要描述的是一种核心能力，它包括规划制定、活动实施、资源开发与利用等。其本质是学校在制定决策与行使权力时所体现出的一种能力。增能作为一种重要能力，在学校本位模式中被视为关键因素，可以为其他三种模式提供必要保障。在学校被赋予一定程度上的自由度与权力，而学校却无力对此类权力加以行使的情况下，学校可能会选择放弃这些权力，以避免导致形式化的结果。

3. 组织概念的学校本位

近年来，教育领域的学者纷纷以学校组织属性角度出发，将其视为一个学习型组织，并基于这一观点对专业学习共同体进行建立，以研究教师专业发展相关问题。其中，有一种观点更为突出，即将教师发展看作教师学习过程的关键。基于学校的组织属性，认为教师专业得以全面发展的基地便是学校，它可以提供教师专业发展所需的各类知识与技能。学校在教师专业发展中扮演着重要的角色，为教师学习提供了组织和支持的架构。学校不仅仅是一个传授知识的场所，更是一个创造性和反思性学习的场域。教师在学校的教学过程中，能够积极参与学习，与同事们共同学习、交流教学中的各种经验，实现共同成长。

当在学校内部对教师共同体进行建立时，除了对团体活动、学生关注、共同目标、教学经验等进行分享之外，还需要关注另外四个关键要素，即分享经验、合作互助、成员支持、个体化实践。除此之外，学校还需要从两个方面对教师共同体进行建立，即赋权于教师与引导教师合作。所谓赋权，其实是给予教师一定的权利，也就是他们作为教学专业人员在教学活动中所应当拥有的权利。只有教师在具体教学实践活动中拥有充足的自由权力，他们才有可能将自己的聪明才智充分发挥出来。从本质上看，学校对发展目标加以明确，对教师与学校各自角色加以明确，并促使教师最大限度地参与教学决策中来的阶段，即赋权的过程。

“学校本位之下的教师不再是行政命令的被动执行者，成为具有专业智慧的实践者，教师获得权利参与决策。然而，赋权后的教师专业自主也有可能趋向教师个人主义。所以，赋权应该保持合理的张力。”① 对教师协作加以引导的过程是一种需要运用合适的行政策略来刺激教师协作的行动，目标是推动教师逐步形成主动的、自愿的合作态度。为了实现这个目标，学校应当对各类组织进行深度审视与调整，包括各个中层职能部门，以及现有的年级组、教研组（备课组）等，而成为一个教师相互协作的示范组织是其最终目标。除此之外，学校本位的组织层面重点强调学校内部组织的变革，其实质不仅仅意味着组织结构的变革，更重要的是要为教师发展营造一个民主化的共同体文化氛围。这种文化氛围可以在很大程度上帮助教师获得应有的专业权、选择权与自主权，从而在一个更加开放和公平的环境下进行工作。

（二）学校本位的教师专业发展模式的特征

该模式将教师所在的学校作为基本构建单位，这一模式主要关注如何促进教师的专业发展，这是其理论指导原则的核心。这种模式偏离了传统的教师专业发展模式，那种模式往往是自上而下的指导和短期密集的培训。该模式有着显著的特点：其一，针对性，即根据每个学校特定的需求和情况进行设计和实施的。其二，自主性，教师可以主动参与并对自己的专业发展负责。其三，多样性，根据不同学校的特殊环境以及教师的个性化需求，提供与之相对应的多种专业发展路径。下面将进行具体阐述。

1.针对性

以问题为导向的实践能够有效提升和推动确定目标以及找到解决问题的有效途径。而缺乏针对性的教师专业发展活动往往是无目的的，不具备持续性。教师在个人发展、学生管理及教学等方面需要应对各种挑战，从客观角度上看，为教师的专业发展增加了难度。具体教学中，为了使得不同的教师

① 林克松.工作场学习与专业化革新：职业教育教师专业发展路径探新[D].重庆：西南大学，2014.

专业发展需求得到充分满足，一般会以短期集中培训的方式提高教师的专业技能与水平。但是，这种方式常常表现得很形式主义，难以从根本上推动教师的专业发展。这意味着学校需要更为实质性的改变，以真正实现教师的专业成长。

与其他模式相比，学校本位的教师专业发展模式具有较强的针对性。在以往的教师专业发展模式中，教师在进行专业知识与技能学习时，其学习内容与方法基本是预先规定好的。

对于参训的教师来说，这样的内容和方式可能无法满足他们的个人发展需求，培训内容的适应性和方法的创新性都无法体现教师专业发展的个体性特点。无可否认的是，很难在世界上找到两所完全形同的学校，个性化与独特性是学校的属性之一。由此可见，要想促使教师的专业发展内容与形式一致也基本是不太可能实现的事。从另外一个角度分析，每所学校的教师所要面临与解决的问题不尽相同，因此在专业发展的内容与形式上难以达成一致。可以说，基于学校与教师的实际需求，对教学过程中的具体问题加以解决便是这一模式的特征之一。

学校本位的教师专业发展模式为选择专业发展的内容和方式提供了基准，即根据学校和教师的发展需要，结合教师实际发展需求，制定与之相适应的培养与实践方案。教师在教学实施过程中，享有一定程度上的自由度与决策权，同时在具体的教学实践中，学校可以根据教师的具体教学情况对其专业学习与培养目标加以适时调整。因此，学校本位的教师专业发展模式是一种相对灵活且有针对性的方式，这不仅有利于提升教师整体素质，促进教师专业发展，而且能够在一定程度上促使教师的发展理论与实践紧密结合在一起。

2. 自主性

教师在专业发展的过程中，由于受到来自“行政管理主义”的限制，对外容易形成一种刻板印象，即“被改造对象”“不完整的教师”“有缺陷的人”“被培训者”，这在一定程度上体现出了教师专业的“被动发展观”。长期受这种教师专业发展的实践环境和氛围的浸染和影响，教师不知不觉也习惯性地认为和接受自己是不合格的、有缺陷的，有待于借助外部的力量来提高自身专业发展。① 毫无疑问，任何一位教师的成长与发展都离不开他人的

① 程良宏，王媛．论教育改革中教师的“被培训”[J]. 教育发展研究，2012（8）：65-70.

帮助，然而这并不意味着他们应该丧失作为发展主体的自我认知和主观行动能力。要强调教师在其专业发展中的主体地位，坚信教师具备自我引领和自我提升的能力，可以主导自己的学习和成长。

“教育权力反映着教育与社会、教育与知识关系的状态，体现着教育权利存在的合法性。”① 该模式以学校所有教师的发展情况为基础，促使每一位教师都能拥有同等的权力，这一模式从根本上使得教师作为学习者的主体意识被充分调动起来，并自觉主动地参与专业学习发展的整个过程，进而获得理想的专业发展效果。从本质上看，这是一种自我组织的学习行为，具有一定的系统性。在学校本位的教师专业发展模式下，教师视学习为自己的责任，他们根据自己的实际情况来选择和确定如何发展、需要发展哪些方面以及为何需要发展等问题。从根本上看，教学实践活动的真正主体是教师。故此，教师专业发展的自主性在这一模式下得到了最大限度地实现。

3. 多样性

在学校环境之下，对教师专业发展进行深度探讨的模式便是学校本位的教师专业发展模式。这种模式的多样性主要体现在教师专业发展的内容、方式和路径的多样性，以及教师个体发展模式选择的多样性等方面。总的来说，它是基于学校和教学情境的多样性而产生的一种多样性。举例来说，在教师专业发展形式选择上的多样性，主要通过如下几个方面得以表现：

第一，教学经验的相互交流。通常来说，教师群体教育学习的关键资源基本来自教师的日常教学活动的经验积累。从学习效果角度来看，教师之间的互动与协作交流是一个较为有效的实施途径。第二，课堂教学活动中的实践与反思。教师在课堂上与学生之间的互动，可以使其获得新的洞见，并将教育理想直接付诸教学实践。这样的实践和反思一方面有助于全新的实践模式与教学观念得以形成，另一方面有助于教师的专业发展。第三，学校可以在一定程度上为教师的专业发展提供多样化的发展路径。生动的教育实践就是教师学习的实际课题，教师在实践和行动中成长，通过对教学活动的研究与反思，使得自身素质得到持续提升。基于学校发展，应促使教师专业得到有效发展，在一定程度上使得教师这一主体地位得到充分体现。在这个模式下，所有教师都会在其日常的教学环境中持续并自由地参与专业发展过程。

---

① 舒志定．教师教育哲学[M]．北京：北京大学出版社，2012：27.

这种方式不仅克服了传统模式和培训方式的局限性，也展示了明显的优势，即多样性、自主性与针对性。

（三）学校本位的教师专业发展模式的内容及功能

1. 学校本位的教师专业发展模式的内容

在一系列教师专业发展模式中，学校本位的教师专业发展模式只是其中一种，其目标是推动教师专业发展，并且因其重视和利用学校地理环境这一特定背景因素而显得独特。真正的个性化教学应当是一种适应每个学生独特需求的教学模式，使得一对一的反馈机制得以形成。鉴于此，真正意义上的教师专业发展也应当考虑到每所学校的特殊环境和发展需求。假设通过“定义域”对教师的专业属性与专业发展水平进行定义，而借助“值域”对教学实践后的教师发展结果进行定义，那么毫无疑问，由“定义域”到“值域”的“对应法则”便成为人们研究的主要对象，这从某种角度也可以用来解释何为“教师专业发展模式”。对应法则可能有无数种，任何一个变量的改变都可能形成不同的发展模式。

故此，基于学校的不同，其所采用的学校本位的教师专业发展模式也会有所差异，主要涉及学校资源与文化、条件、地理条件、历史、规模与发展水平等方面的不同，在教师专业发展的具体实践中，对于教师专业发展的路径探索、模式创新等都会存在明显的差异。换句话说，尽管基于学校本位的教师专业发展模式的理念和特点可能相似，但在实践中，具体的操作和结果却会有所不同。这也将导致出现各种不同的小模式群体，这些模式都是在学校本位的理念指导下生成、存在和发展的。例如，图 3-1 中的“一中心三驱动四环节”模式，就是一种从实践中产生的模式。

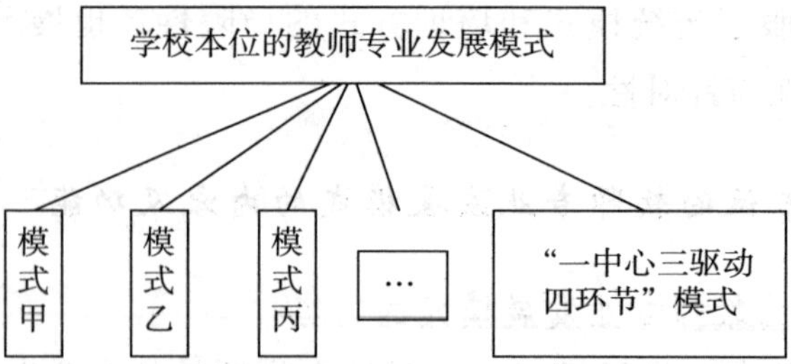

图 3-1　学校本位的教师专业发展模式中下属的模式群[①]

基于对教师行动学习理论、教师学习理论以及教师专业发展阶段理论的深入理解与反思，学校本位模式理论得以提出。该理论的构建得益于对文献的梳理与分析，包括教师专业发展当前所面临的问题与状况、内容结构、阶段特征、内涵等。与此同时，该理论还深入分析与总结了该模式的内涵与特性，借鉴了相关个案研究。最终，本书构建了一个描述教师专业发展过程的实践模式，即“一中心三驱动四环节”。这一模式在学校本位的教师专业发展模式中表现为一个中心、三方驱动和四个环节，为教师专业发展创造了一个开放且持续的动态过程。该模式如图 3-2 所示。

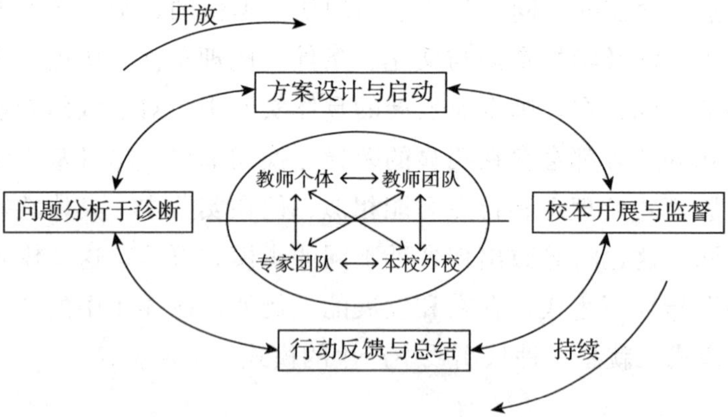

图 3-2　“一中心三驱动四环节”模式图[②]

（1）“一个中心”是指学校本位模式围绕教师专业发展这一核心，对其专业

① 丁智林．学校本位的教师专业发展模式研究：“一中心三驱动四环节”模式的个案实践 [D]. 重庆：西南大学，2016：43.

② 丁智林．学校本位的教师专业发展模式研究：“一中心三驱动四环节”模式的个案实践 [D]. 重庆：西南大学，2016：44.

发展平台进行构建。该平台能够在一定程度上促使教师获得全方位的发展，具体涉及多个方面，诸如活动执行与监督、继续教育资料、姐妹校园、学校专家教师、教师人事系统等。除此之外，“一个中心”还有双重含义，除了指教师的专业发展之外，它也指学校本位模式下为教师发展设立的“教师专业发展中心”，这是一个具体的组织机构。通过这种方式，“以教师发展为中心”的理念变得具体化，让学校和教师能直接感受学校本位的教师专业发展目标与理念。

（2）“三方驱动”包括以下三个部分：其一，由本校教师群体组成的学习共同体，他们的学习和实践在相互促进和协同作用中取得发展，这是因为教师是一个特殊的职业群体，他们的学习和实践过程是互补的，而不是相互冲突的。其二，教育专家的支持团队以其深厚的教育理念和实践经验提供顶层设计和技术指导，有力地推动了学校的发展和教师群体的进步。他们具有丰富的资源，能够解答学校和教师在发展过程中遇到的普遍问题，并能从理念和思想层面上澄清教师在发展过程中遇到的问题。其三，校外的优秀学校也起到了驱动作用，学校与姐妹学校以及其他合作学校的关系，为本校教师提供了更广阔的学习和交流平台，使他们能够直接与外校教师接触、交流和分享经验。学校的领导者也通过提供物质和制度支持，为教师的学习和发展提供了坚实的后盾，使他们能够全身心投入自我发展中。

（3）“四个环节”。学校本位模式强调教师专业发展的重要性，它包含了行动反馈与总结、校本开展与监督、方案设计与启动、问题分析与诊断四个重要环节。此类环节并非要根据规定好的顺序展开，而是可以结合具体的实践活动情况进行灵活安排。在这种模式下，学校设计的教师专业发展活动将得到理论层面的指导，并基于此形成具有一定独特性的教师专业发展经验，涉及发展理念与经验总结等。这些活动旨在促进教师的专业发展，并使教师适应这些活动。通过总结和反思这些活动，教师就可以确定需要改进与可以继续开展的活动内容。基于对实践活动的阶段性总结与反思，学校会有针对性地对其进行调整，并进入教师专业发展活动的下一个阶段，从而使得教师专业发展的动态开放与可持续发展得以实现。既要促使教师专业得到发展，又要推动学校发展与课程改革，是学校本位模式的构建目标。借助学校设计的一系列引导活动，教师能够对实践步骤与路径加以明确，从而更加高效地实现自身专业的发展。

第一环节：问题分析与诊断的环节需要在校外专家与校内领导的共同引导下进行，教师在这一过程中要主动参与配合，而教师的配合活动的实现途径便是教师专业发展中心的创建，该中心的特征表现为对各类事务的高效处理。该环节包括若干过程，具体来说就是“问题分析与诊断”“教师专业发展现状中的核心问题”“教师发展需求收集”“教师群体专业发展问题收集”。科学的发展就是不断地发现问题、解决问题，进而再次发现问题又解决问题。[①] 在教师专业发展的起始阶段，采用问题导向的思路是非常重要的。这种方法主要围绕教师专业发展中所遇到的问题展开活动，充分考虑教师的实际需求与关注话题，可以在很大程度上使得他们在整个活动中的积极性与主动性得以提高。在这个环节中，校外专家与校内领导需要通过多种方式，即观察、访谈、问卷调查等，面向家长、学生与教师群体进行信息的全面收集；在特殊情况下，还可以通过专业水平测试的方式收集信息，以确保问题收集的全面性，使得重点得以突出，并且克服形式主义的问题，最大限度地使得收集到的信息真实可靠，并最终形成问题集。解决这一问题，有助于后续实施步骤核心问题的确定。只有基于真实有效的资料信息进行的分析与建议，才能算作成功的诊断。

确定教师发展中的关键问题（核心问题）需要从问题集中进行筛选和确定。这个过程需要考虑以下几个方面：参与问题确定的人员、区分主观因素和客观因素、排除“假问题”等。从学习共同体与团体的角度出发，教师所面临的问题各有不同。要想使得核心问题得以确定，首先要充分结合学校历史以及目前教师专业发展的实际水平，其次要基于三方意见对核心问题加以明确，即专家团队、学校领导与教师。在确定与诊断问题时，各方代表应当对教师的发展需求、发展水平差异、教师教龄以及教师学科差异进行综合考虑，并且要结合各种因素，如学校理念、学校文化、学校课程改革、学校发展等。针对不同学校和教师的实际发展水平与发展需求，可以对问题加以确定与细分，通过各种因素的合理搭配，使得教师发展团体得以形成。可以说，上述内容将学校本位模式的优越性进行了充分展示。

第二环节：方案设计与启动环节主要包括两个部分，即教师专业发展方

① 张聪，焦利芳．问题导向的宽基础人才培养模式：浙江大学“基地”建设的实践与探索[J]．清华大学教育研究，2004，25（5）：84-87．

案的设计与教师专业发展方案的启动。在方案设计阶段，需要进行专家团队的协作、学校领导团队和教师群体的共同商榷和研讨。通过对方案进行构思、设想与策划，全校教师的专业发展都能得到合理的解决方案。设计者的活动预设及结果推测，使得一系列的教师发展活动得以有组织、有计划地进行。预见性、全面性、科学性以及假定性应当是设计方案所具备的主要特征。从规划内容角度分析，设计者应当结合教师所在学校的独特背景，充分考虑各方面因素，包括学校发展理念、区域教育发展、课程改革、学校的发展改革等，对方案加以设计，使其同时具备预见性、全面性、科学性与假定性。从形式角度出发，方案应当具有多种要素，即总结、反馈、评价与活动等。除此之外，应当客观合理地对教师进行分组与分类，这有助于后续教师共同体的建立。在方案设计初步完成之后，可以在小范围内进行短期试验，并对其需要改进的地方加以明确，适时地做出相应的调整。教师在活动的选择与调整中，需要充分考虑自身的实际情况，并在此基础之上加入适合的学习团队。

第三环节：校本开展与监督环节包括两个部分，即教师专业发展的行动开展与教师专业发展的行动监督。这是教师实现自主发展和外部支撑发展有机结合的关键环节，对应教师专业发展方案的实施效果。在学校本位模式的理论指导下，教师专业发展通过专家协助、专业引领、同伴互助以及教师的自主实践来推进。通常来说，区域政策的支持、兄弟学校的合作与校外专家的协助等多种形式被视为外部支撑。教师通过多方协同、形成学习和发展的共同体，使得自身发展得以实现。在该过程中，发挥指导作用的是设计活动。教师专业发展中心行使监督职责，有利于更好地监控、调节和跟踪各个环节设定的活动和行为。监督的目的是促进教师的积极参与，而不是控制教师。

故此，在设计与管理规则制度时，首先应对教师的发展状况与遇到的难题给予充分尊重与理解，从而使得教师的参与度得到提高。监督的形式方法各异，但是归根结底是为了促使活动得以高效、有序地进行，而不是以监督本身为目标。监督应当作为一种支持和促进的手段，帮助教师实现专业发展的目标。在实践中，有多种监管方式可以用于教师发展活动的监督，如活动记录、校刊追踪、观摩教师的课堂表现、收集教师报告、教师的教学笔记等。除此之外，分析与检查教师发展活动可以借助小组评议的方式得以实现，也可以借助校外专家对活动加以评估，座谈会、问卷调查、现场观察等多种方式也可以用于评估活动效果，具体选择合适的方式取决于实际情况。无论使用何种监管方式，都应始终坚持人道主义原则，使得教育活动的人文关怀与价值导向得以体现。实施监管的根本目的是支持教师的专业发展，提供指导和帮助，而不是简单地进行指责或控制。监管过程中应尊重教师的个体差异和专业成长的特点，注重提供积极的反馈和支持，以促进教师的学习和成长。终身学习是教师专业发展的前提，通过持续的学习和成长，教师的专业能力将得到提升。在教师专业发展过程中，教学反思的环节至关重要，该环节的实施能够使得教师对教学过程与效果的认识逐渐加深，并结合教学实践活动，使得自身的教学方法与策略得以完善与改进。同时，同伴互助和专业引领也是教师专业成长的有效方法和重要条件，通过与同事的交流和合作，教师可以相互学习和支持，共同提升专业水平。

第四环节：行动反馈总结。基于上述三个环节的实践活动而展开的一系列总结与反思性质的活动，便是行动反馈总结环节的主要内容。这个环节在教师专业发展过程中起到承上启下的作用，能够基于对前一阶段活动的总结，为下一阶段的教师发展提供指导，便于教师专业发展得以顺利开展。无论是参与学校发展的教师，还是行动的组织者与引导者，该环节的实施都具有深远的影响。

根据学校本位模式理论实践，可以将上述四个环节看作一个循环往复、螺旋式上升的过程，可以以活动周期或学年为单位进行。这个循环包括了“问题—设计—行动—总结”四个环节。在实践中，这四个环节的顺序是可以根据实际情况灵活调整的。在行动研究前以及行动进行过程中均可以提出问题。检验也可以在整个过程中进行，而不一定要等到最后阶段。有时候，某些环节可以合并进行。关键是立足于学校的问题解决，以促进教师的专业发展。

2.学校本位的教师专业发展模式的功能

学校本位模式的功能在于将教师参与活动与学校发展目标紧密联系起来，通过不同环节发挥的各自作用，包括行动反馈与总结、校本开展与监督、方案设计与启动、问题分析与诊断等，使得学校活动决策与改进的发展具有一定的开放性与可持续性，进而使得教师专业发展的最大效益得以实现。

（1）教师专业发展目标与整个学校发展目标融合。基于学校发展与教师发展的相互融合，明确教师专业发展方向，使其能够在学校中收获成长与进步，借助实践活动，促使教师发展目标转化为具体行动，实现教师与学校的同步发展，使得教育功能得以实现，这便是学校本位的教师专业发展模式最为重要的功能。在这个模式中，首先要确定教师专业发展的问题来源，也就是说教师在教学实践与自身发展过程中所遇到的各类难题。借助教师团体、外校、本校以及专家等的协助，教师专业发展得以顺利进行，促使学校与个人的发展目标彼此融合在一起。教师专业发展的主动性与自觉性就是彼此融合最好的体现，也展现了教师发展所承担的义务和责任。

（2）促进教师专业发展的有效、持续进行。在推动教师专业发展方面，学校本位模式具有一定的持续性与有效性。在这一模式下，教师的主体性通过对学校各个环节的行动设计与行动开展得以体现。教师专业发展所需的必要条件，可以借助学校建立的教师专业发展中心平台得以实现。在学校本位模式中，教师参与了问题的分析与诊断环节，通过对教师群体问题的调研，教师活动中的真实问题得以分析与确定。在后三个环节中，教师可以自主地展开沟通、交流与反思。学校方面通过采取一系列措施，加大对教师专业发展的支持力度，诸如监督、管理、奖励与表扬等方式。该模式使得教师的专业发展具有一定的可持续性与有效性，为教师终身学习打下了基础。教师在不断参与学校各环节的设计和开展中，提升了自身的主体性和参与度。学校的监督、管理和奖励机制加强了教师发展的动力。教师通过反思和总结，不断优化和改进自己的行动，实现了专业发展的持续性。

（3）有利于保证教师专业发展的民主、自主、全面，同时兼顾教师的群体性与个体性特点，是学校本位的教师专业发展模式的独特优势。在教师群体的发展过程中，通常存在两种情况，即特殊问题与共性问题。这一模式对教师发展的群体需求与个体差异都做了充分考虑，其目的在于促使全体教师得到专业发展。在该模式的具体实践过程中，学校会对教师的多方面因素加以考虑，包括教师的文化差异、教师知识差异、学科差异、发展水平差异以及需求差异等。这样的模式避免了资源浪费与配置不合理情况的发生。就目前绝大多数教师在发展过程中遇到的瓶颈与问题，学校会采取一系列措施，从而有效促进教师的专业发展。

二、学校本位的教师专业发展模式的实践条件

（一）教师专业发展的内部机制

从教师实践的主要领域与专业发展角度出发，其主要领域与核心场所均为学校与课堂。教师由被动向主动要求发展的过程实质上就是教师逐渐向专家型教师发展的过程。教师经历了从模糊到自觉、从规范到专业的发展过程，这种转型很难在缺乏制度保障和机制促进的情况下实现。这是一个相对漫长的发展过程，期间离不开各方面的支持，需要各项机制与制度保障。故此，学校在激发教师发展的自主意识、激励机制和评价方法方面扮演着重要角色。

这些问题的探讨对于理解教师专业发展的内在机制发挥着积极作用。

1.增强教师专业发展的自主意识

教师专业发展本质上是一个教师发展的特殊过程，它涉及教师专业价值观、专业情感、专业知识与专业技能的提升与发展。教师个体的自主意识和主观能动性在教师专业发展的实现中起着重要作用。换句话说，教师专业发展的广度与深度实际上取决于教师的主观能动性与自主意识。其中，教师自主发展的两个具有决定性的因素，即教师专业发展的自主能力与自主意识，只有同时具备两个因素，教师才能实现更好的专业发展。教师在学校本位模式下参与学校组织的各项实践活动，使得自身的专业素养与能力得以提升。这一模式在调动教师的主观能动性以及促进教师专业发展方面具有积极的促进作用。

不同的教师对教师专业发展的认识具有一定的差异性，如有的教师认为高学历便是专业化的重要标志；有的教师认为只要将课本上的知识讲解透彻，便是专业化的表现；有的教师则认为具有丰富的教学经验便是专业化的重要标志。通过上述事例不难发现，教师对专业发展的认识过于片面与主观。学校本位的模式在一定程度上可以有效解决这一问题，在如此背景之下，学校的教师团体文化、活动组织与发展理念等均与教师专业发展的自主意识有着密切联系。学校通过各种方式，促使教师的专业发展意识得以充分调动，具体包括学习共同体、教师校园文化等。

2. 完善教师专业发展的评价与激励

学校与教师内在专业发展动力的激发、教师专业成长的促进以及学校和教师的自我激励与自主发展，大多基于教师专业发展的评价与激励机制。在众多教师专业发展的评价与激励政策中，国家设立奖项的方式能够从政策层面对教师专业发展加以激励，成为一种强大的外部助推器，对学校与教师的发展来说，具有积极的促进作用。学校根据国家相关政策标准，进行激励制度的制定，从而使得教师自身的潜力得到发掘，主观能动性得以激发。为了实现既定目标，部分教师或学校还可以充分调动大学专家与家长的参与热情，使得多方实现协调与合作。实施国家激励政策，可以在很大程度上调动学校与教师的主观能动性，对学校与教师的自主发展来说具有积极的促进作用。强调教师的核心地位，确保每一位教师都享有同等权力，促使教师实现全方位发展，并采取多维度且客观公正的评价标准，都是建立教师专业发展激励机制时应当遵循的原则。

在教师发展过程中实施的评价与评估，即教师专业发展评价。其评价方式多种多样，能够在一定程度上确保评价结果更加客观与具有信服力，方式包括整体评价、专家评价、学校评价、学生评价以及教师互评。借助上述不同的评价方式，用以对教师的教学成果、科研成果与教育教学方面的技能加以表彰与认可，同时对成功的经验进行推广，促使教师的主观能动性得以充分调动。在进行教师评价时，应该给予合理的发展水平评价，而不仅仅是简单的定量考核。评价应该注重质性评估，多元化评价对象，拓展评价的时间与空间范围，并采取多元化的评价方式。

3. 反思与实践促进教师转变与更新

教师自身的反思与实践是教师专业发展的关键因素之一。教师的学习过程既可以在社会实践中得以实现，也可以在教学经验中得以实现，也就是说，从两个不同的理论角度分析，反思在教师的学习中发挥着无可取代的重要作用。基于杜威经验主义课程理论，教师的反思既可以在行动中展开，也可以在行动后进行。当教师面临一些难以解决的难题与困扰时，他们便会对学习进行反思，从而使得新知识得以形成。教师反思活动一方面可以在与他人互动的过程中得以实现，另一方面可以在个人学习的过程中得以实现。通常来说，教师的教学环境与其课堂教学均是其反思的内容范围。通过不断反思自己的实践和经验，教师能够不断提高教学水平和专业能力，从而实现个人的专业发展。

反思是指教师立足于自身考察自己的实际教育教学实践过程，对正在形成与已经存在的各种观念、行为及结果加以诊断、分析与反馈的过程，进而使得自身的教学观念与行为得到进一步完善。研究性、反观性与自省性是反思的三个重要特征。一名新入职的教师要想成长为一名优秀教师，离不开对自身教学观念与行为的反省与思考。要想促使教师专业发展的内部发生变化，需要特别关注以下四个关键领域——外界领域：信息资源、外界刺激与支持；实践领域：教学实践；个人领域：教师知识、观念、态度；成效领域：课堂教学成效。连接这四个领域的是教师的反思与实践的过程。教师的转变过程是某一领域的转变会透过教师的反思与实践引起其他领域的变化。[①] 教师在专业发展过程中，能够积极地对外部资源加以利用，基于对新教学策略与新知识的学习，教师对自己原有的教学实践活动进行调整与改进，同时实现对学生学习成果的评价与自身课堂教学的反思。从本质上看，这是一个相当复杂的过程，离不开教师观念的转变。故此，教师专业发展实际上是一系列自我调节的动态发展过程，包括转变、评估、反思、实践以及自主学习，具体内容如图 3-3 所示。

① 左岚．以“教师的转变”为核心的教师专业发展模型研究[J]．教育发展研究，2014（18）：80-84.

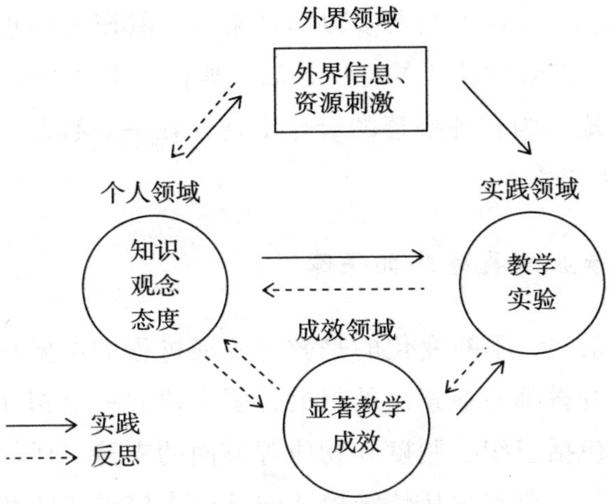

图 3-3　教师的实践与反思过程 [①]

故此，教师在专业发展中需要积极地对各种外部资源加以利用，对自身的教学方法与内容加以丰富，从而有效促进教师教学观念与行为的转变。可以说，学校在此过程中也扮演着重要角色，并为教师的专业发展营造良好的校园环境，提供充足的财力、机会与时间。与此同时，教师专业发展评估体制也需要对其他因素进行充分考虑，包括影响学生学习态度转变与教师专业学习效果的各种因素等。

4. 提升教师之间深度合作的品质

教师与教师间的合作关系不仅在于是否有合作，更重要的是合作的品质。评判合作品质的一个重要指标便是观察合作双方是否能够在合作过程中碰撞出思想的火花，使得全新的教学理念与教学知识得以产生，从而使得彼此间的合作与支持继续下去，并且在一定程度上促进教师的专业发展。合作本质上是一个相对复杂的过程，需要双方的深入沟通与理解。“共同体”最初是一个社会学意义上的概念，随着教育教学研究的不断深入，20 世纪 80 年代末，在教育领域内部产生了一系列全新的概念，包括“知识建构共同体”“探究共同体”“思考者共同体”“学校共同体”等，此类概念的提出者包括伯雷特、斯卡达玛亚、李普曼、布朗和坎皮恩、塞吉欧维尼等学者。在积极主动、民主选择、自觉自愿的基础上，“教师专业发展共同体”模式得以形成，其组织

① 丁智林．学校本位的教师专业发展模式研究：“一中心三驱动四环节”模式的个案实践 [D]. 重庆：西南大学，2016：51.

形式便是“共同体”。对于绝大多数学者来说，其研究焦点始终集中在两个方面，即如何实现有效而持久的合作，以及如何在群体中促进教师专业发展。基于学校本位模式，为教师搭建的合作平台，在一定程度上促进了教师之间的互帮互助与共同发展。

（二）教师专业发展的外部保障

动态的、复杂的、不断变化的是教师发展过程的主要特征。为了达到提高教育质量与提升教师专业素质的目的，要求建立一套相互协调的教师专业发展保障机制，包括组织、制度和物质等方面的支持。任何转型和变革都需要外部推动的力量。要实现从传统模式向学校本位模式的教师专业发展模式转变，需要教师从根本上进行观念转变，而观念的转变与创新又离不开外部机制作为重要保障。

1. 平台组织与监管

从教师组织建设层面来看，国家层面上的教师组织平台是教育和教师行政组织机构，而地方性或区域性的教师组织平台则包括高校教师培训中心、教师进修学院等。若是从宏观角度分析，要想促进教师的专业发展，就需要构建一个完整的教师专业发展组织系统，要求在不同层面建立相应的教师组织，包括国家层面、省域层面与学校层面。但是，由于经济、政治、历史等不同因素影响，与西方发达国家相比，我国的教师专业发展相对较为缓慢，主要体现在相关理论研究与实践方面，以及专业化的教师培训或继续教育的培训机构或组织的专业化方面。具体来说，一些教师专业化正规机构在教师专业发展中发挥着举足轻重的作用，包括教师继续教育组织、专业教师培训机构、教师专业发展中心等，这已在西方发达国家得到印证。20世纪80年代，美国开始出现一种全新的教师教育模式，即教师专业发展学校（PDS）。该模式使得当时美国教师遇到的各种问题与瓶颈得到合理解决，诸如职前培训与职后发展之间的断层、教育理论与教学实践之间的脱节等。要想实现教师专业的可持续发展，在对教师进行职业培训时，应该充分考虑到学校及教师的具体情况与实际需求，从而达到促进教师发展的目的。

进入20世纪以后，我国各大中小学内部均出现了年级组、教学研究组等组织形式，并逐渐形成了较为成熟的教学团体。此类组织的出现，在一定程度上使得学校得到发展，教师专业发展需求得到满足，为学校本位的教师发展模式的形成打下了良好基础。该模式紧紧围绕学校，结合自身实际情况以及本校教师发展需求，开展教师专业发展平台的搭建工作。这种模式既有利于促进学校教师的专业发展，也有利于实现学校的自主管理。学校在管理与监督方面拥有自主权时，便能够全方位地促进教师的专业发展。需要特别强调的是，教师组织平台的搭建初衷与最终目的都是为了更好地为教师全方位的专业发展提供服务，其监管活动只是为了确保教师发展的顺利进行。

2.制度设置与实施

合理的制度设置在教师专业发展过程中发挥着至关重要的作用，同时还能够推动学校的发展，其本质是明确各方的权责关系。要想促使教师专业发展的顺利进行，就离不开制度保障。具体来说，制度建设是教师专业发展的行政保障，表现为对教师作为教学专业人员的地位与权力的明确与保障。通过教师考核与评价制度的制定，教师在专业发展过程中能够得到相应的奖励与肯定，其制度要求具有全面性、有效性、合理性与民主性，从而更好地激励教师的专业发展。对制度进行制定并非特权的体现，而是一种契约精神的体现，它能够有效地发挥作用，促使教师发展得以顺利进行。在教师专业发展活动中，系统完善的经费保障制度在一定程度上能够发挥重要作用。可以说，一切工作或活动都离不开物质保障，而经费支持便是物质保障之一。在限制教师专业发展的各种因素中，制度层面因素发挥着重要作用，具有一定的保障性与基础性特征，对影响教师专业发展的其他因素能够发挥间接或直接的作用。

与教师专业发展相关的支持制度涉及三要素，即正式制度、非正式约束和实施机制。正式制度涵盖一些正式文件，诸如学校规范、规章及政策；非正式约束主要是指一些非正式规范，包括学校内部一致认同的各种风俗、道德伦理与习惯等；实施机制是指前两者的实施机制与方式。在进行制度的设置与实施过程中，需要特别强调如下几方面：

第一，建立学校本位的教师专业发展模式的支持制度时，为促进教师专业发展，最为关键的便是确保制度具有较强的针对性。学校领导与教师应当一同对现行的教师发展制度进行审查，废除其中严重制约与阻碍教师发展的制度，在新情境下，对教师专业发展能够适应的制度与习俗加以扩展与完善。

第二，制度的层次性在教师专业发展中具有重要意义。教师专业发展既具有一定的群体性规律，又具有鲜明的个体性特征，教师在其专业发展过程中会经历不同阶段，每一个阶段都有其各自的特点。故此，在支持制度的制定过程中，学校组织应当注重其层次性，针对不同层次的教师应当制定与之相适应的发展规划，并配以与之相匹配的发展制度，从而更好地促进教师的专业发展。

第三，教师的专业发展要求制度常态化。教师从事的教育教学工作对于教师的专业发展来说至关重要。因此，应坚持将教师专业发展与学校的校本教研、校本培训、课程改革、德育工作等常规活动结合在一起。具体来说，要将教师专业发展与学校的常规活动挂钩。这意味着将教师专业发展纳入学校的日常工作中，并与学校的教育目标和发展计划相一致。同时，教师还可以通过教学反思，对自己的教学进行评估和调整，实现专业发展的持续改进。

第四，教师专业发展制度的制定应当注重其可行性。无论是教师发展支持制度的制定，还是有助于教师专业发展的各种习俗的推广，都离不开实施机制保障。在有效执行与实施上述习俗与规定的过程中，实施机制在制度层面发挥着积极作用，并在其建设中扮演着关键的角色。

第五，克服制度的随意性在教师专业发展中尤为重要。建立专业的支持制度，关键在于确保可预期的重复性。因此，必须避免学校领导频繁采用“特事特办”的策略，随意制定政策，以免给教师带来不稳定的心理预期。

3. 物质投入与分配

经济基础决定上层建筑，这一观点同样适用于教师专业发展领域。在教师发展中，物质层面因素发挥着重要作用，具有一定的决定性与基础性特征，它们对教师专业发展起到制约与推动的双重影响。教师专业发展的物质保障大致可以分为两大类，一类是教师专业发展中所需的各种物质总和，另一类是教师个体所需的物质保障。

教师要想在专业领域有所建树，充分发挥出自身的才能，一定程度上离不开基础的物质保障。教师专业发展需要从两个方面入手，其一为理论层面，其二为实践层面。但是，教学实践离不开充足的物质支持以及合适的发展平台，为了保障教师专业发展，必须构建一套完善的机制，其中物质条件是必须要考虑的重要因素。

在教师专业发展中，学校应该拥有更多的自主权，特别是在物质的管理、投资和分配方面。学校应该根据自身的实际情况，制定适合自己的物质分配政策，以确保有足够的物质基础来发展教师的专业知识与技能。在学校本位模式中，学校应拥有较大的自主权，对校内各种资源进行合理配置，从而有效避免形式主义的出现以及教学资源的浪费。与此同时，为了促进教师专业的可持续发展，学校应当在物质层面给予教师适当的奖励。

第二节　大中小学合作伙伴关系实施模式

一、美国大学与中小学合作伙伴关系实施模式分析

（一）美国大学与中小学合作伙伴关系的主要模式

在美国教师专业发展领域，大学与中小学合作伙伴关系的实践案例非常丰富。为了深入探讨这一领域，本书通过广泛搜集了几种典型案例，并根据实际运行案例的相似之处和差异，将这些合作模式划分为四类，包括教师专业发展学校模式、咨询合作模式、团队合作模式和结对合作模式。

1. 教师专业发展学校模式

教师专业发展学校概念最早于1986年由美国霍姆斯小组提出。发展大学与公立中小学的合作关系，并基于此促使中小学教师与职前教师的教育质量得到提高，便是教师专业发展学校的实质。当时的许多中小学对霍姆斯提出的这一教育思想尤为认可。霍姆斯小组认为，建立的教师专业学校能一方面能够提高中小学教师实习的质量，另一方面能够使大中小学教师与管理者之间形成良性的合作关系。①

在该模式中，教师所在学校是其教学活动开展的重要场所。基于大学与各大公立中小学建立的合作伙伴关系，这一模式的实践场地以公立的中小学校为主，通过对二者间的教学合作进行研究，在教师的教学实践活动中能够

① Holmes Group. Tomorrow's teacher：a report of the Holmes Group[R].Michigan：The Holmes Group，1986：67-70.

真正地将研究成果加以运用。作为一种大学与中小学之间的新型合作关系，其目的是帮助中小学生、在职教师以及职前教师的素质得到提升，实现大学与中小学的共同发展。下面以西弗吉尼亚大学合作伙伴学校为例进行介绍。

案例：西弗吉尼亚大学的合作伙伴学校

为了提高教师的职前教育质量，西弗吉尼亚大学与公立中小学建立了合作伙伴关系。在当地基金会的支持下，西弗吉尼亚大学于20世纪90年代开始与中小学建立合作关系，并对传统的教育模式进行了改革。这些合作伙伴关系的建立有几个主要目标。第一，从教师教育课程的角度出发，以往的教师教育课程本身影响与制约了教育质量的提高，使得教师发展的需求无法得到满足，故此需要对教师的教育课程进行重新审视与设计。第二，从建立专业发展学校的角度出发，需要最大限度地将教师实践与经验结合在一起，以提供更好的教学环境和资源支持。第三，在建立大学与中小学合作伙伴关系的过程中，希望能够将合作伙伴关系的结构、策略与构建过程融合起来，使西弗吉尼亚大学与公立中小学共同建立的专业发展学校成为高质量的教学场所。

中小学骨干教师与大学的资深教师共同组成了专业发展学校，其目的在于促使在职教师与职前教师的各方面素质与能力得到提升。广泛的民主性是这些学校所具备的主要特征，对于各大中小学以及大学的在校生、师范生、社区等方面的意见与建议加以积极采纳，共同推动专业发展学校建设工作的高质量发展。专业发展学校与中小学建立合作伙伴关系，共同开展教学实践活动，对中小学基础教育的发展愿景进行重点关注，对传统的教育教学课程进行重新设计，对教育实践内容进行不断优化与改进。同时，专业发展学校运用高质量的教师教育方法，在中小学教学实践中落地，并促使教师教育专业研究中心得以建立，通过专业发展学校的成立，中小学生发展的各项需求得以满足，并逐渐成为一个最佳的教学实践场所。在专业发展学校中，为了使得教师队伍发展得到一定的质量保证，中小学教师需要扮演评价者、咨询者与指导者的多重身份。

西弗吉尼亚创建的一所教师培养学校，为教师队伍输送了大量优秀人才，并且搭建起了教师专业研究与实践的重要桥梁。这一模式的形成，在很大程度上拉近了大学教师与中小学教师彼此间的距离。这些学校培养了大量优秀的教师教育实践者，并向社会输送了高质量的教师人才。从某种意义上来说，这些教师专业发展学校就是高质量的教师培养基地。

2.咨询合作模式

咨询合作模式旨在建立一种合作伙伴关系，其中中小学教师可以向大学教师进行专业咨询，从而获得更具价值的可行性建议与指导，以提升中小学教师的教学技能和专业发展。咨询合作模式涉及方方面面的人员，既有大学教师、中小学教师，也有一些相关利益者，如社区和管理人员等。该模式旨在促使大学教师为中小学教师给予正确指导。例如，大学指导教师通过与中小学教师合作，提供咨询、指导和建议，帮助他们解决教学中的难题，提升教学质量。同时，社区和管理人员也参与其中，为这种合作提供支持和资源，促进教师专业发展的全面性和可持续性。通过建立这种合作伙伴模式，中小学教师能够与大学指导教师进行密切合作，共同探讨教学方法、课程设计、评估策略等方面的问题。大学指导教师提供专业知识和经验，帮助中小学教师提升教学技能，并促进他们在教育领域的专业成长。

在这一模式中，大学教师起到举足轻重的作用，他们既需要对中小学教师的教学实践中遇到的问题加以指导，又需要发展他们的教学技能以及完成提升中小学生学习成绩的任务。这些大学教师基本都是某一学科领域的专门研究人员，他们可以给予中小学教师专业度较高的支持和建设性的意见，从而推动教师在特定学科领域的教学水平和能力的提升。咨询合作模式的优势在于，通过大学教师的指导和支持，中小学教师能够不断改进自己的教学方法和策略，充分利用教育研究和较新的学科知识。大学教师的专业经验和学术背景使他们能够帮助中小学教师解决教学中的难题，提供切实可行的解决方案，并与他们共同探讨教学创新和教育改革的议题。此外，咨询合作模式还对教育公平起到一定的促进作用。通过与大学教师的合作，中小学教师能够接触到先进的教学理念和方法，从而提高自己的教学水平，这有助于缩小不同学校之间的教育质量差距，促进教育公平。这种合作模式的成功实践，如南缅因州大学和马里兰州大学等，为其他地区和学校提供了可借鉴的经验，推动整个教育系统不断向前发展。

案例：南缅因州大学的学区合作伙伴学校

南缅因州大学于1985年与当地的学区建立了紧密的合作伙伴关系，旨在推动学区和中小学教育的公平发展。随着时间的推移，该合作伙伴关系从最初的6个增至30余个学区。可以说，参与此次合作伙伴关系建设的公立中小学众多，大家的参与热情高涨。其中，各类合作伙伴关系的负责人、课程管理员以及中小学领导是此模式合作关系的主要成员。而这一关系得以建立的目标具有多样化的特征。第一，对于各大中小学而言，其目标是实现教育公平、制定合理的教育政策，确保每个学生都有平等的学习机会和资源。第二，对于社区而言，其目标是促使社区进行均衡发展，使得社区的事务处理能力得到相应提高，为学生提供更好的学习环境和支持。此外，合作伙伴关系还致力于提升学校领导者的能力，逐步促进教育公平。

该合作伙伴关系包含形式多样的实践活动内容，其本质是一个多层次的合作体系。其重要的组成部分包括一系列活动，如大学实践与研究会、主题会、领导会议、督导会议、研讨会等活动。这些活动旨在促进教育者之间的互动和合作，共同探讨教育领域的最佳实践、创新方法和教学策略。为了方便及时传达活动信息，南缅因州建立了专门的网站，用于发布活动的具体时间、地点和主题等重要信息。这样，参与合作伙伴关系的教育者和相关人员可以方便地获取所需信息，并及时参与相应活动。在南缅因州大学与学区的合作伙伴关系中，物质基础尤为关键。在基金会赞助的基础上，许多合作学区也参与了投资活动，合作伙伴共同拨款，以支持各项活动和项目的顺利开展。这种共同投入资金的方式有助于确保合作伙伴关系的可持续性和有效性。

案例：马里兰州大学合作伙伴学校

20世纪90年代，马里兰州的教育出现了一些不良现象，如教师的综合素质与水平普遍较低、教师队伍中的优秀教师相对缺乏、学生的入学率一再下降、中小学的成绩成为进入大学的主要衡量标准等。为了解决马里兰州教育遇到的问题，相关部门采取了一系列的有效措施：第一，为了使得越来越多的中小学生拥有接受高等教育的机会，当地教育部门对大学的入学标准进行了调整。这意味着通过改革入学指标和评价方式，更全面地考虑学生的综合素质和能力，给予更多学生机会进入大学。第二，对于经济困难、难以支付孩子教育费用的家庭，政府通过相关政策的推行，帮助他们解决这一难题，确保每个孩子都能享受到公平的教育机会。当地教育部门还主张对教学教育课程进行详细研究，并提出了一种全新的教育理念，即中小学教育与大学教育的衔接。从实践层面来看，每所大学都会与 2 ～ 5 所中小学建立友好合作关系，并在此基础之上成立教育基金会，对那些需要物质支持的学校提供帮助。第三，该州还建立了相应的实习研究环境，有助于大学教师与中小学教师以及学生之间的交流与沟通，便于教学问题的有效解决。此类模式的应用，一方面可以使得大学教育与中小学教育实现无缝衔接，另一方面能在一定程度上使得师生的教学与学习能力有所提升。

3. 团队合作模式

该模式是借助教师之间的协作与合作来提升教育实践能力的一种方式。在这种模式中，团队的成员主要包括大学教师和中小学教师，他们通过相互帮助和合作来推动合作伙伴关系向着更高水平发展。

政府机构通常是该模式的发起者，其角色发挥的作用是从各大学与中小学中挖掘出尽可能多的优秀教师参与合作，使得二者之间的沟通机制得以建立。此外，他们还会规划职前教师教育的课程，确保教师在专业知识和教学技能方面得到充分培养。在团队合作的过程中，政府机构还会通过各种方式加强大学和中小学之间的联系。他们可能提供专门的平台或网络，以便教师们进行合作和资源共享。

案例：加利福尼亚大学和乡村学校的合作伙伴学校

通常来说，乡村学校想快速发展的相对难度较大，主要表现在师资力量薄弱、资金支持较少、地理位置偏僻等。而加利福尼亚当地教育部门根据这一情况采取了相应措施，使得大学与中小学之间的友好合作关系得以建立，帮助当地中小学提高教育质量，从而有效解决了教育资源不均衡的状况。

通过与大学建立伙伴关系，乡村教师能够获得更多的支持和资源。这种伙伴关系使得教师之间能够保持联系，并共同分享教学经验和专业知识，促进了教育教学的改进和提升。

为促进大学与乡村学校间的合作，当地政府建立了人才培养机制，并通过采取各项措施，使得乡村学校发展的资金支持得到保障。通过各种方式，如考评、培训、筛选、招募等，高等教育学院的教师以及边远地区和特殊教育的教师也能够正式加入专业的教师队伍，促使当地教育水平得到提高。为加强大学与中小学之间的合作关系，加利福尼亚州政府采取了多种手段，如借助先进的科学技术手段，使得各大学与中小学之间的联系越来越紧密。这样的举措使得实习教师与导师、中小学生与大学教师之间保持联系，促进了教育资源的共享。此外，通过各种研讨会的定期召开，乡村学校教学中遇到的各类问题得到解决。

基于双方的长期合作，当地乡村学校与大学之间形成的友好合作关系取得了卓越成果，为大学教育注入了新的活力。许多大学毕业生选择投身特殊教育领域，积极参与边远地区的教学服务。这一举措不仅提升了教师队伍的整体素质，也显著改善了学生的学习成绩，为边远地区的孩子们提供了平等接受教育的机会。

4. 结对合作模式

大学与中小学之间的合作应当建立在平等地位的基础之上，并且这种相互之间的合作关系，能够在一定程度上以教学项目为依托，推动教师的专业发展，这便是结对合作模式。参与该模式的教师在相互了解的基础上，彼此之间互相协作、互相支持，共同推动教学工作的进展。

结对合作模式以彼此了解为基础，旨在促进大学教师和中小学教师的专业发展。在大学与中小学教师结对合作伙伴的模式中，参与人员众多，既有大学与中小学教师，也有与之相关的参与人员。他们借助彼此之间的合作，使得教学项目得以顺利推进。

案例：西费城合作伙伴学校

社区教学教育是西费城地区的大学与中小学教育共同的教育活动，二者之间友好合作关系的建立，使得二者之间的教学资源与师资力量得以共享。借助西费城的大学与中小学资源，社区职工、成人与儿童等不同层次的人都能够享受到对应的教育服务。此模式除了大学与中小学的教职人员等参与者，还包括其他相关参与者，诸如社会职业技术学院等。

1985 年，西费城地区组建了一个青年教师团队，其参与者众多，包括当地中小学、工会、宗教团体、社区组织、费城大学以及宾夕法尼亚大学等，其目的在于促使大学与社区的合作关系得以推进，改善非在校人员的教育环境，并最大限度地支持当地社区学校的发展，使得当地中小学的教学质量得到提升。西费城地区教师队伍随着时间变迁而得到不断发展与壮大。在这个过程中，不仅要对儿童的各方面需求加以关注，同时要对失业人员进行帮扶，使其就业技能得到一定程度的提升。教师团队可以为中小学提供一系列服务，包括娱乐游戏、礼仪教学活动等，与学生们一起探索科学问题，激发他们对科学的强烈好奇心。从某种角度上看，这一系列活动的开展使得原本枯燥无趣的教学环境得以改变，为广大中小学生提供了形式多样、具有较强趣味性的学习机会。

在各社区教学教育参与方的一致努力下，无论是大学教师还是各中小学教师均为社区教育活动付出了巨大的努力和热情，最终实现了当地社会人员得到继续教育机会的目标。

案例：普拉茨堡学区的合作伙伴学校

一般情况下，家庭经济困难或心理状况不佳的青少年是纽约州普拉茨堡学区建立合作伙伴关系模式的主要服务对象。与身心健康的青少年相比，此类青少年难以享有同等的教育机会与教学资源。为了使得这些青少年能够感受到来自所在社区的关怀与温暖，帮助他们塑造健全人格，以及获得优质的教育，普拉茨堡学区与纽约州立大学共同合作，提出了具体的解决方案。

纽约州大学普拉茨堡学区与当地教育专家建立友好合作关系，使得当地处于不良生活环境中的青少年教育问题得到改善，他们会定期对青少年的学习状况与身体健康状况进行了解，以评估问题的严重程度并找出改善方案。随后，他们将在第一时间将其了解到的情况反馈至当地教育行政人员以及教育者，以便制定出更加具有针对性的方案。为了促进改善计划的顺利开展，该学区挑选了一批优秀的在职教师与在校研究生和本科生，与当地中小学教师进行定期交流，并在各中小学的班级中开展一系列的活动，诸如微机学习、做游戏、讲故事、系统的阅读训练等。这些活动不仅提高了学生的学习技能，还为他们未来进入大学或参加工作时提供了一定程度上的帮助。

大学在校生、大学教师、学区主管等都是互帮互助联合活动的参与者。在多方共同努力下，该项目得以积极推进。学区主管在项目的组织和管理方面发挥重要作用，确保各项活动顺利进行，并为学生提供必要的支持和资源。大学教师和学生通过教学和指导的方式参与其中，为中小学生提供专业的教育服务，与他们一起成长和学习。

（二）美国大学与中小学合作伙伴关系模式的保障策略

美国大学与中小学的合作，可以在一定程度上促使教师的教学技能与专业知识得到提升，同时促进大学学者与中小学教师之间的交流与融合，以友好合作为基础，促使不同层次的教育教学工作得以顺利开展。美国地方政府通过对各项政策与制度进行制定与改革，促使大学与中小学的合作伙伴关系得到良性发展。为了促进合作事宜的顺利开展，下面将从六个方面对其策略展开详尽阐述。

1. 有效选择合作伙伴

为了拥有一个较为宽松的合作氛围，促使合作伙伴关系能够顺利开展，确保教师与教师之间的有效沟通与交流，促使中小学教育质量得到提升，还需要对合作关系的参与者进行严格筛选。一是对学校的选择。其中考察的因素众多，包括年龄分布、种族、家庭状况、平均成绩等，同时还需要综合考量教学质量和教师的专业素养。此外，学校的地理位置和校舍情况也应纳入考虑范畴。这些因素的综合评估将帮助确定合适的学校作为合作伙伴。二是参与人员的选择。参与合作的人员主要涉及学生、社区咨询人员、家长代表、中小学教师、大学教师等。选择高质量合作伙伴关系需要具备一些特殊要求，以确保合作能够顺利进行并达到预期效果。第一，在选择参与合作伙伴关系时，应当对各方面因素进行综合考量，包括自身的专业背景、知识基础等。他们应具备相应的专业知识和能力，能够为合作提供有实际意义的支持。第二，合作伙伴应平等对待所有参与者，并共同追求共同的目标。他们应具备共同的愿景和价值观，并以团队合作的方式推动合作的发展。第三，合作伙伴应意识到合作是双向的，双方都需要为之尽最大的努力。为了促使合作能够有序开展，双方各自都应当充分调动自己的已有资源。第四，合作伙伴组织的价值观应保持中立，并与合作伙伴共享决策。合作伙伴之间应保持开放和平等的沟通，共同制定与分享决策。第五，为了使得双方的合作关系得到良性发展，合作伙伴应积极表达自己的观点与需求，使得其需求最大限度地得到满足。第六，从整体角度进行分析是所有合作伙伴必须完成的一项任务，以便于相应策略的制定。他们应能够阐述自己所代表的信息，并引发其他合作伙伴的讨论，以确保合作活动的全面性和有效性。

2. 签订合作伙伴协议

合作伙伴关系在美国的建立需要一定的前提条件，即确保合作双方的职责与义务，对其实施的目的与分工加以明确。因此，要想发展我国的合作伙伴关系，需要对优秀的合作案例进行借鉴，在合作协议上体现合作的分工与目标。例如，普德蒙特市学校与杰克逊威尔州立大学的伙伴合作以以下原则为基础：①平等地位和相互尊重：合作伙伴的学校和个人必须坚守平等原则，相互尊重，并通过平等协商来制定实际可行的实施策略；②为了促使学习共同体得以形成，一切成员都应当参与合作，涉及中小学生、大学生、中小学教师、教授、管理人员，这意味着合作伙伴之间的互动和合作不仅限于教育机构的工作人员，而是扩展到学生和教师的参与，形成一个共同学习的社区；③以“为理解而教学”的理念为指导：参与的机构应该秉承“为理解而教学”的理念来开展教与学活动；④通常来说，大学与中小学的合作伙伴关系主要体现在教学研究当中，并且合作是长期的，在实际课堂情景中对教育理论加以应用是所有参与方应当完成的任务，包括中小学教师、职前教师（师范生）、大学教师；⑤大学教师应当对中小学教师进行相应的专业指导；⑥通过学习与借鉴，各个中小学应当通过教学的持续改进成为示范学校，并采取全新的探究性教学模式；⑦无论是大学教育还是中小学教育都应当得到公平对待，享有同等级别的资源；⑧在中小学教育中，反思和研究应该成为核心议题，受到高度关注和重视。由此可知，通过共同愿景的建立，双方能够紧密合作，从而达到互利共赢的最终目的。

3.健全合作伙伴的组织机构

美国的大学与中小学自发地创建了部分合作组织与机构，以确保美国的伙伴合作关系能够健康有序地进行。要想帮助大学教师、中小学教师、师范生解决自己研究领域中遇到的问题，还离不开此类合作组织与机构发挥的重要作用。主要如下：对其公司的运作模式加以效仿，最大限度地促使规范化成为合作形式的主要特征；伙伴合作的参与成员涉及一切教师，他们的职责包括对学校的管理；由专门部门对合作中的资金进行严格管理；设立监察委员会对所有合作方的行政工作与教学工作进行监督管理；教育实践探究活动需要在规定时间内展开；对合作活动的经验教训进行总结与反思；为了使得合作伙伴关系的队伍规模不断扩大，邀请越来越多的学校与教师参与其中，借助网络媒介进行宣传，利用舆论造势；为了不断提高合作参与者的主观能动性，可以适当地采取一定的奖励措施。

4.评估合作伙伴的质量

为了促使美国中小学的教学质量得到大幅提升，教师的专业技能与专业知识储备得以提高与丰富，需要建立大学与中小学的合作伙伴关系。为确保这些合作伙伴关系的有效性，美国教育委员会于2001年发布了《专业发展学校标准》。这一标准被用作对合作伙伴关系后续影响的正确评估工具，以便清晰地了解大学与中小学合作带来的巨大效益，使得合作双方的关系得到进一步加强，并根据现实情况对合作活动制定相应的发展规划与指导方案。以下五个方面是其需要遵循的标准：①学习共同体。为了确保合作伙伴关系得到有序发展，需要所有合作参与方建立学习共同体，确定的目标导向与实施规划，在此基础之上，使得教育实践活动得以正常开展。②责任与质量保证。从职能角度来看，要求所有参与方要各司其职，在自己的职责范围内承担相应责任。③沟通与合作。在合作关系中，要求所有参与者必须进行及时沟通，对彼此之间的工作思路有较为清晰的认知，借助这种高效的沟通，对各自的工作加以调整与改进，从而促使教学事宜的顺利进行。④多样化和质量。建立这种合作关系的目标是提高教学质量，因此需要合作双方严格监控和把关，坚决履行各自的责任。只有通过坚决的执行和合作伙伴的共同努力，才能确保教学质量的不断提升。⑤结构、资源和角色。不同的参与者在合作中肩负着不同的职责与使命，并且各具优势，要想促使各项工作能够高质量完成，就需要各自的参与者在合作中明确自己的身份与角色划分。

美国合作伙伴关系得以发展主要源于《专业发展学校标准》的出台，并基于此取得了一系列积极的成果。这些成果如下：①教师层面：教师教学活动中的教育角色在合作伙伴关系中得到进一步强化，使他们能够更好地履行教学任务。此外，教师们通过合作伙伴关系增加了学科知识并提高了教学技能，为提升教学质量提供了基础。②学生层面：大学和中小学的合作伙伴关系使教师的教学更加专业化。教师们可以通过采取形式多样的教学措施，解决教学实践中遇到的问题，从而使得教学效率得到提高。这为学生的学习成长提供了更好的支持和指导。③学校层面：大学内部各院系积极参与合作活动，在一定程度上促使了各自学院的教学资源实现共享，促成彼此之间的发展与进步，促进了教育质量的提高。此外，合作伙伴关系也带动学校之间进行更紧密联系，创造了更多的机会和条件，促进了全体教育工作者的共同发展和进步。

5. 保障合作伙伴的有效性

政府在政策层面的支持对于合作伙伴的建立与顺利发展至关重要。例如美国于 2002 年颁布了“NCLB”法案，其根本目标是帮助学生实现全面发展。借助大学与中小学的合作关系，双方加强了沟通与交流，实现了教学资源与信息的共享，使得中小学教师的专业知识与技能得到一定的提升。

6.合作人员的相互信任与尊重

成功的伙伴关系建立必须以信任为基石。信任是促进有效合作的核心要素。在建立有效的伙伴关系时，必须同时包括交流、关心、妥协和承诺这四个要素，通常被称为“4C”。

第一，二者间固定沟通机制的建立，使得合作双方能够在第一时间了解与掌握彼此之间的实际需求与具体情况，从而更好地进行职能划分，客观上推动工作的顺利开展。第二，合作双方应当站在平等的位置上进行沟通与交流，拒绝一切专断行为。在合作过程中，难免会出现一些阻碍，这时需要双方心平气和地进行沟通，了解问题发生的根源，以及双方各自的具体需求，有针对性地解决问题，从而推动项目的顺利开展。

二、美国大学与中小学合作伙伴关系模式对我国的启示

（一）通过大学与中小学合作促进教师教育一体化

我国可以借鉴美国实施的大学与中小学合作伙伴的教育模式，以实现教师教育的一体化。该模式以中小学为基地，使得大学与中小学之间实现互联互通，共同进步与发展，进而使得一体化的教师培养体系得以建立。这种新型的教师教育模式能够有效整合教师职前、入职和职后的培训，制定一套相对完善的培养计划，以满足不同教师群体的需求。通过大学与中小学合作伙伴关系的教育模式，教师可以获得更全面、系统的培训，从而更好地适应教学实践的需求。这种一体化的教师教育模式有助于促进教师的发展更具专业化，并促使教师教育得到可持续发展，确保终身化与一体化成为教师专业发展的主要特征。

（二）搭建大学与中小学的合作平台及拓宽合作范围

我国政府的教育行政机构的各个职能部门之间应当实现协同合作，对原有的教育模式进行改革，以合作平台搭建的方式，帮助学校与教师实现高质量发展。例如，拓宽合作渠道，使得合作双方联系更加紧密，提高教育科研水平。以西弗吉尼亚大学的合作伙伴学校为例，该校的创建旨在培养优秀的

教师人才，从而实现教学理论与实践的相结合。故此，我国政府以及教育部门应当出台相应政策，给予大学与中小学合作的政策方面与资金方面的重要支持，从而促使合作双方实现可持续发展。

（三）加强大学与中小学的合作伙伴关系的构建

为了实现合作双方的共同进步与发展，需要基于和谐的合作环境，使得合作参与者的联系得到进一步加强。合作双方应站在平等的位置上进行沟通与交流，并对彼此之间的需求加以了解，在一定程度上激发合作方的主观能动性，促进合作的顺利开展。在此基础之上，合作方可以最大限度地将自己的优势发挥出来，使得彼此之间的合作能够长久地发展下去。

（四）同步进行大学与中小学教育改革

为了实现教师教育的改革目标，我国需要广泛的支持和合作。政府机构在制定政策和提供资源方面发挥重要作用。应该加大对教师教育改革的支持力度，并提供相应的经费和政策支持，以确保教师教育的发展能够顺利进行。同时，在双方合作中，无论是社会机构还是社会团体都发挥着举足轻重的作用。针对教师教育，需要建立相关的学术研究机构，为教师教育改革提供专业指导和支持，推动教师教育的理论研究和实践创新。此外，应在全国范围内建立教师教育学校和教学中心，以及建立教师教育网络，为教师教育提供良好的教学环境和资源支持，促进教师教育的质量提升。

（五）探索新的教师专业发展模式

在构建我国的教师专业发展模式时，不能照搬硬套美国模式，需要充分考虑我国教育的实际情况，汲取有利于我国教育发展的部分，最大限度地促进大学与中小学之间的合作发展，最终确保双方的共同发展。

第四章 影响教师专业发展的因素

第一节 影响教师专业发展的内部因素

一、教师个体拥有的文化资本

法国学者布迪厄在《资本的形式》一文中阐述了有关文化资本的理论。他指出，文化资本主要包括三种形态：①形体化状态的文化资本，如言谈举止、仪表风度、修养和情趣等；②客观化状态的文化资本，如书籍、绘画、艺术器具等；③制度化状态的文化资本，如文凭、证书等。

在影响教师发展的个体文化资本中，尤为突出的是制度化状态的文化资本。当然，形体化状态和客观化状态的文化资本会对教师的成长产生一定程度的影响，本书不一一阐述，在此仅就制度化状态的文化资本对教师成长的影响进行分析。

按照布迪厄对文化资本的界定，制度化状态的文化资本是需要通过学术资格和教育制度凭证加以认定和说明的文化资本形式，主要指的就是教师通过教育获得的学历证书、资格证明等。具体而言，诸如教师的学历证书、学位证书、教师资格证书、普通话等级证书、英语等级证书、计算机等级证书等与学校教育相关的资格凭证，都属于制度化文化资本的范畴。可以说，教师个体所拥有的制度化文化资本代表的是作为一名教师必须具备的“硬性”条件，自然也是普通教师成长为骨干教师必须具备的基本条件。

教师个体是否拥有制度化文化资本，与其能否很好地承担和胜任教师工作有着十分紧密的关联。这是因为文凭等制度化状态的文化资本在很大程度上代表着一个人的素养和能力状况，虽然这两者之间并不能够简单地画上一个等号。通常情况下，教师所拥有的制度化文化资本越雄厚和丰富，如学历越高、各类证书越多，就意味着其素养和能力越过硬，而这正是高质量地完成教育教学任务的前提条件。教师拥有良好的教育背景、较高的学历、良好的素养和能力，对于保证教学质量和提升学生的学业成就有着显著的影响。从这一点可以看出，一个普通教师要想成长为骨干教师，必须不断提升自身的制度化文化资本。只有教师的制度化文化资本得到提升，自身的“硬件”得到增强，才能更好地承担和胜任本职工作，更好地促进学生的发展。

制度化文化资本对普通教师成长为骨干教师的重要意义和价值主要表现在以下几个方面。

第一，教师的制度化文化资本是学校聘用和评价教师的重要依据和手段之一，也是教师实现专业发展的基础条件之一。在当今社会，学校与社会上的很多用人单位一样，在选聘教师的时候，经常会面对数量庞大的应聘人员。那么，如何判断或者说用什么标准来判断应聘人员的实际能力和水平，并做出最终的录用决定呢？通常，在这个过程中，应聘者所拥有的制度化文化资本是会产生重要作用的，具有较高的权威性和被广泛认可的学历学位证书、教师资格证书等相关凭证和证书，自然而然会成为学校选聘教师的重要依据之一。也就是说，是否拥有制度化文化资本，会在很大程度上成为一个应聘者能否获取教师职业岗位的重要的决定性条件。

第二，制度化文化资本在很大程度上代表着教师的个人能力与水平，与教师的教学质量和业绩等密切相关。制度化文化资本一般需要通过接受正规教育才能获得，它代表着一个人接受正规教育的程度和状况。不同的教师个体接受正规教育的情况存在差异，导致他们在制度化文化资本的获得上存在着差异，诸如学历、毕业院校、相关证书的含金量等方面都各不相同。而从某种程度上来看，教师的制度化文化资本获得状况，既是对教师过去的个人实力的一种证明，又是对个体未来职业工作的质量与水平有着重要影响的一个因素。教师职业的专业化，是当今时代教育改革与发展的必然要求。“教师职业专业化就是教师职业训练、职业能力和从教过程的专门化、熟练化、程式化和独到化。它使从业者摆脱了活动的随意性、尝试性和经验性，使活动得以高质量、高效率地顺利进行。”[①] 在高度专业化的教育教学工作中，拥有丰富的制度化文化资本的教师在教育教学上会具有显著的优势，他们思维敏捷，知识结构相对完善，更易于接受新鲜事物，科研能力更强，因而也就更容易取得优异的教育、教学和科研成绩，成为学校发展所依赖的骨干力量。

第三，教师的制度化文化资本状况对学生的学业成绩具有重要影响，并由此反作用于教师的专业发展。教师是科学文化知识的传播者，是精神文明的建设者，是塑造学生灵魂的“工程师”。一方面，教师拥有丰富的、优质的制度化文化资本，意味着教师较好地掌握了专业知识以及教育理论基础知识，能够较好地将教育理论运用于教学实践过程，在课堂教学中能够运用生动、丰富、形象的语言讲解教学内容，用科学的教学方法为学生答疑解惑。这样，学生的学习动机和学习兴趣可以得到有效激发，思维处于积极活跃状态，学习效率也会提高。因此，教师拥有丰富的、优质的制度化文化资本，是提高学生学业成绩和促进学生更好地发展的一个重要的有利条件。另一方面，学生学习成绩的不断提高，反过来会进一步激发教师的工作热情和成就动机，促使普通教师持续不断地学习和进取，进一步提升自身素养，不断地完善自我，这样无形中又会为教师的成长与发展增添巨大的动力。

第四，教师制度化文化资本的拥有状况，对教师参与教育教学改革具有重要影响，进而影响到教师的专业发展。众所周知，教育教学改革成功的关键，取决于教师的参与状况。要推进教育教学改革，就必然涉及转变教师的思想、理念以及由此而支撑的行为表现等。教育教学改革的最直接、最主要的参与力量是教师，任何教育教学改革、课程改革等，都需要通过教师去实现。而在改革过程中，相比较而言，拥有丰富的制度化文化资本的教师更乐于也更容易接受新事物。因此，他们会抱持积极的态度、期待的心情，满腔热情地迎接和参与教育教学改革，投身教育教学改革的浪潮之中。而这一点既会对改革的顺利推进有重要影响，又将对教师自身的专业发展产生深刻的影响。

二、职业发展动机

人们每天都在从事着各种各样的活动。在这些活动中，有些活动是一种

① 柳海民．教育理论的诠释与建构 [M]．合肥：安徽教育出版社，2009：302.

短暂的行为，在任务完成之后就宣告结束；有些行为则需要长时间持续地存在，并长期保持某一种状态。而无论是短暂的行为，还是长期持续的行为，其存在都必然离不开一定的原因，这个原因在心理学中被称为动机。

动机是推动人从事某种活动并朝一个方向前进的原动力。它是为实现一定的目标而行动的原因。动机激励着人们将意识转化为行动，驱使着人们不断地进取和奋斗，依靠自身的努力去实现某些既定的目标。

根据动机的起因，可以将其区分为内部动机和外部动机。内部动机是指个体基于对所从事的活动本身的浓厚兴趣或者认知而产生的动机。它直接与活动本身有关，源自个体对活动本身的兴趣和意愿。外部动机则是指由某些外在的诱因所引发的动机，即由个体所从事的活动以外的刺激或原因而产生的动机。也就是说，活动本身并不能给个体带来直接的满足，但通过这种活动可以产生另外一些外部效应，个体基于对这种外部效应的追求而产生的动机，就是外部动机。

如果把动机看成人们行为产生的主要原因或者说动力，并由此推及教师的职业发展动机，那么教师的职业发展动机就是促使教师个体全身心投入教育教学工作，并为之不断付出、辛勤劳作的力量源泉，对教师的职业活动起着发起、维持、调节和推动作用，并强化教师在职业活动中的积极性、创造性的动力支持系统。

教师的职业发展动机同样包括内部动机和外部动机两个方面。教师基于对教学工作、对学生以及对教育事业的兴趣和热爱等所产生的工作动机，就是教师职业发展的内部动机，它反映了教师对教育工作的内在需要和价值取向，对教师的教学行为具有重要的激励和导向作用，是促进教师成长的内在的根本动力。教师职业发展的外部动机一般是指教师基于获得他人的尊敬和认可、追求工作的业绩和荣誉，或者基于自身职务、职称晋升的需要等产生的动机。例如，基于取得一定的工作成就的需要，很多教师会持续不断地努力钻研和进取，旨在取得优异的工作业绩。

无论是教师职业发展的内部动机，还是外部动机，都会直接影响教师工作的态度以及相应的教育行为表现，对教师的专业成长产生重要的作用。从教师的专业成长过程来看，教师的职业发展动机是制约普通教师成长为骨干教师的重要个人因素之一。普通教师要成长为骨干教师，需要在漫长的教师职业生涯中持续不断地学习、探索和进取，不断地改进自己的工作方法，完善自身的工作能力，提高教学的质量与水平。而这些目标的实现都不是一朝一夕的事情，需要持之以恒的努力，因而需要依靠教师强烈而持久的职业发展动机的支持。

（一）教师职业发展的内部动机

1. 对教育事业和学生的挚爱

教师的工作既是神圣的和艰苦的，又是温暖的、人性化的。教师要想做好教书育人的工作，就必须充分调动自己的积极情感，形成强烈、稳定、持久的内部动机，用浓厚的兴趣、炽热的情感去对待这份事业。教师只有发自内心地热爱教育事业和教师工作，才能真正做到持续地、执着地专注于工作，才能甘愿为教育事业全身心地投入，才能从自身的工作中获得愉悦和满足感。

教师对学生的热爱，即师爱，是教师热爱教育事业的重要表现之一。对学生的热爱，能够将教师对教育事业的爱展现得更加生动、具体和淋漓尽致，而不是停留在比较抽象的层面。

师爱能够促使教育过程中的师生关系由“我”与“你”的关系变成“我们”的关系，这不但对于促进学生的发展具有重要意义，而且教师会从这种亲密无间、和谐融洽的人际关系中受到激励和鼓舞，从而更加坚定做好教育工作的信心，以更饱满的热情教书育人。

总之，教师对教育事业的热爱和学生的爱，不但是社会对教师提出的必然要求，而且是促进教师专业成长与发展、促使教师不断迈向新的成功的强烈而持久的内部动力因素。

2. 强烈的自我专业发展意识

教育是一个可以促使教育者和受教育者日趋完美的职业，而且只有当教育者自觉地完善自己时，才能有利于受教育者的发展与完善。如果教师自身缺乏强烈的自我专业发展意识，没有追求自我完善、自我价值实现的需要，就不可能提高个体存在的价值，更谈不上推进人类社会的发展。

一般来说，在人的整个发展和成长过程中，自我发展意识是起着至关重要作用的一个因素。这是因为自我发展意识不但能把个体自身与外部世界联系起来，而且能够把自身的发展当作自己认识和自觉实践的对象，建构自己的内部世界。一个人只有具备了强烈而清晰的自我发展意识，才能够在完全意义上实现自主发展与成长。

教师的自我专业发展意识是教师所特有的对自身专业发展的认知和思考等，它是自我发展意识在教师职业中的具体体现，是教师专业发展的动力源泉。教师的自我专业发展意识，包括对自己过去专业发展过程的意识，对自己现在专业发展状态、水平、所处阶段的意识，以及对自己未来专业发展的规划意识等多方面的内容。它是一个多维度、多层次的心理活动系统，这个活动系统对人的心理和行为都产生巨大的制约和影响，在某种程度上决定着教师个体的行事风格，对教师的发展起着至关重要的作用。它不但像桥梁一样连接着教师自身和外界环境，而且能帮助教师把自身的认识、自身的情感、自身的行为当作认识和实践的对象，不断构建自身的主观内部世界，从而使自身的发展成为可能。教师在自我专业发展意识支配下成为具有自我专业发展需要的教师，才可能有意识地寻找学习机会，才可能明确自己到底需要什么，今后朝什么方向发展以及如何发展等，才可能成为一个自我引导学习者。

众所周知，教师进行的教育教学工作是一项极为复杂的活动，不但需要长期的专业学习过程，而且需要有丰富的教育教学实践，这种长期的学习和实践过程，必然需要一种发自内心的专业自觉才能完成。显然，在这个过程中，教师主动、自觉的专业发展意识就显得尤为重要。只有具备自我专业发展意识的教师，才会产生内在的强大的专业发展动力，才能努力学习和获取更多的专业知识，不断追求进步，才能真正提升自我、发展自我、完善自我，激活和升华自己的生命活力，在工作中表现出更强的创新力和竞争力。

毋庸置疑，教师的自我专业发展意识是教师真正实现自主发展的基础和前提，它有助于强烈而持久地保持教师对自身工作的责任感和信念，使教师能够及时地了解专业发展的最新动向，对自身教育教学实践进行客观的分析和反思，并进行不断学习，弥补自己在专业知识结构和能力方面的不足，明确今后发展的方向和目标，真正成为一个持续发展、永不止步的优秀教师。

（二）教师职业发展的外部动机

在教师的发展与成长过程中，内部动机无疑是起着主导作用的。但是，教师职业发展的外部动机的作用是不容忽视的，它会对教师的行为起到激励和制约作用。尤其是在教师职业发展的初期，一些教师由于存在较多的不适和矛盾，往往比较急切地希望证明自己的实力，使自己能够尽快得到外界的认可，特别是学校和家长的认可。于是，学校领导的欣赏、学生的喜爱、家长的认同、荣誉的获得等，都有可能成为教师在这一阶段职业发展的外部动机。

其实，任何一个人受到外部动机的作用，都不可能像受到内部动机的作用时那样，把全部时间和精力都长期地、持续地放在某一件事情上。当一个人仅仅依靠外部动机来维持和推进其行动时，一旦失去了某些外部诱因，行动就不再能够持续下去。从这个意义而言，教师职业发展的外部动机应该在适当的时候及时转化为内部动机，这样才能更加有利于教师的专业成长与发展。

三、学习和认知能力

教学活动是一项复杂程度很高、兼具科学性与艺术性特征的活动。在教学活动中，教师对教学目标的确立、教学内容的设计、教学方法及策略的选择、教学进程的安排及调控等，无不依赖于教师的学习和认知能力。这里所说的学习能力，是指教师在一定学习环境下，根据已有的教育教学知识，运用观察力、注意力、记忆力、思维力和想象力等，来获取新知识的一种能力。认知能力则主要是指教师对教与学的行为、教育活动中发生的关键性事件以及教学情境进行感知、理解、判断、决策、解决的能力。可以说，任何教育教学活动的进行，都离不开教师的学习和认知能力。

教师应该如何发展？向何处发展？如何才能达到预期的成长目标？应当如何安善处理在成长过程中遇到的各种矛盾与困难？这些问题的有效解决，都需要教师个体具有较强的学习和认知能力。教师学习和认知能力中的某些品质，固然与教师个体的先天禀赋有着一定的关联，但可以肯定的是，教师学习和认知能力的形成与发展，需要通过不断地钻研教育教学理论知识以及对他人教学经验的吸收与内化才能实现。

（一）学习和认知能力影响教育机智的形成与发展

教师的教育机智是教师在教育教学过程中的一种特殊能力，它是指教师基于对教学活动的敏感性，能够对教学过程中突发的、意料之外的情况迅速、正确地做出判断，随机应变地及时采取恰当而有效的教育措施，以解决相应问题的能力。教师的教育机智是教师良好的综合素质和修养的外在表现，是教师娴熟运用综合教育手段的能力。

“不论教育者是怎样地研究教育理论，如果他没有教育机智，他就不可能成为一个优秀的教育实践者。”[①] 这句话很好地说明了一个道理，即只有具备了教育机智的教师，才能对学生的活动和课堂的情境进行敏锐观察，对各种突发事件做出准确判断，并及时采取妥当的措施进行处理，合理地调控教育教学进程，最终顺利地实现既定的教育目标。

而教师教育机智的形成和发展，在很大程度上是与教师的学习和认知能力相联系的。教师的学习和认知能力，会直接影响其教育机智的形成及发展水平。

（二）学习和认知能力影响教师的教学效能

教师的认知水平有三个等级——低、中、高。低认知水平的教师，其思考教学问题较具体、简单，且局限于为数不多的几个方面。而高认知水平的教师则对问题进行抽象思考，着重理解问题之间的关系。因而，后者的教学常表现出这样的特征，即教学方法的可变性与适应性、提供的学习情境的多样性、学生学习问题处理的有效性。显然，具有较高认知水平的教师相对于较低认知水平的教师在教学活动中具有明显的优势，可以发挥更大的作用，在教学方法的灵活运用、教学情境的创设、解答学生的疑问等方面更能够得心应手，更能够从多维的、相互联系的角度去思考、理解、加工课堂教学的内容和素材。当课堂上出现问题时，那些拥有较高认知水平的教师更善于选择新的教学策略，唤起学生的注意，给学生以积极的反馈，不但能够很好地解决课堂上出现的各种问题，而且能够充分地利用课堂上出现的问题引发学生的积极思考。

“处于高度抽象水平的教师往往更灵活应变（如在改进教材方面足智多谋），较少专制和惩罚……这样的教师所教的学生比那些处于具体思维水平

① 郭秀萍．“机智”在教育教学中的重要性[J]．新课程学习，2011（2）：1.

上的教师教出来的学生更加专注、更加主动、更有协作精神，因而也更有成就。”“抽象水平高的教师往往更爱思考，他们更能利用学生的参照系，来鼓励提问题和假设。”[①] 可见，教师的认知能力、思维品质和水平，对教学活动质量与效果的影响是非常重要和显著的。认知能力强、抽象水平高的教师更善于灵活应变，他们乐于接受挑战，善于思考，喜欢对未知事物进行大胆的想象和推测，在课堂上能够充分尊重学生的个体差异，采取更为宽容的态度对待学生的行为，能更好地培养学生的创新思维，为学生营造良好的学习氛围和广阔的发展空间。

总而言之，教师的学习和认知能力关系到教师对教育目的、教学内容、教学策略、学生观等方面的深刻理解和认识，影响到教师对课堂教学的感知、理解、判断和决策，进而会影响到教学的效能以及学生的发展。应当说，教师的学习和认知能力对教师的发展起着至关重要的作用，是影响教师成长的重要内部因素之一。

四、人际交往能力

人际交往是人们社会生活的重要内容之一，自我发展、心理调适、各种不同层次需求的满足、人际关系的协调等，无一例外，都离不开人际交往。它不但是维系和发展人与人之间相互关系的纽带，而且是个体心理健康发展的基础和必要条件。一个人的发展取决于和他直接或间接进行交往的其他一切人的发展。教师的工作性质和职业特点，决定了其必须与学生、同事、学校领导、家长以及社会上与教育有关的其他众多人员建立起密切的人际交往关系，这自然就要求教师具有良好的人际交往能力。

教师这一具有独特性的社会个体与其他人员之间的关系能否很好地处理，在很大程度上会影响到教师对待教学工作的积极性和热情、教师教学工作的成效、教师的心理健康状况以及对自我的认同等，进而会影响到教师的专业成长。恰当地处理这些人际关系，能使教师保持健康的心理和乐观的精神状态，在积极愉快的心态下开展教育教学工作，可以在一定程度上缓解和消除教师的职业倦怠感。而要能够很好地处理各类人际关系，则必然要求教师具备良好的人际交往能力。

① 瞿葆奎．教育学文集：教师（第12卷）[M].北京：人民教育出版社，1991：232-233.

具备良好的人际交往能力，是普通教师成长为骨干教师的必备条件。如果一名教师不喜欢与他人交往，或者不善于与人交往，仅仅只是凭借自己内心世界的感觉和意识去决定“教什么”和“如何教”，就会使教师的教育教学脱离正常的轨道。一个自我封闭、只凭自己的个人认知去开展教学工作的教师，是远远不能保证高质、高效地完成教育教学任务的，也是绝无可能从一个普通教师顺利地成长为骨干教师的。

教师成长过程的顺利与否，在很大程度上取决于他们能否在教育教学的过程中与学校领导、教育同行、社会各界，特别是与学生和学生家长建立起密切的、良好的人际交往关系。成功的教师必然能够与学生、家长、领导、同事和其他社会相关的人员建立健康、积极、良好的人际关系。

（一）与学生交往的能力

在教师进行的诸多交往活动中，师生交往是最基本、最普遍、最重要也是最为活跃的人际关系之一。教师的工作对象是学生，教师的主要活动就是对学生施加一定的影响，教师的教育教学效果在很大程度上取决于师生交往关系的状况。

师生交往中的一个核心问题，是教师要把学生看成真正意义上的“人”，教师应当意识到，师生之间只有价值的平等，而没有高低、尊卑之分。他们都是教育活动中的主体。教师是“平等中的首席”，而学生作为教育活动的参与者、实践者、思考者和创造者，同样是具有人格尊严的独立主体。

教师与学生之间的关系，不但是主体间相互交往的关系，而且是一种潜在的教育力量。在学校的教育教学过程中，良好的、和谐的师生关系，可以产生巨大的教育力量。在师生交往过程中，学生会以其敏锐的感知力察觉教师对自己的关心和爱护，也会由此对教师心生感激、崇拜和敬意，并在教育教学过程中竭力配合教师的工作，很好地完成教师布置的任务，促使教学工作顺利开展。良好的、和谐的师生交往关系，可以潜移默化地影响学生的情感、态度和价值观，在不知不觉中促进学生的发展。

当然，在教育教学过程中，学生并非良好师生关系的单方面受益者，教师同样会从这种积极的人际关系中体验到莫大的愉悦和幸福感，师生间融洽的互动关系，会极大地增强教师工作的积极性和动力，促使和激励教师更加热情地投入工作，取得更为出色的工作业绩。

当前，随着素质教育和课程改革的深入推进与发展，教师与学生在相互交往过程中的平等地位正得到越来越多的强调和重视，如何建立良好的、和谐的师生关系，受到各方面越来越多的关注。因此，在全面实施素质教育和推进课程改革的今天，教师努力提升自己与学生的交往能力，促进良好师生关系的建立，就显得尤为重要和迫切。良好的师生关系不但是保证教育教学工作顺利开展、提高教育教学质量的需要，而且是促进师生共同成长与发展的需要。

（二）与同事交往的能力

教师为了更好地实现自身的专业成长与发展，必须学会与同事建立起积极、健康、友好、合作的人际关系，学会“走向他人”“理解他人”，学会与具有不同价值取向的教师交流合作。在追求自身专业发展的同时，做到对他人的理解、尊重、宽容和关怀，怀着感恩的心与同事相处，把同事看作自己工作和生活中的知心朋友与伙伴。在人与人的交往中，最重要的莫过于坦诚相待，一个人如果想在交往中得到别人的尊重和信任，首先应该向别人证明自己是值得尊重和信赖的。教师与同事的交往也不例外，教师之间只有坦诚相待、真诚交流，才能消除彼此之间的隔阂，逐渐建构起相互信任的坚实基础，才能更好地相互支持与合作。

教师与同事的良好交往关系，不但可以培养起相互间的深厚情感和友谊，使教师在友好、愉快的人际关系中合作共事，而且可以因此而获得更为丰富的专业发展资源，从而更好地推动自身的专业成长与发展。

（三）与学校领导交往的能力

众所周知，学校这个社会组织是由众多的岗位不同、权力不同、角色各异、分工明确的成员共同组成的。教师在学校除了与学生、同事的交往之外，还必须经常与学校领导交往，与其不可避免地发生直接或间接的交往关系。教师与学校领导的交往，会对教师的成长产生巨大的影响。教师和领导都是学校组织的重要成员，都是教育者，从这个意义上来说，二者的交往应该可以归属于同事交往的范畴，所以也理应遵循教师与同事之间交往的基本行为准则。

但是，在学校领导与教师二者之间，除了同事关系之外，还存在领导与被领导、管理与被管理的特殊关系，这就决定了学校领导和教师的关系，不完全等同于一般同事之间的关系。学校领导通常是二者关系的主导方面，处于主动的地位。学校领导与教师之间关系的这种特殊性，自然要求交往双方遵循一些特殊的人际交往准则。

教师与学校领导之间良好的人际交往关系的建立，不但是学校发展的需要，而且是双方共同发展的需要。原因如下：其一，学校是教师和领导职业生活的共同场所，双方都希望能够在友好、愉快、和谐的气氛中工作和生活。只有双方建立良好的人际交往关系，才能保证彼此都能够更好地工作和生活。其二，从根本上说，二者的利益获得，都与学校组织目标实现的程度密切相关。因此，双方在根本利益上具有一致性。学校的组织目标是双方都必须共同努力追求的，这在一定程度上决定了两者关系的状况，为了实现彼此之间共同的利益，领导与教师之间必须建立良好的交往关系。其三，从教师的角度来说，与学校领导建立良好的关系，意味着自己可以获得更多的发展机会、更好的工作条件和更愉快的工作环境，能够从领导那里学到一些管理方面的知识，同时更加便于向领导反馈意见，体现个人的价值。而从学校领导的角度来说，与教师之间建立起良好的关系，有助于充分调动教师工作的积极性，获得更多教师反馈的意见，便于领导者更好地进行学校管理，从而使自己的工作能力得到充分展示。其四，作为进行塑造人格的教育活动的当事人，领导与教师之间的关系是一种重要的教育影响因素，能够为学生产生重要的示范作用，这种示范作用必然要求教师和领导者建立良好的人际交往关系。

教师在与学校领导交往的过程中，尊重和维护学校领导权威，积极支持学校领导的工作，服从领导安排。教师与领导的关系就好像是乐队与指挥的关系。如果乐队的成员各行其是、各自为政，就无法奏出动听的音乐。在学校中，如果教师目无领导，则学校的教育教学秩序就会混乱不堪，学校也无从发挥其教书育人的功能。因此，教师要从学校整体利益出发，服从领导的工作安排。

总而言之，教师的人际交往既与一般的人际交往有着共同的规律，又因为教师的工作性质和特点而具有自身的独特性，有别于一般的人际交往。教师必须在做好教育教学工作的同时，注意锻炼和提高自己的人际交往能力，这是教师成长与发展的必然要求。

五、人格魅力

人格一词有多种含义。一般而言，人格是指一个人整体的精神面貌，是具有一定倾向性和比较稳定的心理特征的总和，涉及人的性格、气质、能力等多个方面的总体特征。

一个人的人格是在遗传、环境、教育等因素的交互作用下形成的。不同的遗传、生存及教育环境条件，会形成人们各自不同的独特的人格特点。人与人没有完全一样的人格特点。所谓“人心不同，各有其面”，指的就是人格的独特性。但是，人格的独特性并不意味着人与人之间的个性毫无相同之处。在人格形成与发展中，既有生物因素的制约作用，也有社会因素的作用。人格作为一个人的整体特质，既包括每个人与其他人不同的心理特点，也包括人与人之间在心理、面貌上相同的方面，如每个民族阶级和集团的人们，又都是有着一些共同的人格特点的。人格是共同性与差别性的统一，是生物性与社会性的统一。

个体在行为过程中偶然表现出来的心理倾向和心理特征并不能表征他的人格。人格具有稳定性特征。当然，强调人格的稳定性并不意味着它在人的一生中是一成不变的，它同时也具有可塑性的一面。随着生理的成熟和环境的变化，人格也有可能发生或多或少的变化。正因为人格具有可塑性，才能培养和发展人格。

人格魅力则是指一个人在性格、气质、能力、道德品质等方面具有的一种吸引他人的力量。如果一个人能受到别人的欢迎、容纳，那么他实际上就具备了一定的人格魅力。在当今社会中，为人处世的基本要点之一，就是要具备较强的人格魅力。

教师的人格是教师个体在性格、气质、能力等方面的心理特征的总和，是教师在社会和教育环境的影响下，在自己的教育教学实践过程中，通过自我体验、修炼和内化所形成的独特心理品质，是教师满足生存、成长和实现自我价值的必要条件之一。教师的人格赋予了教师个体生命以鲜明的本我色彩和独特风格，对于具有极大可塑性的学生来说，教师的人格魅力不仅能够有效地感染和影响学生个性特征的形成，还有利于促进良好师生关系的建立，促进教学工作的顺利开展，进而促进教师的专业成长与发展。

当今社会是一个与时俱进、不断发展、富有生机与活力的社会，也是一个可以充分展示自我、张扬个性的社会。健全的人格是一个人很好地融入当今社会所必需的通行证。然而，健全的人格不是凭空拥有的，它需要在一定的教育引导和环境影响下才能形成与发展。而教师作为一种承担教书育人责任的职业，作为学生的主要教育者和交往对象，应当义不容辞地担负起塑造青少年儿童健全人格的重要使命。

对教师这一职业的责任和工作性质的理解，不能完全停留在传道、授业、解惑这一层面上。教育活动的“育人性”特点，决定了教育工作的性质带有强烈的示范性、引导性。需要明确的是，作为学生的主要教育者，教师自身的一言一行所散发出的人格魅力，都会对学生的成长和发展产生直接、重大而深远的影响。而且，这种影响会贯穿教育过程的始终，甚至贯穿学生的一生。

要提高别人，自己必须是崇高的。苏霍姆林斯基说过：“形象地说，学校好比一种精致的乐器，它能奏出一种和谐的旋律，从而影响每个学生的心灵。但要奏出这样的旋律，必须把乐器的音弦调准，而这种乐器是靠教育者的人格来调音的。由此就提出了一些问题，即学生是怎样看待教师的？他们在教师身上看见和发现了什么？每一个教育者和整个教师整体在学生面前表现了人的品质的哪些方面？能够迫使每一个学生去反思自己，思考自己的行为和管住自己的那种力量，首先就是教育者的人格——他的思想信念，他的精神生活的丰富性，他的道德面貌的完美性。”[①] 因此，要培养学生的健全人格，其最重要的前提之一，就是教师必须具备健全的人格，能够严于律己、宽以待人、以身作则、为人师表。只有具备人格魅力的教师，才能引导学生的人格向更好的方向发展。

乌申斯基说过：“在教育工作中，一切都应以教师的人格为依据。因为教育力量只能从人格的活的源泉中产生出来，任何规章制度，任何人为的机关，

① 苏霍姆林斯基．关于全面发展教育的问题[M]．王家驹，译．长沙：湖南教育出版社，1984：79.

无论设想得如何巧妙，都不能代替教育事业中教师人格的作用。”[①] 事实的确如此，任何一个学校，绝不是仅仅依靠严格的纪律规定和要求，就能保证教育教学的质量。同样，任何一名教师，也绝不是仅仅依靠简单的说教和灌输，就可以达到教学的目标。在教育过程中，教师人格魅力的感染和陶冶作用，是任何时候都不能忽略的，它可以对学生健全人格的形成和身心的全面、健康发展产生潜移默化的熏陶和影响。

教师乐观的情绪、顽强进取的心态和意志品质、严谨的治学态度、教学的智慧以及为教育事业无私奉献的精神等人格因素，本身就是激励学生的重要手段和动力，它能有效地激发学生身上潜在的积极因素，促使学生朝着教师期望的方向和目标发展。当教师崇高的理想、乐观的情绪和敬业精神等作用于学生并得到学生的认同时，学生就会通过效仿和内化吸收，将其转变成为一种激扬澎湃的内驱力，驱使自身努力学习和进取、不断地完善自我。

学生大部分的时间都在直接或间接地与教师接触，学生把教师的言谈举止看在眼里、记在心里。因此，教师在举手投足间所展现出来的人格魅力，是影响学生发展的重要因素。学生在学校的表现，很大程度上会受到教师言行的影响。因此，每一位教师每时每刻都应该注意自己的言行举止，给予学生积极的、正面的、健康的影响，引导他们健康地成长。

富有人格魅力的教师就如同一个强大的磁场，使学生形成强大的向师性，虚心聆听他的教诲；富有人格魅力的教师能以其独特的教育教学风格，活跃课堂气氛，使学生在一种轻松、愉快的氛围里学习；富有人格魅力的教师善于通过特定的教育教学情境的创设，使教师与学生达到心与心的交融；富有人格魅力的教师能使学生对教师的情感迁移成为热爱学习、探求真理的优美情愫，推动教育教学工作的顺利开展；富有人格魅力的教师会在学生当中形成崇高的威信，能够始终保持对学生的强大影响力，最终顺利地完成各项教育教学任务。

总而言之，作为一名教师，具有丰富的知识储备、娴熟的教学技能固然重要，但是教师的人格魅力的作用和影响应受到足够的关注。每一名教师都必须牢记自己的使命，重视自己的一言一行，加强自身的人格修养，提升自己的人格魅力，用高尚的人格去感染学生，促进学生健全人格的形成与发展。

① 乌申斯基．乌申斯基教育文选 [M]．郑文越，译．北京：人民教育出版社，2007：8.

六、自我评价

自我评价是指主体对自己思想、愿望、行为和个性特点所做的判断和评价。自我评价属于人的自我概念的重要内容之一。迄今为止，它已成为哲学、心理学、社会心理学、教育学、文化学、价值学等多个学科关注的热点话题之一。自我评价不但具有促进自我发展、自我完善、自我实现的功能，而且具有重要的社会功能，它能够极大地影响人与人之间的交往方式，决定着一个人对待他人的态度，影响到一个人对他人的评价。

教师的自我评价，是指教师通过自我认知进行自我分析，从而达到自我提升的过程。它首先需要教师具有一定的自我认知能力，包括对自己的工作职责和义务、专业水准、人际关系等多方面的状况有所认识，对自己的素质和能力缺陷以及工作中存在的问题的认知，等等。其次，需要教师有一定的自我分析能力，能分析和找出自己存在问题的原因。最后，需要教师找到实现自我提高的途径。

对教师来说，自我评价就是教师不断进行自我认知、自我诊断、自我预测、自我反思、自我教育、自我调节、自我完善的过程，它是一种教师自主发展的机制，贯穿于教师职业生涯的始终。当然，它也在影响着教师的教育教学工作，影响着教师专业发展的进程。

自我评价对教师专业发展的影响及意义和价值，主要表现在以下几个方面。

（一）促进教师的角色内化

教师的自我评价离不开教师的自我认知和了解。而在教师的自我认知和了解中，教师对自身所扮演的角色的认知和了解，是其中重要的组成部分。

“角色”一词最初源自戏剧表演，后来，人们在社会学研究中引入了这一概念。社会学研究中的角色概念，是指个体在特定的社会关系中的身份及由此而规定的行为规范和行为模式的总和。

社会对于每一种角色都有相应的行为期待，或称角色期待。对教师这样一种特殊的社会角色，社会同样有一定的角色期待。而作为教师自身来说，了解这种角色期待，把这种外在的角色期待内化于心，即实现所谓的角色内化，并以此来规范自己的行为，是十分重要和必要的。

美国教育社会心理学家林格伦指出：“一名教师在教室里所要了解的第一件事是了解他自己……教师需要了解他们自己的行为正如像他们需要了解他们所教的学生那么多。”[①] 这里的“了解自己”蕴含两个层面的意思：其一，了解自己的学养、能力、性格、特长、不足和缺陷等自身特质；其二，了解自己所从事的工作，即教师这一职业的特性，了解教师在教育场域中所扮演的角色以及社会对这一角色的期待和要求，等等。

正确认识和了解自身所扮演的角色，并很好地实现角色的内化，是教师进行一切教育教学活动的基础，也是教师专业成长与发展的基础。教师只有深刻地、准确地理解和把握角色的期待与要求，才能够懂得如何更好地与学生相处，如何尊重、理解学生，如何善待学生，如何站在学生的角度去分析和考虑各种问题，从而促进学生更好地发展。

从一个普通教师成长为优秀的骨干教师，是一个十分漫长而艰辛的过程，需要教师不断地将自身的行为表现与社会对教师的角色期待进行对照、比较和分析，并在此基础上形成科学的自我评价和判断。这种自我评价和判断可以促使教师进一步把角色期待、职业规范等内化为自己的信念和行为准则，不断地调节和改进自己的教育教学行为，及时反思和检测自身的教学效能状况及发展目标的实现程度等，从而不断推动自身的专业发展。

（二）有利于教师的自我鞭策，为自身发展增添内部动力

教师的自我评价是主体对自身进行的一种评价活动。在自我评价中，教师既是评价的对象，又是评价的主体，集评价者和被评价者于一身。

与外部评价不同的是，教师的自我评价作为一种自觉的、积极主动的自我发展机制，是促进教师专业成长的重要的内部动力。教师在自我评价过程中发现的自身的差距以及由这种差距而产生的心理态势，会鞭策教师不断地奋发努力和进取。通过自我评价，教师的自觉性、积极性、主动性会不断地得到激发和提高，会从内心深处渴望学习、渴望进步、追求卓越，这就必然会促进教师的专业发展，促使自己达到预定的成长目标。

---

① 林格伦．课堂教育心理学[M]．章志光，张世富，肖毓秀，等译．昆明：云南人民出版社，1983：659-660.

教师只有对自己的教学实践具有深刻的了解，才能够对自己的表现和行为做出有效的评价。教师通过自我评价，对自己的教育教学工作进行诊断和反思，可以及时找到自己在教学设计、教学实施等各个环节存在的问题，了解自己在教学中的优势与不足。而为了自身的专业发展以及学生的全面发展，教师又会自觉、主动地在日后的教学中及时地吸取经验、教训，改进教学设计、教学方法以及教学的实施，以求提高教学的质量。这样，通过教学设计—教学实施—自我评价的循环，教师可以不断地改正自身的缺点和不足，实现持续的专业发展。从这个意义上说，教师自我评价的过程，就是教师不断自我鞭策、自我激励、自我提高、自我完善的过程。

被称为美国的“思想巨匠”的史蒂芬·柯维说过：“任何人都不可能在一夜之间成为一个行动正确的人，这是持续一辈子的自我更新过程。过去错误的行动态度是‘不到破损不堪，绝不轻言修补’。”[①] 将柯维的这种自我评价观运用于教师的自我评价，可以认为教师用严苛的标准来进行自我检视和自我评价，不断地进行自我否定、自我修正，是教师促进自身专业发展的有效途径之一。

（三）促进教师把握人生价值，实现自我完善

自我评价的最高境界，体现为主体对人生价值的理解。“人的价值，从根本上说，就是作为客体的人能够满足社会或他人的需要，也就是人对他人或社会的贡献，是一个人所创造的物质成果、精神成果和提供的服务对他人和社会需要的满足情况。”[②] 基于此，人生的价值，就在于个体在满足其自身物质文化生活需要的同时，在多大程度上满足了他人和整个社会的需要。

由此推及教师的价值，可以认为教师的价值最终主要体现在是否促进了学生的全面发展，是否为社会培养出了优秀的人才，是否推动了教育事业的发展，是否在此过程中自身得到发展和成长，等等。

教师作为自我评价的主体，将学生的发展以及自身的成长和发展作为评价客体，教师对自我评价过程的亲身实践以及通过该实践获得的经验，对教师的成长和人生价值的选择具有十分重要的意义。首先，它必然会引起教师

① 柯维．柯维工作法[M]．赤峰：内蒙古科学技术出版社，1997：1.

② 王玉梁．价值哲学[M]．西安：陕西人民出版社，1989：184.

的教育理念和教育行为的变化，使教师对自身职业的发展充满激情，对实现自己预期的发展目标充满信心，更加热爱教育事业、热爱学生，以更加积极的姿态投身教育事业。其次，教师通过自我评价，能够了解自我、调控自我、完善自我，更好地把握人生的价值选择，追求合理而正确的人生价值理想，使自己的工作和人生具有更大的意义和价值。

第二节　影响教师专业发展的外部因素

一、国家的教育政策

所谓政策，是国家政权机关、政党组织和其他社会政治集团为了实现自己所代表的阶层、群体的利益与意志，以权威形式标准化地规定在一定的历史时期内，应该达到的奋斗目标、遵循的行动原则、完成的明确任务、实行的工作方式、采取的一般步骤和具体措施等。从本质上来说，政策是一种具有权威性的社会价值分配方案，是利益分配的观念化、主体化、实践化的反映。

教育政策则是国家为实现一定历史时期的教育发展目标和任务，依据国家在一定历史时期的基本任务、基本方针而制定的关于教育的行动准则，是用来调整教育领域中出现的各种矛盾或者利益关系、实现教育发展目标和任务的行为准则。

以制定目的为标准，可将教育政策区分为作为纲领性决议的教育政策、作为行动目标的教育政策、作为行动和利益规范形式的教育政策等。在我国，教育政策的主要表现形式包括路线、方针、法律、行政法规、规范性文件及规章等，它们可以直接指导各项教育工作的开展。教育政策可以渗透到教育活动的各个领域，发挥广泛的作用。任何一个国家的教育政策，尤其是有关教师的政策，都是影响教师成长的宏观因素，是教师发展与成长的基本物质和精神保障。

（一）教育政策是教师基本工作和生活条件的重要保障

当今时代，越来越多的国家和政府认识到教育在促进经济和社会发展中的重要地位与作用，因此都在努力发展教育事业，大力推进教育改革。而教育改革的关键在于教师。所以，很多国家制定了一系列与教师相关的政策，为教师成长与发展提供了相应的保障，创造了必要的条件。

在我国，为了保障教师的基本工作条件和生活待遇，国家制定了一系列相关的教育政策。例如，早在 1994 年 1 月实施的《中华人民共和国教师法》就明确规定教师的平均工资水平应当不低于或者高于国家公务员的平均工资水平，并逐步提高。2006 年 9 月颁布的《中华人民共和国义务教育法》指出各级人民政府保障教师工资福利和社会保险待遇……教师的平均工资水平应当不低于当地公务员的平均工资水平。2012 年，国务院颁布的《国务院关于加强教师队伍建设的意见》指出，依法保证教师平均工资水平不低于或者高于国家公务员的平均工资水平，并逐步提高，保障教师工资按时足额发放；健全符合教师职业特点、体现岗位绩效的工资分配激励约束机制；进一步做好义务教育学校教师绩效工资实施工作，按照管理以县为主、经费省级统筹、中央适当支持的原则，确保绩效工资所需资金落实到位；对长期在农村基层和艰苦边远地区工作的教师，实行工资倾斜政策；推进非义务教育教师绩效工资实施工作。2018 年，教育部等五部门关于印发《教师教育振兴行动计划（2018—2022 年）》的通知指出，要加大教师教育财政经费投入力度，提升教师教育保障水平。

教师的工资问题被反复提出和强调，一方面显示出国家对教师的重视和关心，另一方面意味着这项公共教育政策由于受到多种因素的制约和影响，在落实上有困难。这不但影响了教师的家庭生活，而且在一定程度上会降低教师工作的积极性。

此外，教育部等八部门印发了《新时代基础教育强师计划》（以下简称“强师计划”），从总体要求、具体措施、实施保障等多方面对新时代基础教育教师队伍建设指出了明确方向和具体实施规划。“强师计划”的提出，既体现了我国教师队伍建设政策的延续性和整体性，也凸显出高质量发展赋予基础教育教师队伍建设的时代性和紧迫性。目前，基础教育教师能力素质基本满足需要，但基础教育教师队伍能否实现从“多”到“强”的转变，对于全面深化新时代教师队伍建设改革、加强高水平教师教育体系建设、培养造就高素质专业化创新型中小学教师队伍，构建优质均衡的基本公共教育服务体系，以及推动教育高质量发展等至关重要。

事实证明，国家通过制定相关的教育政策法规，保证教师的基本工作条件和生活待遇，对于教师队伍整体素质的提升具有十分重要的意义。

（二）教育政策可以规范、引导和激励教师的专业发展

教育政策规定了教师基本的权利和义务，明确了国家和社会对教师的基本要求，对每一位教师的专业发展具有重要的规范和引导作用。

许多国家的教育政策对各级教师的职责、任职资格等，都做出了明确、具体的规定和要求。在一些国家的教育政策中，对教师专业进行规范和引导的重要方式之一，就是实行教师资格证制度。教师资格证制度是一项针对教师行业的职业准入机制，它对于确定教师的任用标准、提高教师的专业化水平和教育质量具有重要意义。许多国家对教师资格都有十分严格的要求。在法国，教师资格考试与大学毕业考试结合起来进行，学生在通过了大学毕业考试的同时，还需通过教师资格考试，才具备当教师的资格。在日本，《教育职员许可法》明确规定，教育职员必须持有依本法颁布的许可证，方可从事教育工作。

一些国家还专门成立相应的组织，通过制定一系列规范性文件，明确教师的专业标准和职责。例如，美国卡内基基金会组织的“全美教师专业标准委员会”编制的《教师专业标准大纲》，是一份明确界定教师专业化标准的规范性文件。它强调教师的第一职责是参与并帮助学生的学业与成长，强调教师的教与学的标准内容及知识基础，还特别强调教师对知识的理解和综合利用，突显了教师的“反思性实践者”的角色。这些对于教师的专业发展具有很强的规范和指导意义。美国教师联合会认为，建立一种全国统一的国家证书制度，有助于提升教师的专业地位，规范和拓展教师的知识基础。同时，国家证书为拓展优秀教师在教学中的角色，提升教师的教学专业水平提供了机会。这一政策的教育理念在于，教师教学艺术的复杂性，要求采用以成就为本的评价标准和方法，只有确立这些标准，才能理性地对教师进行判断。

可以说，教育政策对教师的观念、目标和行为等具有重要的规范和引导

作用。它对促进教师的专业认同、确立教师的专业发展目标以及确定为实现这一目标所采取的具体措施和方法、途径等，都会产生重要的影响。

教育政策对教师的激励和促进作用，主要是通过教师考核制度、教师奖励制度、教师职称评审和聘任制度来实现的。教师考核制度是在对教师专业水平、工作态度、职业道德和工作业绩等方面进行全面了解的基础上进行的评价，对教师教育教学工作取得的成绩予以肯定，并明确其努力方向。同时，考核的结果可以作为教师晋升、加薪和进修的依据，考核的结果与教师的切身利益紧紧挂钩，从而形成激励机制，有助于调动教师工作的积极性。教师奖励制度则是对于在教书育人岗位上无私奉献、取得突出成绩、具有先进事迹的教师，给予表彰、奖励和授予荣誉称号等。教师职称评定和聘任制度是一种人才评价和使用制度，其重点是考察教师已经取得的学术技术成就和工作业绩，评定教师的学术技术及业务水平等级，并做出聘任的决定。这些制度对于促进教师的专业发展具有一定的激励作用。

（三）教育政策可以为教师发展营造良好的社会环境

教育政策虽然是针对教育领域相关事宜所制定的政策，但是它在全社会范围内同样具有不可忽视的影响。其主要表现在通过教育政策的制定和实施，可以影响社会大众对教育的态度和看法。例如，国家推出的提高教师地位和工资待遇的政策，不但可以直接改善教师的物质生活条件，而且会间接影响人们的就业抉择，吸引优秀高中毕业生积极报考师范院校。此外，还可以促使整个社会形成尊师重教的风尚，为教师的发展创造良好的社会环境。为此，国家和政府不但要在制定相关教育和教师政策方面下功夫，而且要加强对政策的宣传力度，同时加大政策的执行力度，切实把相关政策落到实处。

二、社会尊师重教的氛围

《礼记·学记》说："人不学，不知道。是故古之王者建国君民，教学为先。"意思是说人不经过学习，就不会明白道理。所以古代的君王，建立国家、统治人民就要先设学施教。《礼记·学记》还说："君子如欲化民成俗，其必由学乎！"意思是说君子想要教化百姓，并形成好的风俗，就一定要重视教育。孟子在《孟子·尽心上》也说过："善政不如善教之得民也。善政民畏之，善教民爱之；善政得民财，善教得民心。”意思是说良好的政治手段不如良好的教育手段，政治手段会让民众畏惧，教育手段则可以得到民心。

重教与尊师是不可分割的。我国古代的很多思想家非常重视教师的作用，因此赋予了教师崇高的地位。中国古代一直是“君”“师”并重，将“师”看作“君”教化于世的代理人，而且认为君主自身的品德修养离不开“师”的训诫。

尊师是中华民族的传统美德，我国历史上有许多脍炙人口的尊师佳话。如《文苑英华》记载的汉朝苏章“负笈求师，不远千里”，《后汉书·李固传》记载的李固“少好学，常步行寻师，不远千里”，以及南宋的杨时为求教于理学大师程颐而“程门立雪”等。自从孔子在山东曲阜创办第一家私学，尊师之风日益兴起，“一日为师，终身为父”的古训一直流传至今。

在继承尊师重教优良传统的同时，应对传统的尊师观有所发展，不但要尊重教师个人，而且要尊重教育这个行业；不但要尊重自己的教师，而且要尊重那些没有师承关系的教师。此外，既要尊重那些为教育事业做出杰出贡献、取得突出工作业绩的教师，又要尊重那些平平凡凡、兢兢业业、默默无闻地长期奋斗在教育一线的教师。

职业认同感是所有求职人员对拟进入的那个职业应具有的起码的心理品质，一个求职人员如果对即将进入的那个职业没有一点思想准备，他在取得职业岗位之后，很可能会处于一种茫然的状态而无法很好地开展工作。当然，尽管可以有相当一部分求职人员对未来即将从事的职业缺乏起码的思想准备，而是在进入那个职业之后再慢慢地培养，但这种培养毕竟是一个事后的补救措施。教师对自身职业具有了高度的认同感，就意味着教师对自身的职业性质、功能有了清晰、深刻的认识，意味着教师把自身职业当成自我价值实现的阶梯，意味着教师的职业意志比较坚定。

在现实社会中，每个人都希望受到他人和社会的尊重，受到尊重意味着自己得到了别人的肯定和认可。社会对教师的尊重，意味着国家、社会和公众对教师的社会价值和地位的认可。教师感受到自身的职业为社会和大众所尊重，在社会生活和交往中就会产生强烈的满足感和自豪感，就能大大激发教师的工作热情和促进自身专业发展的动力。因此，教师的专业发展离不开社会尊师重教氛围的支持。

要更好地促进教师的专业发展与提升，除了需要提高教师职业的准入门槛外，还必须在全社会范围内继续大力营造尊师重教的良好风气和氛围，加大宣传力度，努力提高社会公众对教师职业不可替代性的认识，让教师职业的专业性深入人心。

三、学校的物质资源与条件

学校的物质条件通常指的是学校所拥有的各种硬件的状况，如校园校舍、办学经费、图书馆藏书、实验室及其仪器设备、多媒体网络等维持教师和学生基本工作和学习的硬件的状况。

教师的成长既受到教师自我提升要求的影响，又受到学校物质资源与条件等外部环境因素的制约与影响。工作环境会直接影响教师的工作满意度以及职业目标的确定。良好的工作环境，可以极大地激发教师的工作积极性，为教师制定更高的职业发展目标提供必要的基础。

丰富的学校物质资源与条件，有助于扩大教师的职业视野。教师是文化科学知识的传授者，教师的专业提升依赖自身知识的不断更新。所以，学校有义务为教师的知识更新提供必要的条件。藏书丰富的图书馆、畅通的校园信息网络等，有助于教师不断地扩大职业视野，激发教师浓厚的学习兴趣和强烈的探索欲望，不断为其专业发展注入新的活力。在信息技术飞速发展的今天，信息资源的充分交流，可以使教师及时接触学术前沿的科研信息，提高自身的科研水平。面对不断增长的新知识和不断出现的新问题，教师需要转变观念，要从以往的被动接受式学习转变为主动探索式学习，成为自觉学习型的教师，提高终身学习的意识和能力。

丰富的物质资源与条件有助于提高教师的教学效果。教师的教学需要以一定的教学物质条件作为基础，教学物质条件包括完成教学任务所必需的各种设施和设备。丰富多样的教具、学具、标本、先进的教学设备等，有助于教师更好地传授知识，使教师在教学过程中做到融科学性、直观性、趣味性于一体，在课堂上达到事半功倍的教学效果。所以，学校必须努力增加经费投入，配备各类设施和教学设备，为教师提升工作绩效创造必要的硬件条件。学校能够为教师发展提供的物质资源，在很大程度上影响到教师自我发展目标的设定，充分的物质资源和保障是教师加快专业发展步伐，不断确立新的、更高水平的发展目标的重要条件之一。

总之，教师是依附于学校而存在的，教师任教的学校是教师专业学习和自我发展的主要场所，是教师专业素质形成和发展的重要环境，也是教师专业成长和成熟的重要基地，教师的成长和发展是一个漫长而复杂的过程，受到宏观、中观和微观等多方面因素的影响。学校不但要培育学生成人成才，而且要扩展其基本职能，为教师提供良好的专业发展环境，培育优秀的教师，让教师拥有一份专业生活的创造激情和职业生命的尊严。

四、学校管理制度

学校管理是管理者以国家教育政策为指导，对学校系统内部人、财、物、事等进行计划、组织、协调和指挥、控制的过程。为了达到科学管理的目的，每所学校都会制定一系列的管理规章和制度，设置专门的组织机构，用以保证学校各项工作的顺利进行。但是，无论采取什么样的管理方式，学校的任何工作都离不开人的操作，所以“人的因素”是影响学校管理效果好坏的最重要的因素。怎样充分发挥人的效能，有效调动广大教师的积极性，是全面实现学校管理目标的关键所在。

从现实的情况来看，学校的管理制度大致可分为三类。

（一）独裁的管理制度

在思维和行事的方式上，独裁的管理者倾向于用简单的、非黑即白的方法去思考问题，无法容忍对事情和问题的多元化观点或多种解释，习惯于将复杂问题简单化，希望找到一种绝对的解决问题的办法。为凸显自己的权威和为个体的满足而行使权力，经常拒绝接纳，甚至排斥和打压与自己意见相左的人。

独裁的管理者很难获得教师发自内心的尊敬和支持。如果教师每天面对的是一位自己无法信任的上级，不能向学校的管理者表达自己的意愿和意见，他就会在日常工作中退缩不前、瞻前顾后，当然更不会为工作甘于奉献，付出忠诚、热情和努力，也无法激发其内在的职业发展动力。

（二）民主的管理制度

美国心理学家勒温的领导风格理论将领导者划分为专制型、民主型和放任型（表 4–1）。专制型领导者以工作效率和任务为中心，较少关注团队成员的感受，因此他们与团队之间的社会心理距离较大。这种领导方式可能会导致团队成员感到挫败和产生戒心。民主型领导者则更注重团队成员的需求，他们鼓励并协助团队成员完成工作，同时营造出平等的工作氛围。这种领导风格能够激发团队成员的工作积极性和责任心，从而提高工作效率。放任型领导者对工作和团队成员的需求关注不足，他们对团队的管理松散，不设立明确的规章制度和评估标准，这样可能会导致工作效率低下和团队之间的人际关系淡漠。

表4–1　勒温提出的领导风格类型

领导风格	专制型	民主型	放任型
权力分配	权力集中在领导者个人手中	权力在团体之中	权力分散在每个员工手中，采取无为而治的态度
决策方式	领导者独断专行，所有的决策都由领导者自己做出，不重视下属成员的意见	让团队参与决策，所有的方针、政策由集体讨论做出，领导者对员工加以指导、鼓励和协助	团队成员具有完全的决策自由，领导者几乎不参与
对待下属的方式	领导者介入具体的工作任务中，对员工在工作中的组合加以干预，不让下属知道工作的全过程和最终目标	员工可以自由选择与谁共同工作，任务的分工由员工的团队来决定。让下属员工了解整体的目标	为员工提供必要的信息和材料，回答员工提出的问题
影响力	领导者以权力、地位等因素强制性影响被领导者	领导者以自己的能力、个性等心理品质影响被领导者，被领导者愿意听从领导者的指挥和领导	领导者对被领导者缺乏影响力
对员工评价和反馈的方式	采取“个人化”的方式，根据个人的情感对员工的工作进行评价。采用惩罚性的反馈方式	根据客观事实对员工进行评价。将反馈作为对员工训练的机会	不对员工的工作进行评价和反馈

通常情况下，民主型领导者以及民主管理制度在提高工作质量和工作满意度方面可以起到更大的作用。

民主管理制度的支持者一般所依赖的人性假设是人不是生来就厌恶工作的，人是主动的，是具备创造力和想象力的，人的行为受动机的支配，最有效的动机是自我满足和实现。在适当的条件下，人就会努力地工作，自觉履行自身各项义务，自我确定目标以取得更好的工作成绩并获得奖励。以这种人性假设为基础，管理者应当采取引导的方法，充分调动员工的工作积极性，为他们发挥自己的创造力创造条件，这样不但可以顺利达到预期的组织目标，而且可以让员工获得自我满足感，实现个人价值。因为个体满足感必须从个人完成重要工作中获得，所以管理者在管理中要将注意力集中于确定一个值得努力的目标，致力于维护互相信任、互相尊重的氛围。

塞基欧万尼·托马斯和伦西斯·利克特等人基于这种人性假设，强调在学校管理中，教师应该参与学校管理决策，通过此类参与，让教师对自己的工作产生更强的责任心，获得自我提升的动机。管理者和教师之间要有友好的相互交往，学校管理过程中要做好信息的充分沟通，管理者与教师之间要有高度的信任。

民主管理制度能够充分考虑教师参与学校的管理和决策，为每位教师才能的充分发挥营造良好的环境，可以大大提升教师工作的满意度，不断激发教师自我提升的内在动机。

在一所实施民主管理制度的学校中，校长和教师之间应该相互信任、相互尊重，这种相互信任和尊重，会通过学校内部的规章制度、管理措施、人际关系等各方面体现出来。当一位教师感受到自己能够参与学校管理决策，感受到自己的意见得到组织的重视并被组织所采纳，感受到自己所在的学校有一套赏罚分明的激励机制，感受到自己在教学工作中拥有更多的自由和自主权时，他的职业倦怠感就会降低很多，内心深处努力进取的动力就会被彻底激发出来。

（三）权变的管理制度

1976年，美国尼勃拉斯加大学教授卢桑斯出版了《管理导论：一种权变学说》，系统介绍了权变管理理论，提出用权变理论可以统一各种管理理论的观点。

在权变理论看来，学校的管理者在管理过程中不但要考虑学校的需要，而且要关心教师个人的需要，并以此为基础，决定采取何种管理制度。实际上，要更好地实现组织的目标，必须适当地将学校和教师个人的需要结合起来。虽然学校拥有许多监督和控制教师的方法，如减薪、纪律处分、辞退、晋升、加薪等，可以将教师的需要并入学校的需要之中，但是要想强制性地将教师的需要同学校的需要真正结合起来则是不可能实现的。学校目标的实现，不但要靠组织的力量，而且要依靠每位教师的努力，关键是要依靠教师们的合作精神和凝聚力。所以，在实现学校目标的时候，必须考虑教师个人的需要和目标。

在大多数情况下，管理者的行为是否有效不但取决于管理者自身的管理方式，而且会受到被管理者和周边环境的影响。换言之，如果学校回报教师的工作仅仅出于一种维持的层次，是无法激发教师的工作热情的，也是无法满足教师更高层次的需要的。在学校管理制度制定的过程中，采用何种管理制度才能最有效地促进学校工作的顺利进行，不但与学校的管理者的个人特征及领导方式息息相关，还与学校组织内部的教师密不可分。所以，作为学校管理者，应当充分了解教师的需要状况，针对教师的需要和实际发展状况，采取最合理的管理方式和管理制度，充分调动每位教师的积极性，最大限度地发挥其聪明才智，为教师创造良好的成长环境，促使每一位普通教师都能通过专业提升，成为优秀的骨干教师。

五、学校共同体的氛围

德国社会学家腾尼斯在其《共同体与社会》一书中，提出了共同体的概念。滕尼斯使用“共同体”这一概念的目的，在于强调人与人之间的紧密关系、共同的精神意识、对团体的共同归属感和认同感。滕尼斯认为，从发生的角度来看，共同体可以分为血缘共同体、地域共同体和精神共同体等。他认为精神共同体是一种最高形式的共同体。

共同体作为一个生机勃勃的社会有机体，一般至少具有以下两个特征：

第一，共同体是一个温暖而舒适的场所，它就像一个能够遮风避雨的家。在共同体中，成员之间相互了解。成员之间即使偶尔会有争吵，争吵双方的目的也是使得共同体变得更加美好，成员之间从来都不希望对方遭遇厄运。

第二，在共同体中，成员可以互相依靠。如果有人跌倒了，其他人会帮助他重新站起来，而不是抛弃他。如果成员犯了错误，他会真诚地坦白并道歉，人们会满怀同情地原谅他。当成员面临困境的时候，其他人会伸出援助之手帮助他摆脱困境，并且不会寻求回报。对于学校内部的成员来说，学校就是一个共同体，在成员与成员之间，成员与学校之间都有着千丝万缕的联系。学校是社会大系统中的一个子系统，创造并维持着一定的环境，在这个子系统中，人们相互影响、相互作用，从而形成学校共同体的特定氛围，即学校氛围。

学校氛围是指在一所学校内部形成的，笼罩在学校整体环境中，体现学校所推崇的价值观念、传统习惯及行为方式的精神格调。学校氛围作为一种无形的心理和精神因素，虽然无法直接看得见、摸得着，但是学校内部的成员可以深切地感受到它的存在，它对于内部成员的思想境界、精神追求、态度和行为等，都能够产生重要的潜移默化的影响。对教师而言，学校氛围无疑是教师成长和发展的重要的外在影响力量。

良好的学校氛围一般具有以下特点：

第一，学校内部各个部门、各个岗位之间分工明确，部门之间、上下级之间、教师之间能够相互协调、相互支持、有效沟通，进而产生合力，达成组织目标。

第二，学校组织具有强大的凝聚力，每个成员都被组织所吸引，热爱组织并希望留在组织中，且拥有高昂的士气、高涨的热情，为实现学校组织目标而努力工作。

第三，学校能够有效利用人力资源，使所有学校成员都感到在工作中能够实现自我价值，能够得到成长和发展，组织成员都表现出幸福感和满足感。

第四，当外部环境发生变化时，学校组织具有自主适应能力，能够及时进行调整，制定新的目标，不断创新，持续发展，与外部要求保持协调一致。

学校氛围是学校内部长期形成的特性，是一所学校长期历史积淀的产物，也是学生成长和教师发展的重要生态环境。它无“形”而有“象”，弥漫于学校组织之中，像一只无形而有力的巨手，在暗中把持和操纵着学校的运行和发展。它可以被内部成员切身感受到，并对内部每一个成员的观念和行为产生重要的影响，达到对内部成员的同化和规范作用。这种氛围一经形成，就会保持相对的稳定，持续不断地对教师产生熏陶和感染作用，规范着教师的行为方式，影响着全体教师的精神状态和人格面貌，促使学校所有教师表现出某些共有的气质和风度等。

人的思想观念和行为方式可以从人与环境的相互作用这一角度进行解释，对人的观念和行为的研究，离不开对其发生的环境进行研究。这是因为人的思想观念和行为方式不但是由其个体特性引起的，而且受到个人周围环境的影响。例如，一位新任职的教师在进入一个完全陌生的学校时，他的思想观念和行为方式可能会与学校的要求存在很大的差异，但随着时间的推移，在学校氛围的感染下，他会逐步接受学校的价值取向和行为要求，表现出与学校氛围相一致的思想观念、行为方式和工作作风等。

良好的学校氛围是教师成长的肥沃土壤，是教师心理上和情感上的重要支持力量。学校中和谐的人际关系，民主、开放的学术氛围，规范、严谨的教风、学风，公平、公正的竞争机制和注重发展的评价机制等，既有利于学校工作的推进与革新，直接影响着学校的发展方向和速度，又能不断激励教师持续成长和发展，为教师提供富有挑战的工作机会，提高教师的向心力、凝聚力，减少教师的疏离感。毫无疑问，良好的学校氛围是促进教师专业发展的重要微观环境条件。

六、教师群体文化

教师群体文化是教师成长的土壤。对于教师而言，合作共享的教师群体文化是自身发展的有力助推器，它能在深层次上对教师的成长道路产生持续的重要影响。这种合作、共享的教师群体文化，基于教师之间的互信与支持。许多专家型教师或优秀教师集中的学校，就具备了这种合作、共享的教师群体文化。在这种合作、共享的教师群体文化中，经验丰富的专家型教师乐意把自己的教学专长奉献出来，供其他教师观摩和分享，同时年轻教师也能获得表达和展现自己的充足机会，教师之间能够充分地交流彼此的知识、信息、思想和经验，在思想、信念、态度等方面相互影响和促进，从而为每一名教师的专业发展和教学水平的提高创造有利的条件。

要建设合作共享的教师群体文化，离不开学校的有效支持。因此，学校应该为教师群体文化的健康发展提供物质的、精神的和制度上的保障，为教师一起学习、探究问题、共同认识和解决问题、开发新的课程资源等创造机会。值得强调的是，在创建合作、共享的教师群体文化过程中，学校还要注意避免采取自上而下的简单行政命令方式，不能强迫教师进行合作。

第五章　教学反思：教师专业发展的基石

第一节　教学反思：教师专业发展的诉求

教师的专业成长不仅在教育改革的核心议题中占有一席之地，也是教育工作者们热议的焦点。然而，因为对“教师”“教学”“专业”等专业术语的理解存在偏差，人们对于“教师专业发展”的定义给出了多种不同的解释，直到现在它的定义也没有得到明确和统一。随着人们对于教师专业性的理解越来越深入，教师专业发展的重点也开始发生转移，从以往集体被动的专业化转变为个体主动的专业化；从关注外部的发展转变为教师内在自我超越的发展。在本书中，教师专业发展被看作一个过程，而教师是这一过程中的主体，在教师的专业发展中，自身的专业知识、技能、意识、信念等都会得到不断提升。

一、教师专业发展的多元取向

通过讨论教师专业发展的范式，我们能明确地识别和分析出三种不同的教师专业发展取向，即理智取向、实践－反思取向以及生态取向。这些不同的发展方向反映了教师专业发展的各自独特的本质、内容和方法。

（一）理智取向的教师专业发展

霍姆斯小组与卡内基小组于 1986 年提出，教师专业水平的提升是保证教育质量的关键，其中明确教师专业知识基础是核心环节。他们强调理智取向的教师专业发展，倡导教师通过学习特定的“知识”，为其行动提供理智支撑，避免盲目、随意和完全依赖偶然的行为。[①] 特定的“知识”是教师在复杂的教学实践中的重要支撑。获取“知识”被视为教师专业发展的核心，而有效教学的关键在于教师对“教什么”的本质性知识和“如何教”的实践性知识的理解，这两类知识构成了教师专业知识的基础。[②] 在这种理念下，教师专业发展主要通过被动学习专业知识和接受教育理论而使教师的专业能力得到提升。

（二）实践－反思取向的教师专业发展

与理智取向所关注“什么样的知识对于教学是必要的”有所不同，实践－反思取向更加关注“教师实际知道些什么”以及“如何让教师知道他们知道些什么”[③]，实践－反思取向的教师发展首先重视“实践”的丰富内涵，其次强调在具体的教学过程中通过各种方式引发教师的“反思”，从而构建出与“理论知识”不同的实践性知识，包括教师在课堂情景中的知识以及相关知识。

基于这种理解，教师专业发展的内容应是优化教学实践和构建个人实践性知识，其本质在于“发现”教学实践以及背后的理论依据。而实现教师专业发展的方式是通过“内在超越”的自我觉醒来发展意识，并通过各种形式的反思来重新审视教学实践。

（三）生态取向的教师专业发展

从生态取向来看，教师的专业发展并不完全依赖自身，教师并不是独立形成教学策略及风格，而是通过和其他教师的合作与交流而构建出教师专业发展文化和模式。[④] 在合作与交流的过程中，教师之间可以互相分享价值观、信念、行为方式等。生态取向作为新型的脉络化的教师发展方式，更加注重

---

① 卡内基教育和经济论坛工作小组，霍姆斯小组．国家为培养 21 世纪的教师作准备 [R]. 北京：人民出版社，2003：920.

② 王建军．学校转型中的教师发展 [M]. 北京：教育科学出版社，2008：15.

③ 王建军．学校转型中的教师发展 [M]. 北京：教育科学出版社，2008：78.

④ 田亚妮．以教师文化促进教师专业发展的理论与实践研究 [D]. 西安：陕西师范大学，2006.

教师成长的环境以及教师的自我提升，认为教师的学习活动是交流协作的群体中共建构建知识框架、提升教学水平的过程。

基于这种理解，教师的学习是在一种脉络中构建的，专业发展的内容是与同事一起构建的“实践性知识”；从本质上讲，专业发展就是知识的共享，通过群体之间的相互学习、相互质疑、相互合作促使自身素质的提升，最终实现专业发展。

表 5–1 比较了不同取向下教师专业发展的内容、本质和方法。在实际的教学活动中，我们很难去判定何种发展模式是有价值或者是没有价值的，因为它们都在各个不同的方面为教师的专业发展起到良好的促进作用。

表5–1　多元取向下教师专业发展的内容、本质与途径①

三种取向	内　容	本　质	途　径
理智取向的教师专业发展	为了实践的知识	接收	外在控制的“培训”
实践 – 反思取向的教师专业发展	实践中的知识	实现	内在超越的“反思”
生态取向的教师专业发展	实践的知识	共享	教师合作

二、教师专业发展的途径：从外在控制到内在超越

基于教师在专业发展中拥有的决策权，可将发展路径分成两种类型，一是外部控制，二是内部超越。前者指的是教师以外的个体或者是机构对教师从角色和行为上的改进做出的规定或者期待，通过“传授”式的培训使教师获得专业知识与技能，对专业发展的内容及手段加以确定。后者则是指教师进行的自我理解与自我完善。发展的方向、内容、方法等都由教师来决定，通过多种反思的形式从实践中获得知识。专业发展路径不同，表现形式也不同，同时会以此为依据选择不同的学习内容和学习方法（表 5–2）。

① 高祥．促进教师专业发展的教学反思策略研究 [D]. 沈阳：沈阳师范大学，2023：12.

表5-2　教师专业发展途径："外在控制"和"内在超越"①

教师专业发展的途径	"外在控制"	"内在超越"
主要形式	1. 学术讲座、报告 2. 学历进修 3. 短期学科培训 4. 建立教师专业发展学校	1. 撰写教学后记、反思日记 2. 教育叙事 3. 课例研讨 4. 行动研究
学习方式	通过接受培训将理论应用于实践	通过不同形式的反思探究、交流研讨将理论与实践整合
学习内容	教师接受专家学者通过学术研究而发现的"为实践的知识"，并将其复制运用到自身的教学实践中。	在对教学实践的解读与批判中建构个人教育理论，发现"实践中的知识"

以往教师专业发展的途径主要是通过外在控制对教师进行专业培训，从而使教师掌握专业的知识与技能，这样理智取向的发展手段在近些年来受到了业界的广泛质疑，认为这种方式是将教学实践看作简单的技术生产，把教师当作技师来看待，却忽视了教师在学习和探究等环节中的主体作用。如今人们对于教师的专业性认识得到了扩宽，也就更加意识到实践性知识在教师的专业性发展中的重要性。就如同钟启泉所说的那样："多年来教师进修的内容大多停留在教育学、心理学基本原理的灌输，脱离了教师自身的教学实践的问题。教育界倡导'学者型教师'，这当然是不错的。但教育报刊的舆论不是去引导教师反思自身的教育实践，许多优秀教师却纷纷以树立某某教育理论为教育目标，这无异于'缘木求鱼'。"② 促进教师专业发展的途径也由外在客体式的统一控制转向内在主体式的自我超越。换句话说，在教师的专业化培训中，外在控制的方式将会慢慢减少，当然不会消亡，而教师由内在超越建构的实践性知识将会占据重要地位。

三、"实践－反思"取向：教师专业发展的新途径

当外部给予的专家知识无法有效解决实践问题时，教师就需要面对现实的复杂教学环境，寻求改进的途径。这一需求强调教师需要转变观念，不再

① 高祥．促进教师专业发展的教学反思策略研究[D]．沈阳：沈阳师范大学，2023.

② 钟启泉．教师"专业化"：理念、制度、课题[J]．教育研究，2001（12）：12-16.

过分侧重于掌握稳固的“专业基础”，而应更多地关注教师自身在其专业发展中的作用。采用“教学反思”作为基础来推动教师专业成长的“实践反思”取向的教师发展途径，满足了这一需求，并得到了教育界的广泛认可。

实践－反思取向强调的是教师作为“完整的人”的独立性，注重教师个人的生活与职业之间的联系，强调教师自身、实践以及专业知识在教学中的重要作用。仅仅依靠外部的技术性知识难以应对多变的教学实践。因此，教师只有通过对自身教学实践进行反思，才能明白教学实践中所遇问题的本质，从而对背后的理论依据进行探索，并赋予其更深刻的意义，这样才能确保教师在专业发展中获得更多的理性思维。教师专业发展的“实践－反思”取向基于“教学反思”，包含了很多批判性思维和构建性元素，这种专业发展具有探索性。教师主要通过多种自我反思的方式及集体反思的方式对自己或他人的教学进行分析与审视，从而获取经验，对自身的教学质量进行改进。

第二节　反思性教学对教师专业发展的促进作用

敢于挑战、打破和超越自我是反思性教学的核心精神。反思的价值在于它能建立教育理论与实际教学之间的连接，让教师将理论融入实践，并使教学理论转化为自觉的行动。社会的进步和知识的更新要求教师对自己的教学实践持有理性、谨慎和批判性的反思态度。在这个源源不断的反思、进步和超越的过程中，教师的专业知识、技能、信念和态度才能逐渐成熟，实现个人的专业成长。因此，反思性教学是推动教师专业发展的关键途径，它在教师专业成长中扮演着至关重要的角色。

一、反思性教学有利于提升教师的教育理念

在深入讨论反思性教学对教师教育观念的影响之前，要先了解教育观念包含的核心元素。教育观念是人们基于教育规律形成的教育理想，它为教师的教学实践和专业发展提供了科学的导向。现代教育观念主要包含“人本主义理念”“全面发展理念”“开放理念”“创新理念”“主体性理念”和“和谐理念”这六大元素。因此，讨论反思性教学对教师教育观念的影响，就是探

讨反思性教学如何提升教师对这些教育观念的认识和应用。

（一）教师对职业价值的反思有助于提升教师自身的创造理念

教师职业的内在价值和尊严通常被过度强调为与社会公众的外在赞扬等同，而忽视了教师个人的价值。然而，每个职业都包含个人的价值。创造性不仅是职业内在的需求，也是个体发展和获取尊严的内在驱动力。只有通过创造性的劳动，人们才能获得满足、成就感、尊严和快乐。因此，教师需要反思自己的职业价值，并审视个人的发展水平是否与工作带来的快乐和尊严需求相匹配。这要求教师重新审视自身的整体发展水平，而不仅仅关注专业发展。杜威曾说："就连一个艺术家，他的活动效率在很大程度上也要决定于他和其他许多职务的联系，艺术家要想取得成就也必须从生活中获取经验。"教育不仅仅限于教学活动，还包括个人生活经验的积累和理解。因此，教师需要关注自身创新教学观念的提升，不仅仅局限于教书匠的角色。

（二）教师对教学观的反思有助于教师形成以人为本的理念与主体理念

教学观体现了教师对教学活动的理解及基本的看法。教学目标回答的是为什么教的问题，为的是向人们传播知识，为的是推动学生全面、和谐、健康的发展，所以教学目标也可以被看作教学价值观。教学观主要包括教师、学生、内容（或主题）这三种基本元素。而这三种元素中，任意两种元素结合在一起就会形成三种教学关系，而对这三种关系的强调也就形成了不一样的教学观，如教师与学生的结合形成了互动教学观，学生与内容结合形成了实践教学观，教师和内容的结合形成了传递教学观。传统的教学观认为教学目标应该是向人类传递世世代代因人类智慧积累下的知识，注重培养学生的知识技能，在传统的教学活动中，一般认为教师应该占据主导地位，学生则应该被动地接受知识，进行不断地记忆与练习。然而，现代教学观会将个体看作主动的知识创造者以及意义的构建者。也就是说，教师要与时俱进，用新的、与新时代发展相适应的教学观取代传统的教学观。"新基础教育"研究由叶澜教授主导，该研究提出了课堂教学价值观的核心理念，即"从单一地传递现成知识转变为学生的主动健康发展”[①]，这也包括了对学生探索和创新能力的期待。因此，对新教学观的深入反思可以帮助教师形成以人为中心和主体性的教学理念。

（三）教师对师生关系的反思有助于教师形成和谐教育理念

反思教师与学生之间的相互关系对于培养和谐的教育理念具有积极意义。在教育教学过程中，师生之间形成的互动称为师生关系。在反思性教学中形成的师生关系有助于促进教师和学生之间和谐相处，并且对于传统师生关系存在的缺陷也具有一定的改进作用。教师的主要任务是为学生创造良好的学习条件，而学生的学习是否有效，会以是否实现了教学目标作为判断依据。新型的师生关系是在互相尊重、民主平等的基础上建立起来的，这样才能更好地促进教师和学生之间的交流与合作。教与学是不能分割的，教师和学生之间的互动是教师的教和学生的学相互作用的过程，二者共同组成了一个完成既定任务的整体。教师与学生本身都可作为一种教学资源，都具有各自的价值与吸引力。所以，教师与学生之间应该和谐相处，对双方的价值进行充分利用，推动教师内心的和谐的教育理念。

二、反思性教学有利于完善教师的专业知识结构

教师在具体的教学活动中获得的自身经验以及经过反思而获得的独特知识就是教师的专业知识，学科知识、教育理念、管理知识、学生的个性特点及应对方法等都包含在内。通过不断反思自己的知识系统，教师可以纠正理论误解和偏见，提高对复杂教育情境的洞察力，并完善实践知识。

教学目标的关键在于理解学科的基本结构，同时制定教学目标需要参考课程标准和教材，考虑学生已有知识、技能、认知能力及情感态度的适应性。为了应对关于教学目标的问题，教师需要掌握熟练的学科知识和专业技能，同时要充分了解学生的身心发展特点。对于教学工具的选择，教师要与教学内容和目标相结合，从而做出正确的选择。反思性教学是教师在行动研究中探究和解决教学目标等问题的实践活动。从微观上讲，反思性教学能够提升

① 叶澜．重建课堂教学价值观[J]．教育研究，2002（5）：23-27．

教师对教学目标、教学技能和策略等方面的意识，从而不断丰富专业知识、跨学科知识和教育心理学知识，提高专业素养和科学素养。以人为本和全面发展的和谐教育理念要求教师具备科学课程观、教学观和师生观的知识。通过更高层次的反思，即对自身素养和教育理念的反思，教师应树立正确的课程观、教学观以及师生观。

反思课堂教学的关键部分之一是审视教师和学生之间的交互行为。这些交互内容极其丰富，如考虑课堂提问是否能够激发学生的主动学习，以及教师是否能够依据学生的反馈调整教学方法。另外，评估教师是否能够有效地让学生主导解决问题的过程，以及学生是否具备把握主动权的意识和能力也同样重要。教师还需要反思的教学动作、授课语言和板书设计是否与课堂需求相符，以及教学目标和作业布置是否考虑到学生的差异性。因此，教师对课堂行为的深入反思对于深化教学专业知识、积累学生特性相关知识、提升课堂管理知识以及加强整体教学理念的理解起着至关重要的作用。

三、反思性教学有利于提高教师的专业能力

社会任何一项实践活动都会因人类需求的转变而改变。教育活动也是一样。在教育活动中，人与人之间的关系则是最为本质的关系。那么，怎么才能使教学活动更好地满足学生日益转变的需求？怎么才能将课本上的知识变为实践技能促使学生更好地接受？这都是需要人们重视并急于解决的问题。而要想解决这些问题，教师就必须在具体的教学实践中进行长时间的探索与反思，并不断改进自己的教学水平。现代教育的重要目标就是培养更多全面发展的能够满足社会发展需求的高素质人才，他们不仅要具备应用基本学习工具的能力，还要具备基本的知识技能。知识、技能和素质在人才的整体构建中相互影响、统一并和谐发展。知识是技能的基础，而知识和技能又是素质提升的基石。整体素质的提高反过来又能促进知识的掌握以及技能的发展。现代教育注重学生实践技能的培养，致力于知识教育向创新教育转变。所以，在现代教育中，教师对知识向技能转变的探索对于自身技能的提升具有重要意义。

教师要具备研究和整合教材以及对书本知识进行转化的能力。在感知教材的阶段，以提升学生阅读、观察以及想象的能力作为主要的培养目标；在

理解教材阶段，将培养学生的思考能力作为重要目标；在巩固教材阶段，注重对学生记忆力的培养；在应用知识阶段，注重对学生运用知识以及解决问题的能力的培养。也就是说，在不同的阶段，教师要对适宜策略的能力做出合理的选择。此外，新的教育理念要求教师摒弃传统的师生对立、依赖关系，构建平等、民主、和谐的师生交往模式，共同创造开发课程。这种师生关系强调通过合作探究来促进书本知识向实践知识的转变，从而为学生更好地吸收知识创造好的环境。显然，教师对自身知识素养、师生关系、教育理念等方面的反思在提升教师自身的知识转换能力、语言组织能力和合作探究能力上发挥了重要作用。

课堂组织能力是教师的综合素质与教学技巧的整体表现，它直接影响到教学成效。在特定的课堂环境中，因为需求的差异，不同的学生会对课堂和教师产生不同的期待。因此，教师需要根据教学规律和学生的身心发展特性，设定不同层次的教学目标，巧妙运用各种教学手段，并合理安排教学内容，以创造适宜的教学情境。这表明课堂组织能力与教学能力是不同的，课堂组织能力是教师在教育理念、学科知识、教学水平等多方面的综合体现，和反思性教学的要求是类似的。教师对教育思想、理念以及教学过程的反思都是提升教师组织能力的重要途径。

反思需要教师具有反思能力和教育智慧。教育智慧这一高级素养需要教师能够敏感地感知并准确判断新的教育信息，能够准确掌握教育教学的实际情况，并在必要时果断做出选择。在面对矛盾和冲突时，教师需要保持冷静，并能够转化教育矛盾和冲突。教育智慧还要求教师擅长对自己的教育行为加以调整，从而促使学生以积极的态度参与学习活动，享受美好的校园生活，并乐于和教师进行心灵上的交谈。可见，反思性教学能力的提升能够有效促进教师的专业发展。

四、反思性教学有利于提升教师的专业情意

所谓教师的专业情意，就是教师对教育教学实践产生的情感及意愿，也可以被理解为教师在教学中产生的情感与意志力。教师专业情意的完整性主要依赖教师专业成长的成熟度。教师工作的热情和情绪状态是其专业情意最明显的两个特征，这体现了教师有更高职业境界的追求。教师专业情意主要

包括三方面内容，即专业理念、专业自我以及专业情操。专业理念就是以教育观念为基础而产生的对教育本质及价值的信念；专业情操主要是教师对自身职业的责任感以及对这份职业的使命感；专业自我则是教师在教学中总结出的独有的教育理念、方式方法和自身的职业规划和认识。教师专业成长的过程不只是知识与技能的增长，也是追求人格性、文化性以及个性化的过程。教师专业发展就是要让教师在科学教育观念的指引下不断学习，不断丰富自我，完善专业情意，使自身的专业发展更加成熟。所以，教师专业情意的提升对于教师的专业发展具有重要意义。

反思性教学依赖于反思主体以逻辑的分析和批评的立场对自身积累的教学经验和技巧进行思索。这需要教师从技术角度对自己的教学有效性进行质疑或评估，同时也要重视对具体教学实践内容的反思，涵盖教学目标、教学内容、教学过程、教学策略和方式、教学评估、教学行为、教学态度以及学生和他们的认知特性等方面。其中，在对教学过程的反思中，教师需要针对预备反思、对课堂师生互动行为的反思、对课堂教学情绪的反思以及对课堂反馈和评价的反思做好准备。在具体教学情境中，全面反思自己的教学行为能够帮助教师形成符合自己兴趣、能力和个性的独特教育教学方式。课堂情境中各种技能和技术的有效性、教学目标的适应性、教学策略的使用合理性、支持技能、技术和策略的原则以及课程实施结果的反思，以及专业技能和教学技能的反思与教学行为合理性的反思等，都会在一定程度上促使教师对自己的知识体系、教学策略、教育方式以及支撑它们的教育理论和教育观念进行理性思考。同时，通过行动研究、专家引导、学生反馈、案例研究和教育叙事等方式，教师可以逐步形成符合自身兴趣、与自身能力匹配、与学生发展相适应、具有独特教学智慧和个性化的教育哲学观念和教学模式的教学风格。

综上所述，反思性教学在提升教师的专业理念、丰富教师的专业情操以及完善教师的专业自我方面发挥着至关重要的作用。

第三节　教师专业发展教学反思实践策略

教学反思并不是简单地依靠个体自身的反省，而是在校方、个人以及集体的互动下形成的。本书从自我塑造的“内部策略”、实践操作的“实施策略”以及场域支持的“外在策略”这三个方面提出推动教师专业发展的反思策略。反思策略的方向不同，在推动教师专业发展中产生的效用也不同，而这三种策略结合起来可以更好地推动教师的专业成长。

一、“自我塑造”的内在策略

（一）增强反思意识

一般情况下，教师的反思能力越强，他们的教学素质也越高。孔子是我国古代有名的教育家，他曾提出“吾日三省吾身”的看法，这恰恰是反思理念的体现，而这种反思的精神正是现代教师应该具备的。教学反思对于教师素质的提升具有重要作用，教师只有对教学反思有一个正确的理解，才可以从内心真正认可和接受反思思想，然后将这种带有批判性的无意识的思维活动转变成有意识的活动而付诸实践。

具有强烈反思意识的教师总是将自己的工作视为一个不断改进的领域，他们会主动将看似正常的情况进行深入分析和解读，然后发现其中的问题，并带着问题去反思自己的教学行为，想尽办法去解决问题，这一过程会促使教师对教学实践进行更加深入的理解。经过长时间的反思实践以后，教师就会逐渐培养出反思意识，从而增强反思的主动性。另外，为了进一步提升教师的反思意识，还可以从社会、政治、文化等多元化的角度进行教学实践。

（二）提高反思能力

对于教师来说，教学反思的能力是实现有效反思行为的关键要素。要让这个过程产生成效，教师需要在两个方面进行努力。首先，教师需要具备强烈的内在成长意识，他们必须有自我提升和发展的欲望，这是推动他们进步的内在动力。其次，这种成长意识还需要得到外部环境的支持和鼓励，才能真正地发挥作用。只有这两者都存在，教师的反思才能最终取得实质性的效果。在教师自我提升的过程中，理论知识的掌握是非常重要的一环。系统的理论学习可以帮助教师培养科学的反思思维，这是提升反思能力的基础。知识不仅是教师的工具，更是教师的武器。只有对教育理论有深入的理解，教师才能有足够的能力和智慧去应对教学中的各种问题。除此之外，教师在实际教学过程中发现问题和解决问题的经历也极为重要。通过实践中的反复锤炼，教师可以逐步构建个人的教育理论，并积累宝贵的教学经验。这种从实践中获取的经验对于提升教学反思的能力具有极大的帮助。实践是检验理论的唯一标准，也是教师提升自己的重要途径。当教师把自己置于“研究者”的角色，积极开发课程和分析教学情境时，他们的反思能力也将得到进一步的提高。

二、“实践操作”的载体策略

教学反思是一种思维活动，通过发现、描述、诠释和分析问题以及解决问题的过程来展开。作为反思者的实践操作，它需要具体的策略来引导和支持。教学反思的策略多种多样，如集体教研、系统的行动研究等。然而，不管采取何种策略，教学反思的核心都不能离开教师的教学实践。教学反思要植根于教师真实的教学活动中去，并且要让教学反思成为教师教学生活中不可或缺的一部分。

（一）以“写作”为载体的内省式自我反思

教师的内省式自我反思是一种独立的思考方式，也就是说，教师在进行教学反思时，不管是发现问题、分析问题还是解决问题，主要是依靠自己去完成。这样的反思方式可以使教师对教学实践的理解脱离感情层面，逐渐转向理性层面，同时将无意识的思维活动转变成有意识的思考过程。这样的反思包括教师对自己教学的反思、对他人教学的反思以及对教学行为背后理论来源的反思。教师可以以文字的形式将自己的反思记录下来，表达自己对教学实践的想法和感受，如反思日志、教育博客等，把自我反思行为外化，这不失为提高反思能力的有效方法。这种外化的方式可以使教学实践重现，有利于教师对教学理论展开批判性的思考，从而对教学行为加以改进。

1.反思日记

教师常用的一种教学反思方式是教学反思日记，也被称为教育日志。教学反思日记主要记录的内容是教师的教学实践、日常的教学行为以及在教学活动中的想法及领悟。记录教学反思日记是教师进行自我反思的重要手段，也是展现教学反思成果的重要方法。这种方法可以有效促进教师直接实现自我监控和自我反思。实际上，反思日志是把内省思维活动进行外化的体现。教师在教学活动结束以后及时记录反思日志，能够促使教师再次进入教学实践的情景中，然后更加深入地反思自己的行为并加以改进，在此过程中，教师的反思能力也会得到很大提升。这种方式使得教师能够实时记录并审视自己的教学实践，不断进行反思和探究。

就内容来说，反思日记涉及教育教学活动的多个方面，不仅内容丰富，在思想上也具有一定的深度。它涵盖了对学生掌握知识的情况分析、对学生在课堂上表现的评价、对新课程理念的看法等。就形式来说，反思日记常见的形式主要有三种。一是描述性日记，这通常作为教师反思的一手资料，是教师对教学行为进行的具体描述。二是解释性日记，常常围绕着某个主题展开，是教师对具体问题的剖析，有利于教师对问题背后的个人实践行为进行反思。三是评价性日记，主要记录的是教学行为给自己带来的感悟，这样的反思有助于教师从教育观念上发生积极的转变。教师如果能够积极记录和分析自己的反思日志，将会使自身的反思意识与能力得到很大提升。同时，对反思日记进行分析还有助于教师更好地了解自己的思考过程，进而加深对教育教学工作的认识，并不断提升教育教学水平和质量。

2.教育博客

博客作为一种新兴的个性化、共享化和数字化的网络工具，为人们提供了自由表达和平等参与的平台。在教育领域中，教师博客是博客的一种应用方式，它类似于教师的个人日记本，为教师提供了自由表达思想和深入交流的机会。教师可以根据个人需求设置个人专题或进行个性化分类，同时发表和教育有关的帖子或者文章。这些发表的内容都是可以共享的，读者可以对文章进行评论，从而实现知识的互动性。教师通过写博客的方式对自己在教学中的体会与想法进行整理记录，并对相关的案例进行分析、总结和评价。这不仅可以使教师的反思意识得到提升，还能促使教师将潜藏的知识外化于实践中去。另外，博客网络的建立为教师搭建了自由的互动平台，可以方便教师进行交流和分享知识、经验。这种平台的存在促进了教师之间的互动和合作，为教育界搭建了一个开放的、共享的学习空间。

“叙事，是一种人类在时间中认识世界、社会和个人的基本方式。”[①] 在教育领域中，教育叙事就是教师以“讲故事”的形式，回顾自己曾经亲身经历并留下深刻印象的生动的“教育事件”。通过叙述这些事件，教师能够重新呈现过去的教育活动，使那些在记忆中模糊的印象变得清晰，与他人分享个人的教育经验，并使教育事件成为教育活动中最有价值的存在。

（二）以“校本教研”为载体的交流式集体反思

教师的内省式自我反思存在一定的局限性，教师自身不管是在思维方式还是在认知水平上都不会是完美的，因此仅仅通过自我反思可能并不能取得好的反思效果。教师有时候甚至还会陷入自己的意图框架中而难以自拔。所以，教学反思不应该只是教师自我内省的过程，还应该与他人合作，通过集体研讨的方式进行。教师之间通过互相交流、互相指出问题而形成多元的教研共同体，以免因独立反思思维局限性影响最终的反思效果，要让教师的教学反思由单向的自我表达转变为双向的对话。校本教研是将教学实践、教学研究、交流讨论和在职培训有机结合的一种“研讨一体化”的教师交流和研究机制。它具有实效性强、针对性强的特点，可以将具体的教学活动中遇到的问题作为出发点，然后有目的、有计划地组织本校教师进行培训并开展研讨会。

1. 课例研讨

课例研讨是一种交流活动，通过观摩、评课和议课的方式来研究教学中普遍面临的问题。课例研讨可以是观摩优质课，也可以是听课、发表看法和给出评价，还可以“同课异构”。不管通过什么方式，都会暴露出教师共同面临的教学问题，并激发更多教师积极分享、探讨、批判与课堂教学相关的问题。

例如，采用“一二三”课例研讨模式，即“一个主题，两次上课，三次反思”。这里的“一个主题”就是说要围绕一个问题；“两次上课”则是在课

① 王丹．教师发展：从自在走向自为[M]．桂林：广西师范大学出版社，2007：31.

堂上进行两次教学；"三次反思"即课前反思以及第一次和第二次上课后进行的集体反思。在该模式下，整个教学活动中都贯穿教学反思，包括前瞻性的反思与追溯性的反思。这种模式不仅对教师以往教学中缺乏交流、仅依赖教材与教参进行的技术性的反思状况进行了改善，还将更多的注意力放在了学生特点、学生个人需求上。教师围绕教学目标、教学内容、教学方法等教学实践中的共性问题和难点问题展开交流与讨论，通过解决教学问题和分享教学经验来提升自身的教学实践水平。这样共同创造了一个研究反思、互相学习和共同提高的平台，实现了理论、知识和实践的整合，丰富了教师实践智慧。

2.专题研讨

专题研讨是一种针对学校管理或教育教学的特定主题或真实案例，以教师群体为基础，进行系统研究和讨论的活动，旨在对教学实践加以改进，对问题进行理性认识，并积极找寻解决问题的方法。专题研讨有助于将理论与实践进行有机结合，专题研讨的有效性体现在它结合了问题导向和对话导向，是一种新型的进行学习和交流的方式，通过研究问题来解决问题。在与同事讨论问题、解决问题和分享经验的过程中，教师实现了公共理论与个人理论的对话，丰富了个人实践理论。例如，可以组织围绕新课程改革提出的基本理念展开的"课改论坛"，或者是围绕教学实践中普遍遇到的共性问题或难题展开的"教学沙龙"。

（三）以"教学"为载体的学习式行动研究

行动研究主张让教师以研究者的身份参与教学实践，对具体的教育情境进行诊治，基于理论知识及教学研究开展教学实践，挖掘教学实践中存在的问题，从而对教学实践进行改进，实现教育理念向教育行为的转化。教师要实现专业发展，就要对自身的教学实践及其背后的理论进行思考、检验和探究，在教学中研究，在研究中教学。通过研究，教师把先进的理念变成教学行为，实现科研与教研的有效结合，从而改善教学，提高质量，同时提升教师的反思能力。大量案例证明，行动研究可以使"经验型""技术型"教师较快地成长为"专家型""反思型"教师。

教师行动研究并非孤立的研究手段，而是融合教学、实践反思和研究的一种综合方式，其核心是帮助教师掌握教学技能。它深入教师的教学实践的每一个角落，包括教师自身对教学实践和公共理论的“解析”和“重塑”，以及与同事、教研员、专家学者合作进行校本课程开发、课题研究、课例讨论。随着我国基础教育课程改革的推行，新的理念挑战了旧的课程和教学传统，教师被赋予了多种角色，如课程创建者、反思实践者、教学研究者等。各个高校都基于新课改中暴露的问题展开了行动研究。课题组成员基于课改的理念及要求进行了教学活动的设计，然后进行研究性教学，参与研究的教育工作者都基于课题研究以及新课程理念的精神投身研究。在获得研究结果后，要对成功的经验加以总结，同时寻找失败的原因。教师要从中不断总结经验，虚心听取专家的指导意见，这样不但可以提升自身的教学水平，还有助于提升科研能力。通过行动研究，教师获得了掌握科学研究的方法，培养了参与科学研究的态度，这些都十分有助于推动教师的专业发展。

三、“场域支持”的外部策略

外部策略的“场域支持”主要涉及学校通过构建与反思相关的制度并营造反思的文化环境，改善学校环境中影响教师反思的各种因素，创造更有利于教师反思的支持环境。这样可以帮助教师持续提升和完善自我塑造的“内在策略”，并更有效地实施实践操作的“载体策略”，使教师回归到“不断反思，处处体现反思”的真实生活状态。

（一）建立健全的教学反思相关制度

如果没有相关制度进行外部约束，教师的反思就只能停留在表面，而不能真正去解决问题。所以，教学反思制度的建立与完善能够有效规范教师的行为，促使外部规范向内部行为准则去转变，使教师真正将反思作为自己职业生活的重要组成部分。

1. 确立专家引领制度

“专家引领”主要指的是学校邀请学术专家参与教研活动，为教师提供一个学习交流的平台。这种方式的核心是理论和经验对实践的指导，以及理论、经验和实践之间的对话和关系的重塑。教师可以通过与专家平等、互动的对话，在听课、评课以及交流中及时解决自身专业发展中的迷惑和问题。自我反思需要理论导师的指引。所以，学校要定期邀请学术专家开展讲座，邀请优秀的教师团队一起进行教学研讨，通过和专家进行平等的学习与互动，帮助教师明确教学研究和反思的方向，从而实现教师和专家之间的双向信息交流和共振，进一步深化和提升教师的发展。

2. 教学反思评价制度

教师教学行为的变革要在科学、公正的评估的基础上进行。在日常的教学评价中增添教学反思评价不仅有助于营造良好的勇于反思的环境，还能促使教师更加积极地做好自己的本职工作。通过评价制度让教师对自己的教学活动进行反思，并建立完善的奖惩机制来加强制度的执行力度，就可以进一步提升教师的反思动力。例如，在评优、评奖环节中，对于那些敢于指出自身或他人在教学活动中做得不够好的教师，在其他条件相同的情况下，应予以鼓励，并优先考虑评优；在对教师的素质进行评估时，要将反思意识以及反思能力当成重要的评估要素；整个学期和学年结束以后，教师要向上级提交反思日志，它将作为评价教师的依据之一。

（二）营造良好的反思氛围

学校氛围是学校内部塑造出的心理环境，它对学生的道德观、价值观、信仰、行为都会产生很大的影响，这是一种无形的、看不见的观念和精神力量，能够深入地影响教师的发展和成长。要促进教师的专业发展，把培养教师的反思行为作为重点之一，让教师意识到教学反思的重要性，提升教师的反思品质。在教师的成长过程中，需要有导师和合作者的存在，以形成一个有助于反思和促进反思的环境。

教学反思是教师个人能力和学校环境支持的复杂交互过程。教师的反思意愿、反思能力，以及学校对教师反思的支持都对反思效果产生重要影响。因此，教师不仅需要强化自我反思意识和能力，还要在实践中掌握并应用具体的反思方法。同时，学校也需建立更为有利于教师反思的环境支持，以推动教师内在反思策略的持续进步和完善，以及实践操作策略的更有效执行。从图 5-1 的“立体三角形图”中看出，*A* 点代表教师加强反思意识和能力的“自我塑造”内在策略，*B* 点代表以自我反思、集体反思和行动研究为主的“实践操作”的载体策略，*C* 点代表以建立反思制度和营造反思氛围为主的“场域支持”的外部策略，D 点代表这三大策略的整合，O 点代表教师专业发展，线段 OD 垂直于底面 ABC，展示教学反思的三大策略是相互关联、相互推动的，共同促进教师的专业发展。

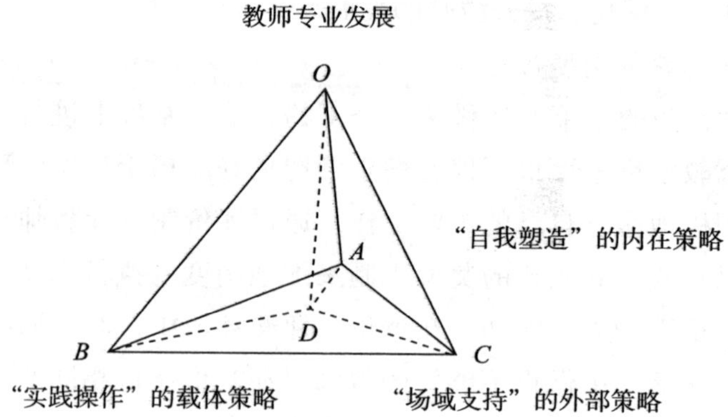

图 5-1　教学反思策略的“立体三角形图”[①]

① 高祥. 促进教师专业发展的教学反思策略研究 [D]. 沈阳：沈阳师范大学，2023.

第六章　同伴互助：教师专业发展的保障

第一节　教师同伴互助概述

一、教师同伴互助的内涵及内容

（一）教师同伴互助的内涵

刘珍珍认为，教师同伴互助是两位或多位教师间通过不同的方式，相互教导和支持，改进教学实践，促进自身专业发展的教学研究活动。同伴互助强调的是教师间的相互教导、相互切磋和相互支持，在此过程中教师和同伴都得到进一步的发展和成长。① 陈黎认为，教师同伴互助过程中不涉及价值判断，最终目的是促进教师的专业发展。②

以上学者的看法虽然不同，却有共性，综合上述观点，“教师同伴互助”的内涵主要体现在以下几点。

1. 同伴互助以实践中的教师为主体

在教师培训结束后加入同伴之间的相互指导有助于教师将在培训中习得的知识、技能运用在课堂教学中，对改善教师培训的质量有明显成效。这表明教师同伴互助是有效的教师专业发展策略。从形式上看，教师同伴互助是教师结对或组成互助小组，彼此支持，共同成长；从形成方式上看，互助小

① 刘珍珍．教师同伴互助的有效性研究[D].武汉：华中师范大学，2014.

② 陈黎．教师同伴指导：理论与技术[D].上海：华东师范大学，2003.

组可以由学校牵头组织，也可以由教师自发组成。同伴互助的参与主体是教师，自愿性是其最重要的原则。学校不应对教师是否参与同伴互助做硬性规定，强制教师参加往往会使合作活动流于形式。

2. 同伴互助是一种平等式的教师合作

同伴互助实质是教师之间的合作，在这种合作中强调参与各方的平等地位与指导的双向性。强调参与各方的地位平等，其含义并不是职称、教龄、职位、资历等的一致，而是同伴之间的一种开放心态，指双方在心理上的平等。只有在这种心理平等的基础上，教师在互助活动中才能享有同等的话语权，从而敞开心扉、坦诚交流，为彼此提供诚恳的建议。指导的双向性体现在两个方面：一方面是指在教师同伴互助活动中，参与者不能只是索取与接收他人的帮助，更要学会分享，主动贡献个人智慧，为同伴提供支持；另一方面，在互助活动中，获益的并不仅是被指导者，指导者更会因具有帮助他人的能力而更加自信。

3. 同伴互助以研究为基础

任何一项教育改革的落实都离不开一线教师，在新课改的背景下，教学研究的重心下移，教师的角色面临转变，教师不再是“教师匠”，更是教育教学的研究者。教师在落实新课改的过程中会遇到许多问题，这些问题不能只依靠大学教师与学生、教研员来发现解决，一线教师更要有问题意识与探索精神，要主动发现问题并尝试解决。教师同伴互助的价值就在于促使教师共同研究解决自身在教育实践中遇到的问题，从而改进教学策略、提高教学效果。

在教师同伴互助中，合作方式是多种多样的，有听课评课、读书交流会和校本课程开发等，不论是哪种形式，在活动中都要有明确的目标，遵循一定的程序，基于教师个体的研究和合作探究，否则这种合作会带有随意性和盲目性，将会使教师同伴互助活动流于形式。

4. 同伴互助的目标指向教师专业发展

教师同伴互助的形式有很多，但不管是哪一种形式，其出发点和落脚点都是促进教师专业发展。教师同伴互助的价值诉求在于通过同伴之间的协作，发现教学中存在的问题，针对问题提出改进措施，改善教师的教学，或者借之发现教师的优势和不足，进一步明确未来的发展方向。为使教师能在同伴互助活动中能够坦诚相待、有效对话，应为教师提供一种安全的环境。首先，为使教师能在相互信任的基础上合作，应该让教师自己选择合作伙伴；其次，教师同伴互助不能与人事决策相联系，只涉及对教师专业活动的判断，主要发挥诊断、激励和导向的功能，目的指向教师的专业发展。

（二）教师同伴互助的内容

教师同伴互助旨在促进教师专业发展，教师专业发展的过程就是教师专业发展结构不断完善的过程。了解教师专业发展的结构以及不同发展阶段的教师求，对明确教师同伴互助的内容、有针对性地开展教师同伴互助活动具有重要意义。

1.教师专业发展结构

本书将教师的专业理念、专业知识和专业能力作为教师专业发展的结构框架。

（1）专业理念。专业理念是教师关于教育的信念和观念，教师可以在长期的教学实践中总结出来，也可以通过接受培训和学习教育理论而形成。可能教师说不清楚自己所拥有的教育理念，但它确实存在于教师的观念之中，并影响着教师的教学实践。由于教师的工作经历、知识背景不同，所拥有的专业理念也是存在差异的。先进的教育理念可以指导教师更好地开展教学工作，坚定的教育信念可增强教师的职业认同感，激发教师专业发展的动机。

（2）专业知识。教师的知识结构具有复杂性，拥有丰富的知识有助于教师胜任教学工作。学科方面的知识和教育理论知识是教师有效教学的基础，丰富的通识性知识可使教师的课堂教学更精彩。教师还需了解人际关系知识，包括与学生、家长、同事的交往等。因此，学科知识、教育知识、通识性知识和人际关系知识都应是教师同伴互助的内容。教育知识涉及面广，主要包括教育学、心理学、教育心理学、教育政策法规解读、新课程改革、教师职业道德和教育教学技能等几个方面。

（3）专业能力。专业能力是教师的立身之本。教师应具有基本能力、职业能力、自我完善能力和自学能力。其中，基本能力包括语言表达能力、审美能力和智慧能力；职业能力包括教育教学的能力、班级管理能力和处理突发事件的能力。

从实践层面来看，教师的主要任务是教学，要想有效开展教学就必须掌握一定的教学技能。教学技能主要包括五类：教学设计技能、使用教学媒体技能、课堂教学技能、组织和指导课外活动技能和教学研究技能。其中，课堂教学技能又包括九项基本技能，即导入技能、板书板画技能、演示技能、讲解技能、提问技能、反馈和强化技能、结束技能、组织教学技能、变化技能。教师可围绕这些技能的习得、熟练来开展教师同伴互助活动。

2. 不同发展阶段教师的发展需求

不同发展阶段的教师，其发展需求是不一致的。例如，对于新教师来说，他们更渴望快速掌握教学技能，从而有效控制课堂；有多年工作经验的教师则希望多参与现代教育技术方面的学习。要想有效开展教师同伴互助活动，就必须了解不同发展阶段的教师的需求特征。

钟祖荣、张莉娜以教师的素质和工作绩效为指标，将教师专业成长分为四个阶段，即准备期、适应期、发展期和创造期，每个阶段结束后，教师可分别称为新手教师、合格教师、骨干教师和专家教师。[①] 本书以这四种称号为节点来划分教师专业发展的阶段，并以教龄为依据对各阶段进行了框定，但教师的专业发展不仅仅是时间的积累，更与教师自身的学习力有关，每位教师从一个阶段跨入下一个阶段所用的时间是不一样的。因此，教龄只是了解教师的一个参考标准，更要关注各发展阶段教师的特征及其需求，如表6–1所示。

① 钟祖荣，张莉娜．教师专业发展阶段的调查研究及其对职后教师教育的启示[J]. 教师教育研究，2012(6)：7.

表6-1　各发展阶段教师的特征及发展需求①

发展阶段	教师特征及发展需求
新手教师（0～5年）	新手教师处于适应期，极具教学热情，但对教材和学生还不够了解，在课堂教学、班级管理方面压力很大，迫切需要获得行之有效的教学技能，特别渴望得到同事的支持与帮助
合格教师（5～10年）	这一时期的教师已基本了解学生，能适应并熟练地驾驭课堂教学，进行有效的班级管理，但还无法与优秀教师相比，熟练运用教材和掌握行之有效的教学技能仍是他们所需要的
骨干教师（10～15年）	骨干教师已逐步形成自己独特的教学风格和教育教学模式，对教育工作产生了较强的使命感与较高的专业发展要求。但也可能进入教师专业发展的"高原期"，职业热情消退
专家教师（15年以上）	专家型教师对教学有自己独到的见解，通过反思和各种努力，进入探索和创新的时期，开始自觉运用教学艺术，多扮演研究者和改革者的角色，不断更新与推广自己的教学思想和教学体系

应该根据不同发展阶段的教师需求选择不同的教师同伴互助内容。对新手教师和合格教师来说，教师同伴互助的内容应该以了解学生、分析教材、班级管理和教学技能的习得为主，帮助他们尽快适应教师角色。骨干教师即使处于发展和成熟阶段，也可能面临停滞与退缩风险，因此一方面要传达对骨干教师的高期望，另一方面要为骨干教师提供多方面的支持，帮助其突破"发展瓶颈"，将骨干教师引到教育研究的道路上来。专家型教师需要经验体系的建构和个人风格的形成，因此一方面要重点培养专家型教师的问题意识、反思能力和研究能力，另一方面要为专家型教师搭建展现的平台。同时，要发挥专家型的教师的传、帮、带作用，使他们帮助年轻教师稳步成长。

二、教师同伴互助的模式及实施

（一）课例引导模式

教学是教师的主要工作，上课是教师的常态。"集体备课—听课—评课"这一模式把研究课标、研究教材、研究学生、研究教法、学法、相互观摩教

① 常平芳.基于教师专业发展的教师同伴互助研究[D].太原：山西大学，2023.

学、反思研讨有机结合在一起，是提高教师整体素质、提高课堂教学效率的有效途径。同时，因其操作性、直观性、可借鉴性强，深受广大小学教师的欢迎。

1. 集体备课

集体备课将教师的个体创造性置于群体之中，变静止封闭为互动交流，通过集思广益、扬长避短、信息共享等帮助教师达到共同提高的目的，是一条事半功倍地提高教师理论水平、教学水平、科研水平的合作路径。集体备课一般采用“个人初备→集体研讨→修正个案”的方式，首先由教师个人自主进行某课时的教学设计，然后以说课的形式在备课组内汇报，接下来教师在个人备课的基础上就教学目标、重难点、教学内容、教学过程、教学方式、练习题等内容进行讨论，各抒己见，集思广益，达成比较一致的意见，形成更完善的教学设计。最后，各教师在这一教学设计的基础上，结合本班学情及个人教学风格，形成一份优秀的教学设计。

集体备课之后，由一人或多人授课，备课组的成员要进行跟踪听课，课后进行交流，对教师的教学进行反馈，肯定授课教师的优点，委婉地指出教学中存在的不足，并提出相应的改进建议。然后，授课教师再次修改教案，二次授课。听课是一项授课者与听课者双方受益的活动，授课者能有机会改进教学方式，提高教学质量，优化课堂管理，对听课者来说，既可以汲取众人之长为己所用，提高业务能力，又可以发现他人的不足之处，以便在教学中有效避免。这一过程使每个教师都获得了单独研究所得不到的东西，教师之间在互补共生中成长，在合作互动中发展。

2. 听评课

从课例类型来看，听评课的方式有一人同课多轮、多人同课循环、多人同课异构和多人异课异构。一人同课多轮指同一位教师围绕同一课题，用不同的教学设计连续上两次或多次研究课，进行比较研究。一人同课多轮可以较为清晰地观察到教师课堂教学行为的改进，对执教者本人的专业成长非常有利，但这种方式难以普及到每位教师，因为在通常情况下，很难保证有足够的时间和精力对同一位教师进行持续跟踪听课。多人同课循环指几位教师围绕同一主题，针对同一内容，不断改进教学设计，依次上两次或多次研究课。在确定教学内容后，互助组共同讨论备课，由小组成员依次进行执教，组员一起听评课，一起反思修改，逐步提炼出具有典型意义、推广价值的典型课例、精品课例。多人同课循环可以带动大批教师参与研究课，有助于教师之间的经验分享，这种方式对青年教师的培养尤其有利。多人同课异构指几位教师围绕同一主题，针对同一内容，用不同的教学设计，分别上一轮或多轮研究课，使课例不断得以完善，使教师的认识不断得以深化。多人异课异构指几位教师围绕同一主题，针对不同内容，用不同的教学设计，分别上一轮或多轮研究课。与多人同课异构相比，多人异课异构更为宽松，参与研究的教师可以按照自己的意愿选择教学内容，这有利于教师教学方法与经验的相互借鉴。

从听课目的来看，听评课的方式有指导型听课、学习型听课和研究型听课。指导型听课通常是学科领域的专家或经验丰富的教师来观察课堂，以帮助执教者提高课堂教学水平而进行的听课。其目的在于发现课堂教学问题，帮助指导教师改进教学方法。学习型听课包括两种：一种是课题研究汇报课，意在推广研究成果；另一种是名师示范课，意在向新手教师展示问题解决的过程。研究型听课是为了发现、研究有关教育教学问题而进行的听课。

从实施过程来看，听评课的步骤如下：①确立主题；②成立互助组；③同伴互助听课的培训；④听课前准备；⑤课堂听课；⑥课后研讨会；⑦形成案例。美国教学视导与课程开发协会将整个教学观察分为三个步骤，即观察前会议、课堂观察和观察后会议。观察前会议的目的是培养教师间的信任关系，确定观察目的与规划。课堂观察即听课教师在课堂教学过程中运用事先决定的观察工具对所需要的信息进行记录。观察后会议是听课教师对授课教师的课堂教学进行反馈，并运用良好的发问技巧帮助授课教师进行反思，共同生成改进建议的过程。

如果没有共同的教学准备，教师就很难进行有效的课堂观察以及课后进行深入反思。另外，只关注观察和反馈可能会削弱教师之间的合作。因此，在听评课活动中，观察前会议、课堂观察和观察后会议这三个环节缺一不可。整个活动过程以图示的形式呈现（图 6–1）。

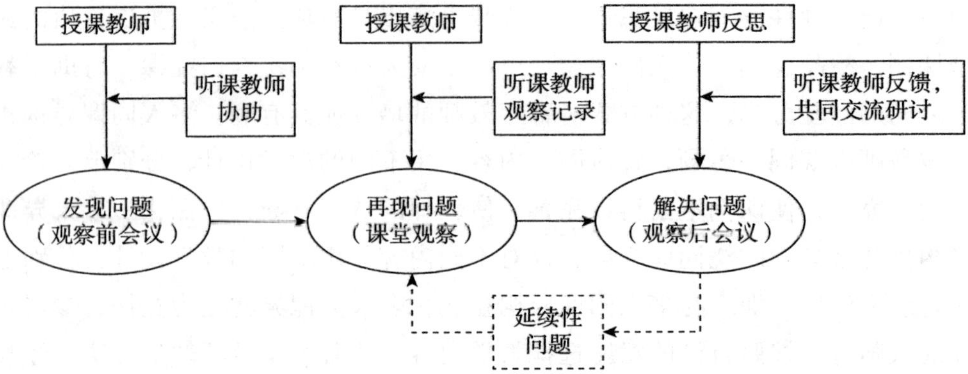

图 6-1 教学观察活动示意图①

（二）课题推动模式

随着校本教研的开展，教学研究的重心下移，教师要以在教育实践中遇到的问题为中心开展课题研究，研究成果服务于教学实践。课题研究可以由一位教师独立完成，也可以小组合作完成，由于教育具有复杂性，且教师的理论水平与时间有限，因此做好一项课题往往需要凝聚集体智慧，依靠集体的力量。课题研究是教师同伴互助的重要形式之一，开展课题研究不仅可以有效提升教师的教育理论水平，还能增强教师的合作意识，有利于把教师团队建成一个学习型组织。以小组形式开展课题研究，需要遵循一定的程序。可以先组建课题组，再确定研究课题，也可以以课题为引领，招募课题组成员。接下来便是确立课题及任务划分、开展团队教研活动、通过实践检验解决策略、修正模式并推广应用。

1. 成立课题组

课题组成立的过程也就是教师团队建立的过程，教师团队的建立既可以是教师自发的，也可以是学校行政组织的。在小组课题研究中，既可以先确定课题，也可以先组建课题小组。自发型的教师团队一般是基于共同问题或特定任务，由个别教师倡议，其他教师自愿参加的形式组成。学校行政组织的教师团队通常以学校现阶段面临的问题为中心，招募教师自愿参加。从团队的规模来看，以 5 ～ 7 人最为适宜，最多不能超过 12 人，这样的团队能保

① 常平芳 . 基于教师专业发展的教师同伴互助研究 [D]. 太原：山西大学，2023.

证每位教师都充分发表自己的意见，容易形成融洽的氛围和展开热烈的讨论。从多元智能角度来看，异质团队更能收到良好的效果。异质团队由不同学科和不同年级的教师组成。

2. 确立课题及任务划分

教师可以针对在当前教育实践中遇到的问题提出互助的需求，然后在和小组成员商议的过程中确定大家的共同话题，确立课题；也可以由教研员或教育专家确立课题，教师从中选择符合自身需求的课题，开展教学研究。接下来便是在大课题下建立子课题，划分任务。由于教师的性格、知识结构和能力存在差异，教师的角色及所承担的任务也会不同，如由组织能力强的教师扮演组织者的角色，教学技巧好的教师进行示范教学，反思及撰写能力强的教师进行研究成果汇报。

3. 开展团队教研活动

教师间开展团队教研活动的过程就是教师在各自研究的基础上集中研讨，分享各自的想法，在交流中互补，并商讨下一步的做法，逐步完成课题的过程。在研讨的过程中，教师需要思考资料的搜集与使用、教学策略与实施以及评价等过程。

4. 通过实践检验解决策略

课题研究是为了服务于教学实践，在此阶段中，教师要将课题研究的成果付诸实践，通过实践来检验通过合作互助探寻出的解决问题的办法是否有效。课题研究整个活动的过程以图示的形式呈现，如图 6–2 所示。

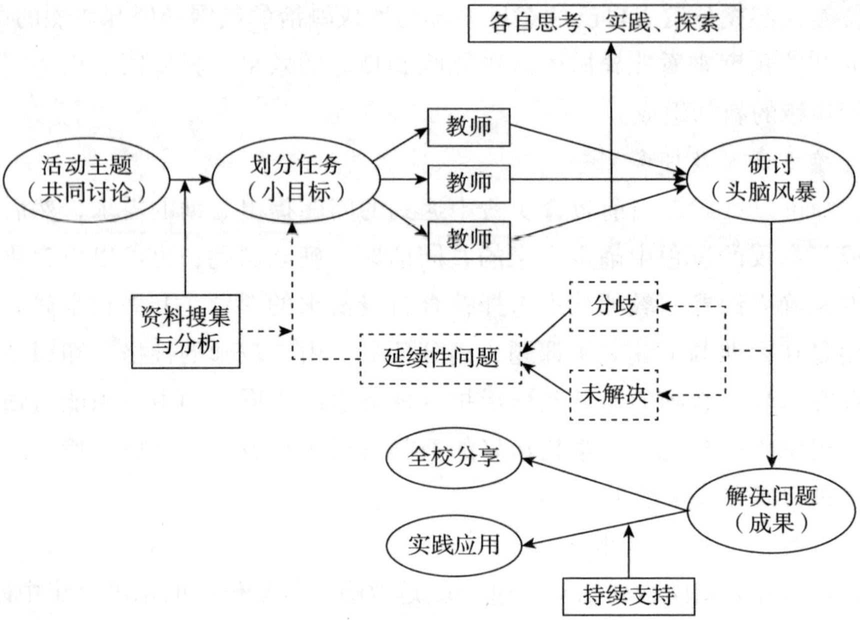

图 6-2　课题研究小组活动示意图[①]

（三）互动交流模式

教师同伴互助要求教师开放自己，互动交流模式可分为三种类型：一是专题讲座；二是深度会谈；三是师徒结对。具体开展情况如下。

1. 专题讲座

学校举办专业讲座，一方面是为了提高教师的业务能力，另一方面则是为了提高教师的师德师风，增强职业认同感。专题讲座的主讲人既可以是教育专家，也可以是本校的学科带头人或普通教师。从讲座内容来看，可以是教育专家就全新的教育理念、课程理论、教学技术等进行理论解读，也可以是本校的学科带头人或普通教师针对教学常规对全体教师进行业务辅导，还可以由骨干教师分享自身多年的教学经验，以此来鼓励、帮助年轻教师。一些教师参加了国家级、省区市各级各类培训后，要将所学习到的知识内化，融入自己的理解，并与全校教师共同分享。通过同伴互助，教师可以从同伴身上不断获取信息，借鉴和吸收他人的经验，少走弯路，不仅能防止和克服教

① 常平芳．基于教师专业发展的教师同伴互助研究 [D]. 太原：山西大学，2023.

师各自为战和孤立无助的现象，还有助于形成相互支持、相互促进的合作性教师文化，为教师专业发展提供一个良好的环境。

2. 深度会谈

深度会谈是教师在一起围绕某个问题畅所欲言，提出各自的意见和看法。在对话中，大家互相丰富着彼此的思想，深化了对问题的认识，同时获得了单独学习所得不到的东西。有效对话的关键在于教师间有非常值得信任的人际关系，愿意坦诚相待，这样才能真诚地发表意见，产生思维的碰撞。在自由、开放、发散的氛围中，教师会在交流互动中生成很多有价值的新见解。深度会谈可以渗透到教师每一天的教学研究、交流讨论中。深度会谈更加强调安全的心理氛围，参与人数不宜过多，教师可以与所信任的教师组成小组一起交流教学和学生的学习情况，深入探讨，共同提高。

3. 师徒结对

“师徒结对”是教师同伴互助的常见形式，师傅的教学经验丰富，徒弟一般是新任教师，两者形成帮扶关系，师傅起传、帮、带的作用，帮助新任教师尽快进入教师角色。为保证两者形成稳定的帮扶关系，通常师傅和徒弟会签订师徒结对协议。徒弟和师傅要相互观察彼此的课堂，一方面徒弟学习师傅成功的教学经验，另一方面师傅及时了解徒弟的不足，从而给予有针对性地指导。师徒二人还可以一起做课题研究，共同解决当前教学中遇到的问题。除了相互观察教学和一起做课题研究，师徒二人还可以经常性地进行深度会谈，师傅要了解徒弟的发展现状和目前遇到的困难，进行心理上的辅导，帮助年轻教师做好职业发展规划。要想形成稳定的合作关系，合作双方必须真诚付出且双双受益，因此徒弟不能只想着索取，更要主动贡献自己的智慧，帮助师傅适应新课改的浪潮。在这个过程中，师徒二人各展其长，优势互补，共同成长。

（四）“大学区”教研模式

“大学区”教研模式是一种将不同学校的教师组成联合研究小组，通过教学研究和教学互动，促进教师教学能力的提升和教学成果的共享的模式。这种模式通常由一个主导学校和多个合作学校组成，主导学校负责组织和协调教研活动，而合作学校则负责参与和分享教学成果。

在“大学区”教研模式中，各学校的教师可以共同研究教育问题、分享教学经验、交流教学方法、进行教学实验等，通过共同研究提高教学质量，推动教育创新。这种模式可以让教师跨越学校界限，建立教师之间的信任和合作，增强教师的职业发展和成长。此外，“大学区”教研模式还可以加强学校之间的联系和合作，促进教育资源的共享和利用。

第二节　同伴互助促进教师专业发展

一、师徒制促进教师专业发展

（一）师徒制的建立与运作

1.指导教师的选择与任命

（1）基于职称的选择。生产实习指导教师、专业技术理论课教师、文化课教师是构成师资的三个组成部分。从教师职称评定角度来看，不同类别教师的评定系统也会有所差异。具体来说，生产实习课教师使用一个评定系统，专业技术理论课教师与文化课教师则使用相同评定系统，前者分为五个评定层级，其级别由高至低依次为正高级实习指导教师、高级实习指导教师、一级实习指导教师、二级实习指导教师、三级实习指导教师，而后者共分为四个层级，由高至低依次为正高级讲师、高级讲师、讲师、助理讲师。

学校在挑选指导教师时，通常会以教师的职称等级作为参考，一般来说，他们会选择较高级别的教师参与合作活动，以确保师徒制活动能得到高素质的指导。同时，许多高等职业学院已经将参与师徒制作为教师职称评定的一个重要标准。例如，他们在评定教师职称时，会充分考虑到师徒制活动中的纸质资料与各类文件，以此为标准给出最后的评定结果。故此，中级职称教师若想评定高级职称，参与师徒制活动便成为一项具有决定性意义的重要因素。然而，对于那些主要以获取更高职称为目标的指导教师，他们对于新教师的专业发展可能带来的积极影响是有限的。

（2）专业标准的考量。学校通常会选择有经验的教师来指导新任教师的专业发展。这些指导教师可以是高级讲师或正高级讲师。他们的职责是帮助新任教师提升专业能力并适应学校环境。此外，学校也会选择经验丰富的实习指导教师来指导新任教师的实践能力。这些实习指导教师可以分为一级、高级和正高级，根据其在实践中的表现和资历进行评定。他们的任务是指导新任教师在实际教学中的应用能力和专业实践技巧。为了确保指导教师的质量，学校可能会制定详细的标准与条件。举例说明，学校在甄选指导教师时，会将各学科的骨干教师与带头人作为首选对象，并且要求他们在科研与教学方面具有一定的突出表现。除此之外，还有一定个人能力比较突出的中级教师与高级教师也会列入选择名单。

教育教学技能与专业实践能力是考察与甄选指导教师需要重点参考的条件。通常情况下，选择和任命指导教师是将教师职称中对其专业能力的评定作为确定标准的，在人员的选拔与任命方面并没有明确的执行程序。此类决策一般由学校的行政单位指定产生。

2.师徒指导关系的确立

（1）师徒关系的类型。通常而言，师徒制带教协议的双方签署，标志着师徒关系的正式建立，以及指导教师的确定。指导活动得以有序开展的重要前提是师徒关系的确立，这在一定程度上还能够促进新入职教师专业实现高效发展。私人层面、专业层面以及行政层面是师徒关系的三种类型，其确定依据为师徒活动所依赖的组织与发生的领域。

师徒指导协议的签订标志着师徒制度的正式实施，其中明确了双方的责任和要求。师徒关系的建立通常由学校的行政组织进行安排，也存在一些形式上的师徒制是为了满足学校的考核与评价需求而设立的。

课堂教学与实践场地是专业层面师徒制得以体现的两个重要方面。指导教师在新任教师的课堂教学过程中给予充分帮助，使其能够在短时间内适应学校的教学风格与学生特点，根据教学实际情况，对自己的教学节奏进行合理调整，使得自己的专业技能与知识得以快速提升。教师的教学活动形式多种多样，既有日常的课堂教学活动，也有其他类型的活动，如讲课比赛、汇报课以及公开课等。教师专业发展中一项重要内容便是教师的实践能力，而这一能力的提升离不开指导教师的适时指导，具体来说，需要指导教师进行一系列安排，为新入职的教师提供实践机会，帮助他们在实际的教学活动中获得真实体验，从而对教学产生全新的认识与感悟。

基于专业、性格与地域等多方面的因素而形成的一种私人领域的师徒关系属于一种非正式的自然而然形成的关系，缺少了利益捆绑，二者之间的关系更加简单与纯粹，从本质上来看，这种关系更为牢固，更利于后续的持续发展。

从根本上看，师徒关系是一种相对复杂的人际关系，其形成的决定性因素众多。从行政角度分析，二者本质上是一种领导关系；从专业角度分析，二者本质上是一种指导关系；从私人角度分析，双方是否能够形成良好的师徒关系，其价值观、脾气、性格等都是需要考虑的重要因素。

（2）师徒双方的责任。师徒关系的确立也就意味着需要制定相应的师徒协议，在此过程中，需要充分考虑方方面面的因素，如学校的专业发展与整体发展情况等，而师徒双方各自的职责与义务则会在协议中有所体现。

第一，指导教师的职责。从指导层面来看，新任教师参与各项教学活动都离不开指导教师的帮助，包括汇报课、竞赛课、优质课等。此外，新任教师的课堂组织与教学设计等均离不开指导教师的适时引导。与此同时，要想促使新任教师的教育教学能力与科研教研能力得到提高，需要指导教师付出一定的努力。指导教师要按时提交材料至教务处进行归档，包括代缴学期总结、带教日志等。从带教层面来看，指导教师应当对新任教师进行认真指导，即对新任教师课程进行指导，并对听课内容进行记录；从思想层面来看，指导教师应当在帮带过程中充分发挥榜样的作用。

第二，新任教师的职责大致可以分为六个方面。一是对学生有足够的耐心与爱心，对所教专业要精通且能够传授学生知识，对所从事的事业要有发自内心的热爱；二是要求新任教师主动向指导教师进行学习与请教，坚持每周参加两次指导教师的课堂教学活动，并做好每节课的听课笔记；三是新任教师要坚持每周备课，不准抄袭现成教案或用旧的教案，并主要交由指导教师签字确认，听取指导教师的合理意见与建议，并对其加以改进；四是对于实践课程要具有积极姿态，对课堂教学的操作步骤做到烂熟于心，并能够在具体实践活动中表现出来；五是新任教师在每个学期参加至少 2 次教学活动，包括汇报课、竞赛课、各级优质课等，并在本学期结束时进行汇报；六是新任教师应当对于教学科研活动表现出极大的热情，并利用自己的闲暇时间对教学进行总结与反思，根据自己的教学实际情况进行案例总结，整理各种论文与随笔。

3. 指导内容与指导方式的选择

（1）指导内容 。由科系或者专业对指导内容进行统一安排，从纵向与横向角度出发，同步推进指导内容与指导时间的安排。师徒式指导通常持续 1 ～ 2 年。基于学校的总体要求，学校内部的各专业与科系按照一定的时间节点对各项实践指导与帮带活动进行安排，以促进师徒制度的有效实施。

指导内容是师徒制指导活动的核心，旨在满足学校对提升新任教师专业层面上的理论知识与实践能力的具体要求，因此实践操作与课堂教学便成为师徒制式指导活动的主要对象。

从教学层面出发，指导教师既需要对新任教师的公开课与汇报课进行指导，又需要帮助新任教师搜集与整理优秀“双师型”教师的课堂教学课程，将其作为新任教师的学习参考内容；从实践层面出发，指导教师为了帮助新任教师快速提升自身的专业技能与专业知识，需要对新任教师的实际操作加以观摩与指导。除此之外，指导内容还涉及其他方面，诸如项目承担、科研能力以及文化传承等。但是这些内容一般不会出现在具体协议中，而是由指导教师根据实际教学情况进行具体安排，其中参考内容包括新任教师的个人特征以及各专业的具体需求。

通过对师徒制协议内容的分析，可以发现其对于指导教师和新任教师的职责要求不会过于细致，难以明确指导目标、指导内容，甚至教学活动中的实践内容也无法确定与细化。在具体实践中，部分师徒关系基本没有完全按照协议签署的内容进行严格执行，往往为了上级检查才会应付了事，使得这种师徒制的指导活动仅仅停留在了纸面上，难以在现实教学中得以体现，从而阻碍了新任教师专业技能与知识的提高。

（2）指导方式。

①共同备课。相同专业的教学小组在学校规定时间内进行的一种课堂教学前的准备活动，即共同备课。这一活动旨在促进教师间的合作与交流，确保教学质量的提高和课程的有效实施。此外，在进行共同备课时还需要考虑到在具体教学实施中的可行性。通常而言，阶段总结与复习、学习计划、近期学习内容、教学进度把控都是共同备课的主要内容，具有一定的广泛性。

②听课—评课—议课。在师徒式指导过程中有一个至关重要的环节，也是一种普遍的教学方式，即听课—评课—议课。有些师徒协议中会对师傅与徒弟各自的评课与听课数量加以明确，以确保指导教师和新任教师之间的有效互动和专业成长。从听课角度分析，学习优秀教师的教学课程是新任教师的首要任务，通过参考与借鉴优秀的教学经验，丰富自己的课堂教学内容，从而使得自身的教学技能与知识得以提升，而指导教师结合新任教师的课堂教学情况，进行适当地指导与点评，帮助新任教师在短时间内实现专业的快速发展。

新任教师的教学活动任务众多，既有实践方面的要求，也有专业理论知识方面的要求。具体来说，在实践方面，需要对实践步骤与细节加以强调；在理论方面，需要注重学生两个方面能力的培养，即专业理论知识与实践能力。故此，在新任教师的教学实践中，听课、评课和议课等环节变得尤为重要。通过听课、评课和议课，指导教师与新任教师之间的课后交流变得不可或缺。通过彼此之间的沟通与交流，能够促使教学中遇到的瓶颈与问题得到快速解决，而新任教师也可以在这个过程中对自身存在的问题有个较为清晰的认知，指导教师可以帮助其改进和完善教学方法。同时，新任教师也会对自己进行反思，以便下次的教学能够有所改进。

③汇报课。从本质上看，能够使新任教师综合能力得到充分展现，推动新任教师专业发展的课堂便是汇报课。对于新任教师来说，汇报课对于自身的成长与进步来说，具有重要的意义与作用。一是促使他们的备课与上课能力的独立性得以提高，二是能够帮助新任教师提高对教材的熟悉度。具体来说，指导教师对新任教师的备课进行专业指导，在充分准备的情况下，新任教师站上讲台给学生授课，指导教师与其他旁听教师共同对新任教师的表现进行评议。通过这一流程，新任教师清晰地认识到自己的不足，并有针对性地进行改进与完善。

④同台实践。要想成为一名优秀教师，既要掌握丰富的专业理论知识，又要具备较高的实践操作能力。对于新任教师而言，与指导教师共同进行课堂教学活动很有必要。通常来说，与指导教师一起参与实践操作活动，可以促使新任教师的专业技能与知识得到快速提升。

⑤合作研究。为了促进教育教学过程的改进和发展，在具体教学过程中，指导教师与新任教师就遇到的教学瓶颈与问题进行共同探讨的方式，即合作

研究。为了推动学校科研发展，目前各级学校都在采取一系列措施，鼓励教师积极参与科研项目，并在个人职称评定中将个人课题作为重要评判标准之一。因此，一些可行性较强的课题成为校内各研究小组的共同研究对象，其研究小组包括以师徒单位的研究小组以及各专业研究小组等。

4.师徒制实施评价机制

“评价本质上是一种价值判断活动，是客观满足主体需要程度的判断。”①师徒制度的评价是实施过程中的一个重要环节，对于师徒双方的发展和指导效果具有重要意义。但是，从某种角度来看，师徒式指导的具体实践在绝大多数学校中仍然存在着不可忽视的薄弱环节。

第一，从评价主体角度出发，指导教师在我国的师徒式教学指导实践中始终具有绝对的话语权，对新任教师的评价具有一定的权威性与可信度，尤其对于新任教师来说，指导教师对于自己的最初评价有可能会影响到自己的职业生涯发展。

第二，从评价标准角度出发，一些量化指标可以作为师徒制指导考察的一项重要参考指标，具体包括参加项目或课题的数量、发表论文数、新任教师赛课成绩、评课次数以及听课次数等。除此之外，一些定性分析内容，诸如每个时期的目标规划与指导内容、师徒各自的阶段性总结、指导教师对新任教师的自评表与评价表等。不过，以上内容仅仅作为资料被学校收集起来，其评价的作用并没有明确确定。

（二）师徒制促进教师专业发展的保障机制

1.规范指导环节，确保师徒制有效实施

建立完善的制度并有效地落实是推动新任教师专业发展的重要推动力。要促使教师专业发展能够顺利进行，离不开完善的制度与制度的落实到位。对指导教师的指导活动进行规范，可以在一定程度上保障师徒式指导活动的有序进行。与此同时，还可以结合指导实践中出现的问题进行分析，从而有针对性地进行调整与改进，使得师徒制得以不断完善，帮助新任教师的专业技能与知识得到快速提升。

① 陈玉琨.教育评价学[M].北京：人民教育出版社，1999：156-161.

（1）科学选择指导教师。

①指导教师的素质影响新任教师发展。教师除了应当拥有充足的理论知识储备之外，还需要拥有丰富的实践经验。要想促使新任教师快速成长起来，还需要对他们进行理论与技能方面的指导，帮助他们在短时间内提高自身的专业素养，更好地促进自身与学校的发展。故此，要想使得新任教师的专业发展能够顺利展开，需要认真地对指导教师进行甄选，这一点尤为关键。可以说，指导教师的综合素质是选择带教者的关键因素之一。

第一，在对指导教师进行甄选时，首要考虑的是其具备较强的专业素养。教师需要拥有全面的专业理论知识，与此同时，在实践方面也需要拥有丰富的经验。故此，在对指导教师进行认真筛选时，需要从多方面进行综合考量，包括专业发展需求、自我反思能力、专业态度、专业知识与技能等。若在可能的情况下，其指导教师最好是具备“双师”技能的教师。这就要求指导教师同时在理论与实践两个方面具备较高水平，能够统一指导新任教师的理论学习和实践操作，并促使他们的实践经验与专业知识得到大幅提升，朝着“双师型”教师的方向前进。

第二，拥有“指导”素质对于指导教师来说至关重要。师徒制是否能够得到指导教师的肯定影响着指导教师的言行与其职业素质。发自内心的认可是指导教师得以发展的重要前提，只有这样，他们才能全心全意地投入时间和精力，真正愿意并乐意进行指导活动。指导教师应当具备一定的指导技巧与个人魅力，这样才能够更加有效地推动指导活动的顺利开展。与此同时，指导教师还应具备以下素质：其一，态度端正，认真负责地对待任务。他们应该以积极的态度和责任心履行指导教师的角色，投入时间和精力，致力于新任教师的专业成长。其二，他们应具备良好的沟通能力，并能真诚倾听新任教师的想法和观点。指导教师应建立良好的师徒关系，通过有效的沟通与倾听，帮助新任教师解决问题并引导其成长。其三，指导教师应具备丰富的带教经验，能够根据新任教师的行为及时并有针对性地给予反馈和指导。他们应能够提供实用的建议和指导，帮助新任教师改进和发展。更重要的是，专业敏感性应当是指导教师应当具备专业素质之一，应当能够将最新专业政策解读与发展趋势传授给新任教师，让他们对自己的职业发展方向有一个清晰的认识，从而激发他们的主观能动性，引发他们对于自身职业发展的深度思考。与此同时，为了引导新任教师对问题进行思考，指导教师应当具备良好的提问能力，而不是将问题的答案直接告知新任教师。

通常来说，丰富的专业知识与优秀的实践能力是指导教师应当具备的优秀特质，而这些特质在正高级和高级职称的教师身上得到显著体现。他们在师徒制度中能够提供优质的指导和支持。然而，也有一些教师被选择为指导教师是因为他们需要满足职称评定的条件。虽然这些教师通常也具备一定的专业知识和实践能力，但不可否认的是，少数教师可能只是为了达到职称评定的要求而参与师徒制度，这使得师徒制度变得形式化。因此，定期进行全面的监督和检查是必要的。通过监督和检查，可以确保师徒制度得到有效实施。

②以双向选择代替硬性指派。目前，指导教师的任命和指派一般以职称和专业作为主要标准。从某种角度来看，这种指派与任命带有一定的强制性，不能让师徒双方发自内心地认可这种指派式的关系。因此，为了促使师徒制最大限度地发挥其效用，应当积极地对指导教师的选择方式加以学习与借鉴。在指导教师的选择中，通常会综合考虑多个方面，包括专业知识、导师与新任教师的兴趣和研究方向的匹配程度、导师的指导经验和指导风格等。这种选择方式注重师徒双方的意愿和个人特点，更加注重师徒之间的默契和合作。

为了确保指导教师的选择科学合理，学校可以进行如下程序：第一，对外公布甄选指导教师的相关条件，包括指导教师带教过程中获得的教学成果、带教经验、专业理论知识以及本次甄选指导教师的人数等。第二，基于上述公布甄选条件，教师可以结合自身情况做出是否进行职教教师申请的决定，若是符合则可以向学校有关部门递交申请书，然后再由校方相关部门进行投票选出最佳人选。评审过程应综合考虑教师的专业素质、教学经验和指导能力等方面的因素，确保所选指导教师具备科学要求。第三，新任教师根据个人心理倾向和实际需求，在公布的指导教师列表中自主选择合适的指导教师。学校应提供充分的信息和指导，帮助新任教师做出明智的选择。第四，通过师徒双方的彼此选择，最终确定师徒结对的结果，并将其报备至教育主管部门。这样能够确保选择过程的透明性和公正性，促进师徒制度的有效实施。

（2）重视指导教师的任命和培训。

①重视任命仪式，强调师徒职责。为增强仪式感和加强师徒双方的身份

认同，建议在指导教师的任命过程中确立一个规范性的流程。这一流程可以包括以下要素：第一，学校可以邀请合作企业与校领导共同出席正式的师徒签约仪式，以庄重的方式宣布指导教师的任命。这样的仪式可以强调指导教师的重要性，并使师徒制活动具备更高的正式性和仪式感。第二，院校主管部门可以负责发放聘书，将指导教师的职责和权益明确地书面化。聘书应包含指导教师的工作职责、带教任务以及相应的权益，为指导教师提供明确的指导依据和权威认可。第三，以这种正式的任命仪式进行师徒结对，无论对指导教师来说，还是对新任教师而言，这种方式都有着非同寻常的意义，可以对指导教师的行为加以规范，能够有效地监督指导教师的实践活动，从而增强指导教师的责任感。

②对指导教师的发展与培训给予充分重视。在师徒制的实施过程中，下列内容是指导教师应当积极履行的具体职能：在指导教师的帮助与引导下，促使新任教师能够在短时间内快速融入新学校的教学环境，并对学校的独特文化加以适应；对内部学校与外部企业的资源进行充分利用，制订指导计划并提供反馈；在需要时给予新任教师必要的支持；等等。为了使指导教师能够胜任这些任务，他们的培训应涵盖多方面的能力，诸如有效的指导与引导能力、反思实践能力、诊断分析能力、观察能力等。故此，在注重新任教师指导活动的同时，还要强调对指导教师的培训，因为要想促使师徒式的指导活动得以有序开展，就需要对指导教师进行有计划、科学且及时的培训。

一般来说，从事职业工作之前的培训、正式进入职业院校后的入职培训以及新任教师入职后的专业能力提高是教师专业发展与成长的三个组成部分。而职后提高阶段则被视为对指导教师的培训。只有具备了扎实的专业理论基础和实践操作能力以及丰富的教学经验的教师才有资格成为指导教师。指导教师的指导能力与专业素养的提升是指导教师培训的重点内容。其实施的范围除了学校之外，还可以融入学校与企业之间的合作，以促进理论与实践的有机结合。通过理论学习、具体实践、自我反思与实践总结等一系列的良性循环，指导教师能够不断提升自己的能力水平。

（3）加强专业引导，提高指导活动的有效性。

①更具针对性地提高带教内容与带教方式。要想向新任教师提供满足个体需求，并且能够真正提高新任教师专业技能与知识的帮助，就需要丰富的

带教经验与高效的带教方式。新任教师在刚刚入职时，会遇到各种各样的难题，其中与教学相关的问题成了指导内容的重点。入职初期的新任教师需要同时应对两个重要任务：其一，通过分析自身的优势与特点，进行职业的多方向探索与发展，探索自身的无限可能性，不断拓展个人技能；其二，构建自己的人生结构。刚入职的教师面对全新的工作环境与全新的工作对象，内心充满了对未来的不确定，此时指导教师应当充分发挥其指导作用，帮助新任教师快速适应新工作。这也是师徒指导活动的重要部分之一。

②促使新任教师的发展创新意识得以增强。在师徒制的实施过程中，指导教师承担着多种责任，一方面需要帮助新任教师提升其专业能力，另一方面需要对新任教师入职后的教学过程进行全程跟踪与监督，并适时地给予一定的指导。可以说，这种师徒式的教学方式一方面能够体现出中国传统的教学理念，即教师对学生拥有绝对的话语权与权威性，另一方面对于新任教师的职业发展发挥着至关重要的作用。但是，新任教师并不需要完全依赖指导教师的模式，可以在适当的情况下进行一些创新，如运用自己在学校学习和实习过程中获得的知识和经验，探索适合自己的教学方法。这种创新的尝试有助于新任教师发展独特的教学风格，同时能为教育领域带来新的思考和实践。

2.增强机制支持，促进师徒制良性发展

（1）科学评价：绩效与发展并重。要想促使师徒制的工作得以有序开展，离不开一些外部保证，即公平公正的评价保证、评价方法的完善以及科学的评价机制的建立。通常来说，要想使得评价更加合理与科学，就要在以下几个方面入手，即评价方式、评价标准与评价理念等。

①促使绩效与发展并重的评价理念得以树立。从专业角度分析，新任教师是否具备发展潜力，以及指导教师与新任教师二者的教学成果，都可以成为师徒制的评价标准。总体而言，评价新任教师的优劣主要依据其在短时间内取得的成绩，而指导教师的优劣则以新任教师的评价为标准。但是，学校教育是一个与时俱进的教育领域，因此对于教师的评价也并非一成不变的。虽然新任教师的进步可以借助一些教学成果与教学成绩得以体现，但是这仅仅是衡量师徒制实施情况的标准之一，而非唯一标准，其他一系列因素也是需要考虑的重要内容，诸如努力程度、工作态度、教学成果等。通过对新任

教师的潜力进行不断挖掘，教师与新任教师均能得到相应的发展。这样的评价方法可以推动师徒双方朝着“双师型”师资的方向而不断前进。

②对评价项目与标准进行共同商议。新任教师、指导教师与院系领导结合不同专业的师徒实施内容与目标，对具体的评估项目进行共同商议，将不同类目、不同阶段与不同专业的评价指标加以确定，促使科学合理且具有高度可行性的评价指标，以及内容全面的评价内容得以明确。

③促使评价方式多元化。为了确保评价结果的公平性与公正性，要求采取多元化的评价方式。要想做出科学合理的师徒活动评价，需要做到两个结合，即他人评价与自我评价相结合，总结性评价与阶段性评价相结合。换个角度来看，也可以总结为三个方面的阶段，即学校领导对总体实施结果的评价与对师徒双方的评价相结合、师徒双方的互评与自评相结合、师徒制活动结束时的考核与活动期间的日常考核相结合。

总而言之，要想促使师徒双方实现专业发展、师徒制度得到完善，离不开科学合理、公平公正的评价，而评价的调节与反馈功能则成为最为关键的一环。

（2）有效激励：物质与精神并重。

为了确保师徒制的实施能够发挥应有的效用，需要同时从物质与精神两个方面采取相应的激励措施，如物质奖励、科学评价、实践环节以及制度支持等。可以通过如下三种方式对师徒双方进行适度激励。

①薪酬激励。要想最大限度地将指导教师的主观能动性激发出来，离不开一定的薪酬激励措施。从目前的实施情况来看，国内绝大多数的学校已经采用了此类方式，通过一定的物质激励方式使得指导教师的积极性得以充分激发出来。但是不可否认的是，基于各种复杂因素，部分学校的具体实施并没有取得预期效果。

②荣誉激励。在师徒制实施的不同阶段，可以对指导教师进行一次评选活动，使得他们的工作得到认可与肯定，类似于“明星徒弟”“模范师傅”“优秀师徒”等。在活动结束时，可以一种科学合理的评价方式，评选出大家心目中的“冠亚季军”或者“标兵”，并颁发荣誉证书以及一定数额的奖金。

③发展激励。在这个日新月异的时代，要想跟上时代的步伐，不被社会所淘汰，就应当积极地学习与掌握新知识与新技能，不断扩充自己的知识库

与技能库。因此，还需要适时地为教师提供进修与培训的机会，为他们提供更多更好的发展平台，让他们共同交流和分享教学经验，并与同行共同研讨新的教育理念和教学方法。为了提升指导教师的专业知识与技能，还可以为其创造更大的成长空间，鼓励他们参加各种类型的行业培训，参与教学科研项目，帮助他们提升自己的专业技能与水平。在具体的师徒制实施过程中，为了最大限度地让师徒制发挥其应有的效用，可以通过奖励和激励措施，进一步激发新任教师的工作热情和创造力，使其更加积极地投入教学和专业发展。

3. 树立共赢理念，建构和谐师徒制文化

在指导活动的实施过程中，无论是师傅还是徒弟都应当从中获得一些感悟，并取得一些教学方面的成绩与成果。当然，实现这一目标离不开和谐的师徒关系与工作氛围，从某种角度来说，它能够起到至关重要的作用，有助于师徒式指导工作的顺利开展，以及师徒制和谐文化的构建。师徒制度的完善和师徒文化的构建需要指导教师、新任教师和院校领导共同努力。只有通过合作与沟通，共同打造出一个积极、开放和和谐的师徒关系，才能使师徒制度真正发挥其应有的作用，为新任教师的专业发展和成长提供有力支持。

（1）增强指导活动个人理性。一般来说，新任教师与指导教师是师徒式指导活动得以顺利开展的关键因素，他们决定了活动的效果与质量。思想观念往往影响着个体的言行，因此要想促使师徒制发挥其应有的效用，需要师傅与徒弟对自我角色有一个清晰的认知。

①从根本上避免指导教师的内心焦虑。教师要想真正实现自身的专业发展，就离不开师徒式的指导活动。当今教育专业具有时代性、生产性与实用性等特点，这就要求"发展需求"应当成为教育专业的发展动力，故此新任教师自身存在一定的优势，应当是指导教师意识到的问题。这种优势主要体现在如下几个方面：在思想层面，新任教师对新鲜事物通常具有比较强烈的好奇心，思维较为灵活多变，能够接受新挑战，可以从不同角度看待事物；在精神层面，他们不怕挫折与失败，对待工作充满着动力与热情；在教学层面，他们能够真正做到与时俱进，站在全球化的角度看待教育事业，拥有全新的教育理念，并且对先进的技术能够做到熟练运用等。在开展指导工作时，指导教师应当正确看待自己的工作，并尽可能地帮助新任教师尽快地适应全新的工作环

境，既要做到尽心尽力，又要保持谦虚的心态，懂得在与新任教师进行互动的过程中相互学习，在新任教师的身上学习自己所欠缺的部分，从而提升自己的专业水平。总而言之，指导教师应当拥有正确的思想观念，用来指导自己的工作，并且清楚地认识到二者的关系是一种在平等互利基础之上的帮带关系，最终的目的是实现师傅与徒弟的共同进步与成长。这种帮带关系可以促进双方的专业发展，共享彼此的教学资源，保持和谐的帮带氛围。由于新任教师与指导教师各自都有优势与专长，彼此之间可以取长补短，从而达到自我发展的目的。总的来看，作为新任教师的引路人，指导教师在传授丰富经验的同时，也能够通过帮带关系成为受益者，促成自身的成长与发展。

②新任教师应当树立正确的思想观念。新任教师刚走出校园，对于社会与自身的认识不够全面与深刻，具体表现在以下几个方面。其一，在教学实践方面的经验严重不足，新任教师求学期间学习到的理论知识，有时无法在现实中发挥应有的效用，应当向指导教师多多请教，从而有效地解决自己实际教学中遇到的问题。其二，由于刚毕业的学生在教学实践方面经验比较匮乏，要想在专业技能与知识方面取得快速进步，就离不开指导教师的帮助。他们需要有效地将理论知识应用于教学实践中，并在教学和实践中不断培养自己的能力。其三，新任教师的专业认识还不够深入。相比之下，经过长期教学和学习的老教师在经验、能力和认识方面都有一定的积累。因此，在师徒制指导活动中，老教师能够有效地指导新任教师，帮助他们适应教育教学环境，并促进他们的专业发展。

（2）营造良好制度实施环境。在师徒制的指导活动中，正确的思想观念至关重要，这是发展帮带关系的前提与基础。同时，和谐的师徒氛围对于指导活动的顺利开展也发挥着关键作用。作为新任教师专业发展的一种校本培训方式，学校在创造良好制度环境方面扮演着重要角色，其责任不可忽视。师徒式指导活动的有序开展离不开学校方面的努力，主要表现在两个方面：其一，要求学校对师徒制的文件进行完善，为其顺利实施创造良好条件；其二，要求学校在指导活动中扮演评价者与监督者的重要角色。

学校要想通过师徒制促进教师的专业发展，就需要拥有长远的发展眼光，正确地看待师徒制的实施，从全局角度认识到师徒制对于学校师资队伍建设的重要性，从根本上意识到师徒制顺利开展的重要前提是具有一种正确的思想观念，即师徒制的最终目的是实现二者的共同成长与进步，这样才能为师徒制的实施创造良好的环境氛围。作为人才的培养基地，学校应当认识到教师对于学生的意义与影响，因此应当注重教师专业知识与专业技能的提升，同时在思想道德品质等方面对教师提出高要求，从而构建一支具有持久战斗力的综合素质过硬的专业团队。学校应该全面认识到指导教师和新任教师在教师专业发展中所处的不同阶段，并意识到他们各自具备独特的优势和特点。学校应该努力创造一个有利于师徒制活动发展的环境，为指导教师和新任教师提供必要的支持和资源，确保他们在师徒制活动中都能够获得专业上的持续成长和发展。同时，学校也应该重视指导教师和新任教师在教育教学中的不同贡献和价值。指导教师作为经验丰富的教育者，承载着传统智慧和丰富的教学经验，新任教师则代表着新鲜思维和创新能力。因此，学校应该为指导教师提供进一步专业发展的机会和资源，鼓励他们持续提升自身的教学能力和专业知识。同时，也要为新任教师搭建成长平台，提供指导和培训，帮助他们逐步成长为优秀的教育者。总之，学校需要在整体上认识到指导教师和新任教师的差异，并通过支持师徒制度的发展、优化制度流程和建立支持机制等方式，创造有利于教师专业发展的良好环境。

二、教研组促进教师专业发展

（一）教研组促进教师专业发展的代表人物

1. 教研组长

通常来说，教研组是以学科为单位进行划分的。其中，教研组长既是“凝固剂”，使教研组成为一个紧密协作的团队；又是“增效剂”，引领教研组的教育教学活动，提高工作效率。① 教研组长在教研组这一专业学习社群中扮演着至关重要的角色，他们能够为专业社群分享教学资源，并提供各种支持与帮助。

（1）教师发展道路的设计与规划。教研组长作为教研组的领导者，扮演着重要角色，并对教师专业发展产生影响。作为关键的支持者，教研组长有

① 崔岚，黄丽萍．如何当好教研组长[M].上海：华东师范大学出版社，2011：260.

责任对教研组的所有教师的工作进行监督与评价，并给予一定的指导。在这个过程中，教研组长需要充分考虑每一位教师的专长与教学特点，为他们未来的职业发展道路指明方向。

总而言之，教研组长在学科专业上发挥着引领方向的重要作用。他需要为每一位教师的未来发展绘制出一幅蓝图。这一方面考验着教研组长的观察能力与培养能力，另一方面充分体现出了教研组长在整个团队中的领导能力。

（2）教师专业活动的组织与协调。每一项教研活动都离不开教研组长的努力与付出。在每一项教师专业发展活动中，教研组长都发挥着重要的引领作用。为了吸引更多的教研组教师参与活动，教研组长需要对教研活动进行周密策划，确保活动的有效性和成果。教研组长需要与教研组成员密切合作，激发教师的兴趣和参与度。同时，教研组长也要注重协调和沟通，促进教研组内部的良好合作氛围。只有通过教研组长的精心组织和策划，教研组活动才能得到充分的发展，从而具有更高的质量和效益。这将推动教师的专业发展，提升整个教研组的教学水平和学科建设。

一般来说，组织与协调各项专业活动都是教研组长需要负责的工作内容。每个学期教研组与备课组都会定期举办一系列的活动，教研组长会通过召开例会的方式来了解这些活动的具体情况。

基于上述内容可以看出，组织与协调教研组的各项专业活动就是教研组长日常需要承担的主要职责。只有对各项教研组专业活动进行认真且周密地策划，并及时协调与解决活动中遇到的问题，才能保证该组织能够焕发持续活力，使得教师专业实现可持续发展。

（3）教师专业形象的示范与代言。要想确保教研组的工作得以顺利开展，要求教研组长具备较高的个人能力。作为一名领导者，要想下属能够发自内心地认可，并取得他们的信任，就需要具备一流的专业能力。作为全体教研组教师的代言人与榜样，只有自身的能力与水平足够高，才有可能带领队伍取得胜利，才有可能培养出综合素质较高的教师队伍。

“瞭望者”是教研组长的另一个身份，这就要求他们拥有超前的思想观念、广阔的职业视野，了解全球教育发展的最新动态，掌握教育教学领域的先进技术与手段。只有这样，他们才能更好地指导与帮助教研组的所有教师，促使每一位教师都能在专业领域有所建树。

教研组长的专业能力将直接塑造他们的专业形象。教师要想在教研组中取得令人惊喜的成绩，离不开相对稳定与和谐、公平、公正的发展环境。只有在这样的环境中，教师与教师之间才能形成良好的配合与协作，一方面可以促进个人的专业发展，另一方面可以推动教研组的不断发展。

2. 备课组长

通常来说，组织领导要求具备多方面的综合能力，如较强的责任心、强大的专业能力，要能够顺应组织发展需求，并且具有一定的服务与奉献精神。一般情况下，学科教研组长本身具有重要的决策权，他们有权指派组内成员担任备课组长一职。该职务的选拔标准通常是能否听从上级指令，以及是否具有积极认真的工作态度。具体来说，教研组长可以对备课组长的工作进行指导，而备课组长则需要严格按照教研组组长的指令开展相应工作。

（1）教师专业工作的细化与分工。备课组长的首要任务是准确理解教研组制订的学期计划，并将其细化到本年级备课组的工作中。在每个学期的开学之初，根据学科教研组的教学要求与教学计划，制订本学期的备课组计划是备课组长的首要工作内容。一般来说，备课组计划涉及内容众多，包括备课组活动具体安排表、备课组主要工作和措施、备课组成员的具体介绍等。备课组长在细化备课组工作要求后，需合理分配任务给备课组教师。他们不应将所有任务都交给资历较浅的新任教师，而是应当将部分工作交由教学经验丰富的老教师来完成。备课组长也不能够将难度较大的工作分配至其他教师，而是应当能够承担其重任，在任务分配时尽量做到公平公正。

合理高效地分配备课组的工作，在备课组中显得尤为重要。因此，通常来说，备课组长的工作是琐碎而繁杂的。一旦接到任务，备课组长应迅速行动。若是备课组长的效率不高，便会严重影响到后续工作的顺利开展，组内教师的专业发展也会因此受到影响。

每次备课组工作结束后，备课组长都将此次的备课情况进行记录，而随着备课的结束，每一位教师的专业能力都会得到一定程度的提升。从某种角度来看，每一位教师的专业发展都会借助这些备课记录得以显现。

备课组活动中每一位教师的具体行动和表达的观点，都是备课组活动记录的主要内容。这些记录包括教师在备课组活动中所做的工作、参与的讨论、提出的建议等。通过详细记录每次活动的内容和教师参与备课组活动的情况，能够为每一位参与活动的教师提供有利于自身专业发展的参考内容。在学期末，备课组长需要认真整理这些活动记录，并将其交至教研组长。

（2）教师专业需求的传达与沟通。纵观教师专业化发展历程，其教学活动中的各类需求会随着不同的阶段而有所变化。而备课组长在备课组中发挥着重要的引领者的作用，他们是领导指令的执行者。

良好的沟通能力对于备课组长而言至关重要。要想使得组内工作得以顺利开展，就需要备课组长与不同的组员以及上级领导进行沟通与交流，了解彼此之间的真正想法，消除各种不必要的误会与误解。通过定期会议、讨论和个别交流，备课组长能够及时了解备课组教师的教学需求和专业发展情况。备课组长应倾听教师的意见和建议，并积极回应他们的需求和关切，建立起相互信任和支持的关系。此外，备课组长也应该对备课组教师的专业发展提出要求，并在沟通中明确传达上级要求。

基于上述内容不难看出，备课组长需要同时完成多项工作任务，其工作压力与难度之大可想而知。这就要求他们在工作中能够做到及时与上级领导进行沟通，同时满足教师专业发展过程总的各种需求，从而实现学校与教师的共同发展。

（3）教师专业教学的督促与监控。备课组长承担着监控备课组教师教学质量的责任，旨在确保本年级备课组的教学水平和质量。

通过对教案、课件等教学材料的审核，备课组长可以发现潜在的问题和改进空间，并及时给予教师反馈和指导。此外，备课组长会对试卷质量进行分析，确保考核工作的公平性和科学性。备课组长的监控和管理为备课组的教学质量提供了保障，有助于提高教师的专业水平和教学效果。

备课组长在备课组教师的教学工作中扮演着督促和监控的角色，他们对备课组教学质量进行把关。备课组教师必须以认真的态度对待备课组的各项工作。在备课组长的督促与监控下，备课组教师将更加注重教学质量，持续提升自己的专业能力。

3. 带教导师

通过师徒制度，新任教师能够获得来自经验丰富的师傅的指导和支持，加快适应学校环境并提升自身的专业知识与专业技能。合适的指导教师人选，通常需要从本校内部的本科系中进行选择，这些教师要具备丰富的教学经验和专业知识，如校级优秀教师、学科带头人等。一般来说，他们拥有丰富的教学技巧和教育智慧，能够为新任教师提供有效的指导和教育支持。

答疑解惑与教学指导通常会成为带教导师的主要工作内容，在新任教师的专业发展过程中扮演着重要角色。他们是新任教师的重要支持者和指导者，能够为新任教师提供关键的教学指导和解决问题的支持。带教导师的存在对新任教师的专业发展起着重要的推动作用。

（1）教师专业技能的传授与指导。由于新任教师自身比较缺乏教学经验，因此要想尽快地融入新的工作环境中，使得自身的才能得到充分发挥，就需要指导教师的帮助。从新任教师的视角出发，教学方式与方法是决定其教学质量的重要因素，要想解决这一问题，就需要经验丰富的教师对其进行专业指导。

在新任教师的专业发展过程中，班级管理技能是一个重要的学习领域，而指导教师在班级管理方面拥有着丰富的经验，能够帮助新任教师解决他们在入职初期的所有难题，从而顺利地实习专业发展。

总之，刚开始工作的新手教师常常会面临专业技能不足的困境，而带教导师则成为他们职业发展道路上的重要引路人。从这个角度出发，帮助新任教师提升专业技能的教师就需要同时具备多种素质与能力，既要拥有强大的专业教学能力，又要拥有比较强的班级管理能力，从而使得新任教师能够获得较快的成长。

（2）教师专业困惑的解答与指点。师徒带教制度在我国发挥着至关重要的作用，尤其对于新任教师而言，带教教师能够充当他们职业发展道路上的“指明灯”。要想促进师傅与徒弟的专业发展，实现二者的共赢，就需要进行人性化的沟通，建立紧密的人际关系。

首先，新任教师在教学内容方面常常对于细节理解不够深入，容易产生困惑，因此需要带教导师提供指导与帮助。其次，每个班级中都存在一定比例的后进生或特殊学生，他们对日常教学可能产生一定的影响。由于缺乏经验，新任教师常常感到无措。而带教导师凭借丰富的工作经验，能够为新任教师的班级管理提供合理的对策和建议。此外，新任教师在进行教学研究时也会遇到困惑，需要带教导师的帮助和指导。

总之，带教导师肩负着为新任教师提供专业咨询与问题解决的重要职责。

由于新任教师在教学方面的经验有所欠缺，导致经常会出现一些个人无法解决的难题，对于新手教师而言，要想在专业领域实现快速成长，就离不开指导教师的帮助与支持。

（3）教师品德作风的熏陶与养成。在教育事业中，教师的职业道德发挥着重要作用，对于学生的成长与发展而言尤为关键。

对于教研组而言，新任教师的职业道德培训是一项极为重要的工作内容。指导教师的教学风格与特色取决于教师的道德品质。这就要求他们必须在现实中以身作则，为新任教师树立良好的道德榜样，引导新任教师追求高尚的教育价值观和职业道德标准。

新任教师的专业发展，与带教导师的工作作风和个人品德有着不可分割的重要影响。带教导师的一言一行都会潜移默化地影响新任教师，带教导师必须努力成为新任教师的专业榜样。①

（二）教研组促进教师专业发展的路径

1.教研组促进教师教学路径

（1）集体备课：资源的整合让教师更有底气。课堂教学正式开展之前需要做的一项重要工作便是备课。从本质上看，它是一项较为复杂的“深度开发”工作，其对象就是教学活动与课程内容，包括设计教案、补充材料与分析教材等。备课的形式多种多样，既有个人备课，又有集体备课。而对于绝大多数人来说，他们普遍认为一群教师聚集在一起开展的备课活动就是集体备课，这种认知过于片面。准确地讲，集体备课就是一种创造性工作，这种工作的前提要求基于和谐的合作关系，其工作对象就是与教学相关的各类问题，其工作内容就是对问题的分享、研究与探讨。集体备课一般有两种模式：其一，结合本学期教材，同一学科教研组的教师聚集在一起，共同探讨相关教学问题，使得整个教师队伍的专业能力与水平得到提高；其二，针对个别教师进行指导，教研组或备课组的所有成员为这位教师提供各方面所需的备课资源。通常来说，教师独自初次备课、教研组或备课组集体研究与讨论、教师结合研讨内容再次备课、课堂教学实践与教学反思等环节是集体备课的具体步骤。

① 王绯烨，洪成文，扎帕达．骨干教师领导角色的认知研究[J].教师教育研究，2017(5)：58.

集体备课是基于群体动力学理论的一种教师专业发展方式，它充分发挥了集体智慧的优势，是一种经济有效的方法。集体备课涵盖专业引领、教师互助和教师反思等多个方面，通过整合资源，为教师提供更加充实的教学准备。集体备课不仅展示了教研组和备课组的工作质量，还促进了教师间教学经验的共享，激发了教师的思想共鸣和工作热情。它是一种高效的方式，为教师的专业成长提供了有力支持。

（2）听评课：一场生动的合作表演秀。听评课是一种常见的教研活动，它是一种基于课例的校本教研方式，被广泛应用于教育实践中。听评课有多种模式，包括教师合作研究课堂的观评课模式、同步互动式观评课模式、复盘式观评课模式、"滚雪球"观评课模式、专题性听说评课模式、同事互助观课模式、指向课堂教学改进的听评课模式等。通过不同的模式，教师可以互相学习和借鉴，共同提升教学水平，完成优质教学的目标。

（3）混合式课程：双线资源的融合教学。混合式教学是将传统教学和网络教学相结合的一种教学模式。在互联网信息高度发达的时代，线上与线下课程的融合已经成为一种全新的混合式授课方式与教学范式。它通过整合线上和线下资源，将教师的教学活动扩展到虚拟学习环境中，为学生提供更灵活和个性化的学习方式。混合式教学要求教师具备创造性和适应性，能够设计和实施多样化的教学活动。混合式教学已经成为当下教学中的常态，为教师和学生带来了更多的教学机会和学习资源。

2. 教研组促进教师科研路径

（1）校级课题：合力研究的附加收获。校级课题通常是指本校根据区教育局与市教育局对教育进行的最新部署，结合本校教学实际情况展开的一系列研究。学校遇到一些无法解决的难题时，便会组织全校教师召开研讨会，有针对性地对学校所面临的问题进行讨论并给予解决。通常来说，针对性与实用性是校级课题的主要特征，旨在解决学校内部的教育教学难题。研讨会会围绕一个明确的主题展开，活动参与者一般为全校教师。教师要想实现专业发展，校级课题是一个重要途径，该活动汇集了众多校内教师队伍中的骨干力量，可以在一定程度上促进教师的专业发展。

通常来说，校级课题的开题、整理资料、撰写论文与结项都是校级课题主要成员的工作内容，一般由 4 ～ 5 名骨干教师或优秀教师组成。从某种角度来说，参加校级课题能够有效地提高自身的科研能力。除此之外，教研组内的其他教师也会在此活动的带动下取得专业进步，尽管他们在校级课题中主要扮演资料提供者和辅助支持者的角色，但是也能在完成课题的过程中有所收获。

（2）团队课题：非内生型力量的发展。通常来说，在校园内部一些由共同研究喜好的教师们聚集在一起，组成一个课题研究小组，其研究内容主要是围绕学校目前亟待解决的教学问题展开的共同研究，这一课题也被称为团队课题。以课题研究的方式解决具体的教学问题，就是该团队建立的初衷。

尽管完成团队课题可能不是出于教师的个人意愿与内在驱动力，然而只要教师能够完整地跟随团队将这一课题研究完成，客观上自身的专业科研能力也能够得到提高。通过团队课题的研究，凡是参与其中的教师都会最大限度地将自己的聪明才智与丰富的教学经验发挥与分享出来，实现彼此之间的共同发展。

（3）个人课题：实践问题的自我解答个人课题是教师个人作为研究主体，根据其个人兴趣或实践需要而开展的课题研究。个人课题的特征为研究指向的“自我性”、形式的“灵活性”、过程的“随动性”、时限的“即时性”。① 通常来说，个人课题是由教师自愿选择的研究课题，不带有任何强制色彩，这种课题方式在课题申报中较为少见。该课题研究的对象通常是教师个人在教学中遇到的一些教学难题，这一课题研究能够在一定程度上丰富自己的知识体系，解决现实教学中的疑惑。

课题研究在教育改革中扮演着重要角色，教研在一定程度上因科研的进步而得到发展，而教学改革又得益于教研能力与水平的不断提高。可以说，无论是从学校的角度来看，还是从教师的视角，课题研究都能促成二者专业领域的进步与发展。

3. 教研组影响教师课堂管理路径

（1）日常交流：主动表达后的适宜做法商讨。教研组日常交流是一种较为高效的沟通方式，具有权力平等、共同协商的主要特征。通过日常交流，教师之间能够建立一个固定的学习社群。这个社群能够在很大程度上帮助教

① 夏玉成，卢远民，刘明明．研究自我自主成长：教师小课题研究的基本特征与管理 [J]. 上海教育科研，2010（7）：60.

师短时间内提升个人的课堂管理能力。

通常来说，教师在教学活动中掌握一定的自主权，教学活动内容包括课堂管理、课堂教学与教学设计等。学校对于学生的监督并非每天进行，因此究竟教学中遇到了何种问题，只有授课教师自应该加强与其他教师的沟通与交流，这能够为教师提供更多的支持和建议，帮助他们更好地应对特殊学生的需求。

（2）听课观察：视域局限突破中的偷师学艺。课堂教学情境具有一定动态化、多样化与真实性等特点，通过听课观察，教师能够不断提升自己的教学和课堂管理能力，为学生提供更好的教育教学环境。

听评课活动是备课组与教研组的经常性活动。课堂管理中的一切具体问题，都可以视为听课教师需要认真观察的部分。因此，要想促使具体问题得到解决，就要求听课教师必须对授课过程进行认真观察。若是教师以第三方视角对其他教师的授课情况进行观察，便能够站在相对客观的角度发现一些具体的课堂管理问题，从而有助于教师课堂教学水平的提高。

4. 教研组影响教师态度路径

（1）氛围和谐：一同奔小康的积极心愿。教师个人专业能力的提高离不开专业学习社群的影响，只有当社群整体的运行态势与全体成员的行为模式处于积极状态时，才能形成有助于教师发展与进步的和谐氛围。这种氛围能够在一定程度上发挥积极的促进作用，促使整个专业学习社群成员的学习素养与以及社群的管理绩效得以大幅提升。通常来说，及时有效的沟通离不开和谐的学习氛围。同时，教师课堂教学中的问题之所以能够得到解决，也是因为进行了及时有效的沟通。

（2）氛围安逸：相敬如宾的求稳心态。学生学习的进步与教师专业的发展都是教师的美好愿望，也是同一专业学习社群的共同愿景。然而，教师作为人类社会的成员，是一个相对独立的个体，他们拥有自己独立的思想与意识，即使是同一专业学习社群的成员也难以拥有相同的价值观。因此，备课组与教研组的愿景或许会与教师个人的愿景有所不同。在部分备课组与教研组之中，教师可能面临学校组织的命令、指示或任务，这可能导致他们无法按照自己的心愿开展教学活动，只能根据统一要求实施教学活动。对于绝大多数教师而言，这种做法可能只是力求维持外在的和谐，而不积极追求个人和学生的进步。他们可能缺乏对个人专业发展的追求，只是为了满足学校要求而做表面的工作。然而，不同教师对于组织氛围的反应可能会有所不同。尽管少部分教师可能甘愿成为平庸之人，但仍然有一些教师能够超越这种状态，积极追求个人和学生的发展。

（3）氛围压抑：想做透明人的倦怠心理。对于任何一个组织而言，在运行过程中难免会遇到各种各样的冲突。这种冲突从某种角度来看，无论是对组织成员来说，还是对整个组织而言都会带来一定的破坏性影响。要想使这种影响的破坏程度降至最低，就需要采取科学合理的方式，拥有面对冲突的正确心态与处理方式，具体内容如图 6–3 所示。

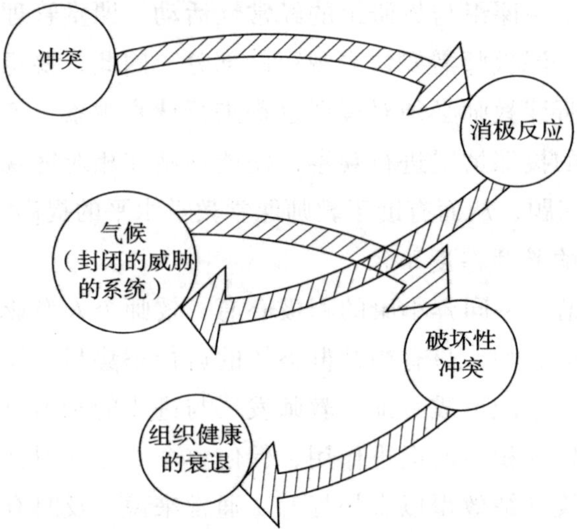

图 6–3　无效的冲突—反应—气候的综合征[①]

只有对组织冲突进行有效管理，才能使得组织实现可持续的健康发展。如图 6–4 所示。

① 杜妍．教研组对教师专业发展的影响研究 [D]. 上海：华东师范大学，2021：98.

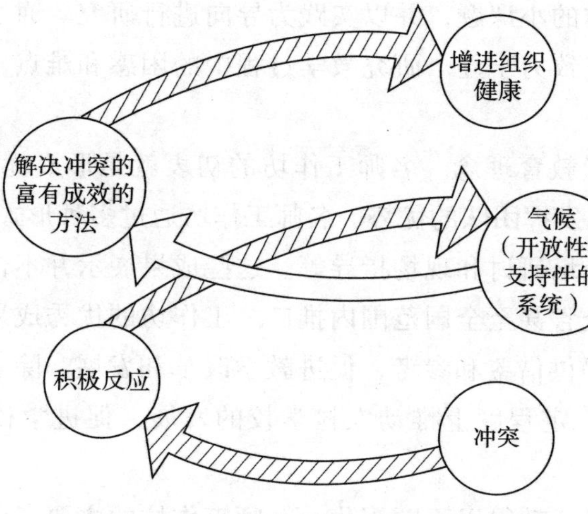

图 6-4　有效的冲突—反应—气候的综合产物①

教师在教研组和备课组中生活，离不开来自他人的扶持与帮助，因此良好的环境氛围尤为重要，不良的环境氛围会对教师的职业发展产生一系列的不良影响，使得教师的创造力与主观能动性难以被充分调动起来。

三、名师工作坊促进教师专业发展

（一）名师工作坊的职责及运行机制

1. 名师工作坊的职责

（1）做青年教师成长的引路人。在教学过程中，绝大多数教师由于长期受到传统教学模式的影响，使得许多在教学中遇到的问题与瓶颈难以得到有效解决，而这些问题也一直困扰着教师，使他们无法走出这一困局。要想促使这一问题得到解决，在名师工作坊的教学指导下，可以更加科学合理地处理这些困惑与难题，通过制订相应的培训计划与工作计划，使得教师的教学目标得以实现，并逐渐成长为一名优秀教师，在教师行业中充分发挥自己的优势与专长。

（2）实施课题研究。有别于其他高校的学术研究，名师工作坊得以发展的内在动力就是课题研究。它基于工作坊主持人的专业领域，在教学实践中

① 杜妍．教研组对教师专业发展的影响研究[D].上海：华东师范大学，2021：99.

针对问题形成具体的小课题，并以实践为导向进行研究。通过激发成员的集体智慧，课题研究致力于逐个研究教学过程中的困惑和难点，以集中的力量解决这些问题。

（3）实践现代教育理念。名师工作坊的初衷就是形成优秀教师的群体，减少个体的劣势，发挥团队的优势。名师工作坊通过多种形式展示研究成果，包括著作论文、论坛研讨和现场指导等。这些成果展示并不仅限于一个区或市，而是可以在全省甚至全国范围内推广。工作坊的优秀成果可以为其他地区的教育工作者提供借鉴和参考，促进教学改革和发展。除了成果展示，名师工作坊还能在一定程度上推动农村学校的发展，促进学校与教师的健康发展。

（4）促使教研活动得以不断深化。名师工作坊的主要工作职责是促使优质的教育教学资源数据库得以建立。而要想建立这一数据库，就离不开教师与教师之间及时有效的沟通与交流，这种交流与互动的实现，需要名师工作坊充分发挥其引领作用，使得众多先进的教学经验与方法得以收集与整理。在该活动中，名师工作坊发挥着重要的主导作用。通常来说，难点的教学资源、关键知识点、名师的示范课资源、微课资源等都属于优质教育教学资源数据库的重要内容。通过这些经过精心策划与设计的教研活动，名师工作坊的教师成员能够在一定程度上使得自己的视野得以拓展、教学水平得以提高，进而使得自己的知名度得到相应提高。

（5）促使教学改革得以不断推进。新一轮基础教育课程改革从根本上转变了教师的传统教学观念。然而，在现实教学活动中，仍然有一部分教师受固有思维的限制，对新课程改革持保守态度，阻碍了新课改的顺利实施。在如此形势下，如何推进新课改成为名师工作坊的重要内容。通过成员之间的沟通与交流，包括名师有针对性的指导，新课程改革中遇到的难题得以有效解决，从而使得教师的综合素养得以提升。

不难发现，名师工作坊本质是一家非行政性的工作机构，其具体职能包括培训、教研、教学等，其成员主要是各学科专业领域的优秀教师。借助名师工作坊这一优势，能够促使教育教学中的难题得以有效解决，使得人才优势最大限度地发挥出来，从而共同研究与探讨出一条与本地教育情况相适应的发展路径。

2. 名师工作坊的运行机制

（1）外部支持机制。外部支持机制是名师工作坊的重要支柱和基础保障，缺乏外部支持将严重影响工作坊的有效运作。

①经费保障机制。分配研究经费是工作坊成立后，市级各教师继续教育领导小组应当进行的首要任务。组织的资金预算通常是由主持人负责的，他的工作通常要接受来自相关部门的监督与审计。一般来说，购置工作坊的设备和图书、邀请专家进行讲课的费用、外出学习考察费用、主持人的工作补贴，以及支持工作坊的课题研究等，是专项经费的主要用途。

②政策支持机制。要想促使名师工作坊的工作得以顺利开展，就要尽可能地为工作坊首席名师打造良好的工作环境，使其能够在各个方面取得一定的支持与保障，具体包括对工作关系进行协调、对相应的办公设施进行配备、为首席名师提供专用的办公室并使其工作实践得到保证等。在计算工作量时，应当将工作坊中的工作量以一定的标准计算在内。为了确保工作坊的工作得以顺利开展，其工作内容以及名师的待遇问题应当受到一定范围内的监督。一般来说，应当对工作坊的成员学习时间加以明确规定，如一周内要保证学员的课时为 2 ～ 4 节，这样才能使其学习达到预期效果。教育部门则应为学员成果的推广创造条件，并确保相关待遇的落实。这些举措旨在提供充分的支持和激励，以促进名师工作坊的发展和成果的推广。

（2）内部运行机制。在名师工作坊中，建立内部运行机制是至关重要的。这种机制不仅能够有效地发挥各个工作坊的优势，还能激发工作坊成员的内在动力，使他们积极参与并共同成长。

①教学活动机制。要想促使教师的教学活动得以顺利开展，就需要提高教师的教学能力。通过向工作坊的名师进行学习，一定程度上促使在教学中遇到的瓶颈与难题得以解决，并为教师的专业发展保驾护航，便是名师工作坊的教学活动机制。通常来说，教学示范、教学研究、教学评价反思等都属于教学活动机制的内容。

教学示范：通过调研发现，名师工作坊对主持人与其成员的示范课数量有所要求，具体来说，每学年执教 4 ～ 8 节示范课是对工作坊成员的要求，而每学年推荐或者执教 4 ～ 5 节示范课是对主持人的要求。而且在这一过程中，工作坊会要求所有成员参加学习与观摩，而当成员执教时，其他成员也可以通过观察与听课有所收获。通过这种互相借鉴和学习的方式，工作坊成员获得了丰富的教学经验和专业知识。每年至少35学时的专业培训时间被投入教学示范，让工作坊成员能够不断提升自己的教学能力和教学水平。

教学研究：工作坊的主持人会结合绝大多数成员在课堂教学中遇到的问题，对每学年的研究专题加以确定，并以文字的形式制定出较为周详的研究方案。在制定过程中，主持人会邀请所有工作坊成员参加，经过大家的共同商讨，撰写阶段性研究报告，以便于为后续学员的课堂教学提供指导与帮助。

教学评价反思：工作坊以案例分析的方式，组织全体成员定期举行集中讨论，以探讨课堂教学思想为核心，促进教师深入思考和交流，最终提出具有建设性的建议和意见。为培养案例分析的文化，工作坊特别挑选期刊中的典型课程，鼓励成员深入剖析并发表评论。此外，工作坊还会要求成员在期刊中选取出典型课程，让他们针对该案例展开讨论，长此以往，便会逐渐形成一种文化，即案例分析文化。可以说，工作坊的工作内容尤为丰富，具体包括评估课、听课、提供示范课等。除此之外，工作坊还会要求其成员针对教学中以及学习中遇到的问题进行分析总结与反思，并在官方网站定期进行教育故事、教师案例、教学视频与教学设计的发布，使得所有成员可以实现资源共享。

②科研活动机制。一般来说，论文写作、专题研修、学科研究等均属于名师工作坊科研活动的主要形式。

（3）考核激励机制。名师工作坊在考核评估方面采用多种方法，以全面了解主持人和成员的工作表现。这些方法包括教学测试、网络数据访问、问卷调查、深度访谈等。而经过综合考量，可以将其评估结果进行分级，由低至高分级依次为不合格、合格、优秀。获得优秀评级的人员可受到表彰和奖励。

（二）名师工作坊促进教师专业发展实施

1. 通过集体备课打磨教学技能

要想使得自身的教学水平得以提升，集体备课是一个较为理想的途径与方式，具有汇集群体智慧、促进教学创新的优势。通过集体备课，教师能够快速借鉴他人的经验和思路，结合自身日常的教学习惯，逐渐形成一种较为固定的、个性化的教学风格，从而使其教学认知与行为更具科学化与合理化。与以往的集体备课方式相比，名师工作坊打破了年级、学科和学校的限制，通过协同作用发挥集体智慧。在名师工作坊中，教师的集体备课可以突破各种界限，实现跨越式的协同与合作。

2. 通过个性研修精进教学技能

教师学习共同体并不仅仅是简单的个体聚集，本质上是每一位具有鲜明的个性与特质的成员的集合，是一个团体。对于绝大多数教师而言，到工作坊学习的初衷就是使得独特的教学个性与风格得以形成，而教师的教学水平、知识结构、成员年龄都是影响成员教学风格的主要因素。名师工作坊可以根据每一个学员的不同情况，进行私人订制式的指导，使得他们教学中的难题得以解决，最终实现高质量的专业发展。

3. 通过示范观摩交流教学技能

教师与教师之间之所以能够进行及时沟通，基本得益于示范课的开展。在工作坊中，教师可以借鉴名师的示范作用，相互学习、交流，共同成长。这对于推进课堂教学改革、提高教育教学质量具有积极意义。在示范课中，同课异构的形式在名师工作坊中得到了广泛应用。

4. 在深度思考中升华教育理念

教师被誉为“人类灵魂的工程师”，要想使得自己的教学技能与知识得以丰富与提升，还需要依靠主题研讨，它可以最大限度地将教师的主观能动性与创造力激发出来，帮助教师在深度思考中升华教育理念。

四、中小学“大学区”管理制度促进教师专业发展

（一）中小学“大学区”管理制度为教师专业发展提供的便利条件

1. 中小学“大学区”管理制度为提高教师专业发展水平提供平台

基础教育优质均衡发展具有多种意义与作用：其一，它是对教育民生加以改善的最终结果；其二，它一定程度上可以促成教育公平；其三，它是一个社会普遍关注的焦点问题；其四，它是中小学“大学区”实施管理制度的最终目标。从根本上看，实现教育优质均衡发展的关键便是提升教师的专业教学水平。通常来说，这一制度的实施能够带来两个优势：一是大学区的教育因这一制度的实施而拥有了一个可以充分发挥才智的平台；二是要想实现教师的专业发展，也离不开一定的制度保障。

中小学“大学区”管理制度的实施，无论是对成员学校教师来说，还是对学区长学校而言，都有一定程度上的积极促进作用。首先，它是能够最大限度地实现教育资源的共享，并在共享实施中促进彼此之间的交流与合作，从而在合作中使二者取长补短，多层次、多角度地开展合作活动。其次，教师的综合能力在优秀教师的指导与帮扶下取得了较为显著的进步，主要体现在教师的学生管理能力、课题研究、思维能力、教学水平、教育教学理念等方面。除此之外，作为帮扶对象的合作学校教师，在与学区长学校的优秀教师进行沟通互动的过程中，能够发现自己与对方存在的巨大差距，包括专业技能与知识、教学管理能力等方面。因此，教师会对标先进学校的优秀教师，努力提升自己的专业能力与水平，激发出自己强大的进取心与斗志。基于教师的专业发展，其在课题研究与课题开发方面的能力也在不断提升，逐渐成长为一名研究型的专业教师，而此时的教师能够拥有不同的态度、价值观、独有情感等，客观上使得优质教育资源的覆盖面得以不断扩大，也促使品牌学校再生机制得以形成。

2. 教师专业发展是中小学“大学区”管理制度的重要内容

高素质教师队伍的建设，在一定程度上可以提升教师的专业素质，从本质上看，它是中小学“大学区”管理制度实施的关键环节与核心问题之一。由此可知，该管理制度的一个重要研究领域便是教师专业技能与水平的提高途径与方式。而区域内实力相对薄弱的学校也会因该制度的实施，在教学质量与教学水平方面有所提高，并且学生也能因此而获得更加优质的教育。故此，教师要想促进自己的专业发展，就需要注重以下几方面能力的培养：一是要想促使学生拥有高尚的人格品质，就应当对教师道德品质与理想信念提出更高的要求；二是学生是否拥有较高的学习力，取决于教师是否拥有持续学习的能力；三是学生能否保持科学探索的好奇心，源于教师是否能够站在较高层面上对最新的科技成果及其意义有所了解；四是学生要想获得高水平的教育，就需要教师具有一定的创新意识与创新精神。基于上述内容，在基础教育优质均衡发展中，教师的专业发展是一个不可或缺的关键环节之一。教师专业发展，一方面有助于教师自身专业教学水平的提高，另一方面可以推动教育的均衡发展。

3. 中小学“大学区”管理制度引领教师专业发展

要想加快区域内教师的专业发展，就需要改革中小学“大学区”的管理制度。一系列政策措施的确立，在一定程度上可以使得教师的专业发展有能够实践的平台，这些措施包括教师能力的培养、资源共享以及交流合作等。教师与教师之间通过学区内的有效沟通与互动，发现自身存在的不足，真正做到取长补短，彼此之间相互借鉴与学习，在专业领域不断取得令人瞩目的成绩。这一优势可以借助课程改革的多个方面有所体现，包括学生活动、教育科研、课本研训、资源共享、课堂教学、教学管理等。这些表现从根本上源于对学区内教师合作共生机制的不断深化。可以说，中小学“大学区”管理制度的实践推动了教师专业发展迈向教育实践的新阶段，摒弃了传统的定期培训和简单说教的方式。从一定程度上来看，要想始终保持教师行业的纯洁性与先进性，就必须促使教师流动机制得以建立，这一机制的建立可以在很大程度上推动教育资源的优质均衡发展，使得一大批拥有高尚品德与扎实专业能力的教师涌现出来。

（二）中小学“大学区”管理制度促进教师专业发展的路径

基于充分的调研与论证，各地应设立“大学区”机制。这一设立需要综合考虑区域的教育发展水平和实际情况，选择优质学校作为学区长学校，并组建大学区管理共同体。同时，根据学校的分布情况，可根据实际情况确定几个大学区。“大学区”打破城乡壁垒，突破市属、区属管理权限制约，以相对就近、优势互补为原则，按照“城区 + 农村”“优质 + 薄弱”的“大学区”组合形式，实施优质师资共享、课程资源共享、学校文化共享。

1. 优质师资共享制度

优质师资共享制度是“大学区”管理制度中的一个重要方面，它旨在促进教师的专业发展，提高整个区域内的教育质量。这种共享师资的方式可以以多种形式实施，其中包括教学成果共享、共同教研、联合备课、开放课堂和跨校兼课等。此类方式可以帮助不同学校的教师进行有效的互动和合作，从而实现资源的共享和优势互补。

跨校兼课是指优质资源学校的教师到其他学校任教，借此提高其他学校的教学质量。这种方式可以帮助优质资源学校的教师更好地了解其他学校的教学情况，同时向其他学校的教师传授自己的教学经验和方法。开放课堂是指在“大学区”内定期组织教学观摩活动，使不同学校的教师可以相互观摩、交流，从而提高自己的教学水平。这种方式可以帮助教师更好地了解其他学校的教学方式和方法，同时可以促进教师之间的交流和合作。联合备课是指不同学校的教师联合备课，共同研究教学内容和方法。这种方式有助于教师全面了解其他学校的教学方式和方法，同时促进教师之间的交流与合作。共同教研是指不同学校的教师联合研究特定的教学内容或教学方法。这种方式可以帮助教师深入了解某一教学内容或方法，同时可以促进教师之间的交流和合作。教学成果共享是指优质资源学校的教师将自己的教学成果（如教案、教学视频等）分享给其他学校的教师，从而提高整个区域内的教学水平。这种方式可以帮助教师更好地了解其他学校的教学方法和经验，同时不断改进自己的教学方式。

2. 课程资源共享制度

课程资源共享制度的意义在于将各个学校的优质课程资源集合起来，让更多的学校和学生可以受益，进而提升教育教学水平。在“大学区”内建立信息化课程资源平台，可以方便地进行资源共享和管理，同时便于教师之间分享和交流教学经验和方法。通过这种方式，教师可以更容易地获取到最新的教育教学资源和信息，从而提升教学水平和专业素养。同时，课程资源共享也能够提高教育资源的利用效率，避免资源的重复建设和浪费，进一步降低教育资源的成本。而且，共享优质的教学资源可以促进教学质量的提高，使学生在不同的学校、不同的环境下，都能接受到高质量的教育。

值得一提的是，随着信息技术的发展和应用，建立信息化课程资源平台已经成为趋势。通过互联网的连接和数字化的管理，可以将资源进行无障碍共享，而且可以根据需求实现定制化服务，满足不同学校和教师的需求。因此，在推进“大学区”管理改革的同时，需要积极探索信息技术在教育教学中的应用，提高信息化水平，为课程资源共享提供更好的技术支持和保障。

3. 学校文化共享制度

学校文化共享是指优质学校将其成功的教育管理经验、学校文化建设经验、师生文化建设经验、学风校风等经验和成果进行传播、分享，让其他学校能够从中受益。在“大学区”管理制度中，学校文化共享制度不仅是学校之间资源共享的重要组成部分，也是“大学区”教育教学质量的重要保证。

一方面，学校文化共享可以有效地促进教师专业发展。通过与优质学校进行互动交流，教师之间可以深入学习先进的教学管理理念和实践经验，从而不断提升自身的教育教学水平和教学管理能力。这种交流可以为他们带来丰富的启示和灵感，激发他们对教学的热情和创新的活力。教师可以借鉴优质学校的成功经验，探索创新的教学方法和策略，为学校的发展和提升教育质量做出积极的贡献。

另一方面，学校文化共享也有利于学校的文化建设和提升学校的软实力。学校文化是学校的核心竞争力，只有建立健全的校园文化，才能吸引更多的优秀师生加入学校。通过“大学区”管理，学校之间能够相互借鉴，优化和完善自身的文化建设，形成更为鲜明的学校文化特色，提升学校的软实力和美誉度。

第七章　教师专业发展愿景规划设计与措施

第一节　实现愿景规划的六项重要修炼

一、专业理念与师德修炼

“教师专业标准”把“专业理念和师德”列为重要维度之一。专业理念和师德是否合适是衡量教师是否符合专业标准的重要指标，也是教师专业发展最为注重的内容。教师的综合素质大多与教师专业理念和师德的提升程度成正比。因此，要实现教师专业发展的愿景，还需要做好专业理念和师德修炼。

教师专业标准提出的专业理念和师德维度，由“职业理解与认识”“对学生的态度与行为”“教育教学的态度与行为”以及“个人修养与行为”等四大领域共 18 项基本要求组成。这些维度、领域和基本要求，可以概括为教学理念和师德两大方面。

教学理念的核心是对教师职业的理解，如对教育的性质、价值、功能及任务的理解；师德的核心是对学生的理解、态度与行为。专业理念与师德修炼的主要内容如下。

（一）树立正确的职业观

职业观是将专业理念发展具体化。所谓教育良知，就是教师对教育工作的意义、价值与教育行为、责任的正确理解，以及对学生身心成长的健全方式的科学认识，并以此为基础采取正确的教育策略的意识。一个缺乏教育良知的教师，难以充分认识其所从事的工作的意义，因而也就无法实现自己的专业发展愿景。

要树立正确的职业观，修炼自己的专业理念与师德，当然需要加强学习，通过学习教育教学的基本理念，学习各种前沿理论，提升自己的理论水平。但仅仅凭这一点还很不够，我们还应该通过学习、思考和实践，凝练自己的教育（教学）思想。所谓教育思想，是指教师已形成的对教育现象及其规律的认识与概括。没有思想的教师无法在专业发展的道路上走得太远。“名师源于教育思想”，追溯名师专业成长的历程，无论他们走的是什么样的道路，采用的是什么样的方法，有一点是共同的，即他们都有一个教育思想不断提升、积淀并成熟的过程。有了教育思想，面临复杂的教育实践问题，面对各种层出不穷的教学口号，我们才会有自己的主见，才会在面对各种教育现状时总能通过积极地参与并找到最佳的解决办法。为此，一些高层次的骨干教师研修班都把凝练教育思想作为最重要的研修目标和要求。例如：

> 以培养反思—研究型专家教师为指向：引导参训者在原有的基础上进一步提升教育教学理念，走出基于日常经验的教育，变经验型教师为研究型教师；引导参训者梳理、总结基于其长期教学实践的研究成果，把自己的思考和研究初步凝练成自己的教学思想，进一步形成自己个性化的教学风格；帮助参训者突破专业发展瓶颈，解决个人专业发展中遇到的难题与困惑，为他们尽快步入特级教师、正高级教师队伍提供切切实实的支持与帮助；引导参训者在大力推进素质教育进程中发挥示范引领作用，从而推进教师队伍整体素质的提高。（某省级特级教师后备人选高级研修班研修“总目标”）
>
> 注重理论与实践相结合，注重反思与追问，促使每一位参训教师能够凝练出自己的教学思想，提出自己的教育主张，为成为特级教师和省学科带头人奠定坚实的基础。（某市高层次骨干教师培训班某小组研修目标）
>
> （转引自王聚元著《教师专业发展愿景规划与终身学习策略》）

凝练教育思想，绝不是人云亦云地重复别人的话，更不是赶时髦跟风喊口号，而是通过不断深化的理论学习，通过对自己的教学实践的不断反思，逐步形成自己对教育教学的理解，并在此基础上把自己对教育的理解凝练出来。

（二）铸就一颗爱心

教师之爱是一种教育品格，一种教育精神，一种教育德行。现代教师的师德素养，可以归结为一个字——爱，有了爱，教师才有了职业道德。教师的爱心既包含对教育事业的执着，又包含对学生的爱护和关怀。教师的爱心时时表现为常人无法理解的从心底里对学生的爱。教育是心与心的呼应，是爱与爱的共鸣。作为一名教师，要对每一个学生倾注爱心。

优秀教师一定是具有爱心、细心、耐心、恒心和责任心的“五心”教师，这“五心”是融合在一起的，而爱心则是“五心”的基础和前提，有了爱心，其他“心”也就都有了。爱心在行动上表现为理解每一名学生，信任每一名学生，尊重每一名学生，友爱每一名学生，最后落实到教好每一名学生。

（三）塑造教师外在形象

《韩诗外传》中说：“智如泉涌，行可以为表仪，人师也。”这里把有无“如泉涌”的“智”和“行”（形象）能否“为表仪”看作能否为人之师的必要条件。大凡优秀教师，其个人外在形象会给人留下十分深刻的印象。教师的外在形象，主要是指教师的衣着、装饰、言谈、行为举止等反映教师个人修养的外表特征，表现出教师个人的思想、德行、品格等内在素养。因而，在专业发展的道路上修炼师德素养的同时，必须注重个人外在形象的塑造。

教师专业标准“个人修养行为”领域中对个人外在形象主要提出衣着、语言、举止三方面的具体要求，下面就这三个方面的要求展开简讨论。

1. 庄重得体的现代衣着

一个人的衣着，能够反映出他的品位，同时反映出他对生活、对世界的态度，以及反映出他是否尊重他人。教师的衣着服饰，不但能够反映出其个人的品位德行，还影响着学生的审美情趣、学习情绪。成功的教师，无不十分注意他的衣着打扮。请看下面的案例：

发生在某校课堂上的两个小故事

故事一：一天，校领导要来听某位历史老师的课。平时，该老师不太修边幅，且适逢冬季，这里的人们一般都穿着黑色、蓝色等深色系的衣服。听课那天，该老师的形象让教室里的师生眼前一亮：他一改平时总穿着深灰色衣服的习惯，换上了一身浅灰色的西服，皮鞋也擦得铮亮，与教室里一片黑压压的衣服形成强烈的反差。学生们的精神都抖擞起来，全身心地投入课堂学习状态。课堂教学效果非常好。

故事二：有一位女教师，身材不高，却总穿着一身很长的大褂，显得很不精神且很不利索。有一天，经人提醒，她把大褂换成合体的短上衣，再系上一条亮丽的小丝巾，发型也梳理得更加整齐，整个人都透出一股令人愉悦的精气神。她走进教室后，学生们有一种焕然一新的感觉，课堂教学效果也出奇地好。

（转引自郭元祥著《教师的 20 项修炼》）

教师的穿着打扮要注意既不要过分寒酸，又不宜过分讲究；既不要不修边幅，又不宜过分奢华；既不要古板老旧，又不宜过分时髦。总之，应该庄重得体，具有时代气息。

2. 优雅感人的最美语言

这里讨论的教师的语言修炼，主要是指教师的教学语言修炼。无论在课堂上还是课堂外，无论课前、课中还是课后，教师语言都是教师与学生沟通的最主要的媒介。教师通过自己的语言传递思想和知识，学生通过教师的语言提高思想、获取知识。教师的教学语言，是指教师在学科教学中运用规范的语言，结合教学实际，诠释教材、传授知识、组织学习、启发学生思考、激发学生学习积极性的教学行为。请看下面几个课堂小插曲：

（1）某数学老师这节课准备教方程式的变换，但上节课正好是体育课，学生回到教室后一个个疲惫不堪，有的甚至昏昏欲睡。只见这位教师走上讲台，把袖子一挽，大声说道："同学们请注意了，我要'变形'了！"

（2）有的学生总是迟交作业，一位思品老师在讲完"可持续发展战略"这一课后，对该学生说道："你若再不做作业，就不能可持续发展了，弄不好要被可持续罚站了。”

（转引自郭元祥著《教师的20项修炼》）

插曲中的几位老师幽默风趣的语言，在组织教学、管理课堂等方面所起的作用不可小觑。

教师教学语言水平是衡量教师专业素养的重要标志，高水平的优秀教师，无不在修炼自己的教学语言、提高自己的语言艺术上下足了功夫。请看下面一则案例：

著名特级教师余映潮老师在指导学生读《记承天寺夜游》时，首先提出有味的朗读，要读出一点儿文言的味道，读出一点儿宁静的氛围，读出一点儿夜游的兴致，读出一点儿复杂的情愫。在学生第一次齐读后，余老师准确地指出：“朗读不够舒缓，要表达一种闲适之情。”学生们再一次齐读后，老师说：“语速过快，读时仿佛娓娓道来，同学们再读读！”学生再齐读后，老师说：“有进步，但有点儿像现代文。文言文怎么读？有几个字，如‘念’‘盖’‘但’要读得较长，同学们再试试！”学生再齐读，老师说：“能感受到作者的心情吗？读出一点儿快乐的味道，哪几个词表现了作者的快乐？”学生说：“‘欣然’‘相与’‘亦未寝’。”老师说：“好，我们最后再读一遍。”

余老师以其明确简洁的语言给学生下达朗读学习的任务并简要地提示了基本要求；当学生的朗读达不到预期效果时，老师以他明确简要的语言与充满鼓励与期待的语气，既给出了中肯而准确的评价，指出了朗读中的不足和需要改进的方向，又鼓励学生大胆尝试。在一次次的尝试与教师教学语言的推动中，学生的朗读以及对于文本的理解不断进步。

可以毫不夸张地说，教学语言是人类最美的语言，教学语言应该具有优雅典范的素养美、抑扬顿挫的节奏美、诙谐幽默的机智美、声情并茂的情感美、逻辑严密的理性美。教师应在平时的教学实践中不断修炼，形成属于自己的个性化的人类最美的语言。

3. 持重有方的举止行为

教师的举止行为，代表着教师的形象和内在素养。作为一位教师，无论在校内外还是课内外，举手投足之间都必须与教师的身份相符，切忌轻浮，切忌粗俗。

教师的举止行为对学生具有示范意义。为此，教师的举止要持重有方，要掌握好喜怒哀乐的分寸，避免失态行为。

二、专业知识修炼

专业知识是指一定范围内相对稳定的系统化知识。专业知识的学习发展是教师专业发展又一个十分重要的维度，也是我们实现愿景所要加强修炼的重要方面。目前，在国内较有代表性、影响较大的一种意见认为，教师专业知识主要由本体性知识、条件性知识、实践性知识和通识性知识构成。

本体性知识，也称学科知识，教师本体性知识被称为“教师职业的身份标志”，主要由学科基础知识、学科课程与教学论知识、学科学习领域知识、学科课程资源知识等组成。条件性知识，是指能够使教师对具体的本体性知识做出教育学和心理学解释的知识，对本体性知识的教学起到理论性支撑作用，主要由教育学、心理学等组成。实践性知识是关于课堂情境及与之相关的知识，主要指教师在具体的课堂情境中如何处理教学和管理方面问题的知识。实践性知识是决定教师专业素质的关键，通识性知识、本体性知识和条件性知识都要通过实践性知识进行整合，从而将知识内化为教师自己的专业素养，形成完整的知识结构。通识性知识主要指教师拥有的有利于开展教学活动的除本学科以外的其他普通文化知识。通识性知识主要包括自然学科知识、人文社会科学、艺术欣赏与表现知识，以及现代化信息技术知识等。

专业知识修炼可以主要从以下几个方面着手。

（一）专业知识的查缺补漏

各种专业知识只有均衡发展，才能助力教师专业发展，这是毋庸置疑的。绝大部分中小学教师在学校都接受过专业知识的学习，从事工作后也会继续学习和积累许多专业知识，但是即使学历再高，从事教育工作时间再长，积累的经验和知识再多，他们也不可能对各类知识都了解、通晓，因为人人都有自己的知识短板。例如，学科教学教师往往对教育学、心理学等条件性知识缺乏了解。即使是对本学科的各项知识，也很少有人能全盘精通。就拿语文学科来说，按理说，对于大部分语文老师来说，语文基础知识都已经通过大学相关课程和教材获得。但是，正如王荣生教授所说的："在大学相关课程和教材中，由于种种原因，一些对语文教学极为重要的知识，或者未予申明，或者未予突出，有的还缺乏研究，因而导致语文教师普遍未能知晓，在语文教学中往往未能发挥其应有的效用。"

因此，教师必须在平时实践中不断进行专业知识的"查缺补漏"，这样才能突破专业知识发展的瓶颈，使自己专业发展的步伐迈得更加坚实。

（二）专业知识的不断更新

随着时代的不断发展，各种知识也在不断发展，当今社会知识发展更新的周期日益趋短，教师专业知识更新日益紧迫。

例如，按照传统的知识分类，学生应该掌握的知识可以分为陈述性知识、程序性知识两大类，教师在教学中一般都很重视这两类知识的教学。而现代认知心理学研究表明，除了陈述性知识、程序性知识外，学生还应掌握策略性知识；对学生综合素质的提升来说，陈述性知识、程序性知识固然重要，但策略性知识在学生的知识结构中更为重要。

（三）专业知识的强化

教师专业知识包括各个领域的各个方面。就拿语文学科来说，王荣生教授指出的教师必须掌握的语文学科基础知识就包含语言学、文学理论、文章学、心理学等诸方面，而每一方面又有若干知识点。每一位教师不可能是全才，即使最优秀的教师，也不可能对每一方面每一项知识都十分精通。卓越的教师都有自己个性化的教学风格，个性化的教学风格是由自己对教学理论的独到理解和扎实而精湛的专业知识支撑的。在修炼专业知识时，教师应该根据自己的个性特点，明白自我知识结构的优势，寻找最适合自己习得和在课堂教学中发挥的专业知识，在夯实各项专业知识的基础上不断强化知识。

三、学科教学能力修炼

在实现专业发展愿景的过程中，教师的专业能力修炼起着不可低估的作用。"能力为重"是教师专业标准所提出的一个重要的基本理念，"标准"对教师专业能力所提出的总的要求如下：把学科知识、教育理论与教育实践相结合，突出教书育人功能；研究学生，遵循学生成长规律，提升教育教学专业化水平；坚持实践、反思，再实践、再反思，不断提升专业能力。

教师专业能力必须与专业理念、专业知识等形成一个统一的整体，才会发挥其应有的作用，这是教师在修炼中必须注意的一个问题。教师专业能力主要有教师的自我发展能力、教学管理能力以及学科教学能力这三大类。教师专业能力是一个有机的体系，是综合性的，并非某一项单一能力，这三大类作为一个整体体现在教师的日常工作中，才称得上有了专业能力。上述三类能力中自我发展能力属于拓展性能力，教学管理能力属于交往性能力，学科教学能力属于本体性能力。本节主要讨论学科教学能力的修炼。

学科教学能力主要包括教学设计能力、教学实施能力和教学评价能力。学科教学能力在教师专业能力结构中占有主体地位。

（一）教学设计能力修炼

所谓教学设计，就是根据教学对象和教学目标，确定合适的教学起点与终点，将教学诸要素有序、优化地安排，形成教学方案的过程，它是面向教学系统解决教学问题的一种特殊的教学活动。教学设计能力是教师专业能力中最基本也是最重要的一项能力，修炼教学设计能力，是教师走向成熟乃至优秀的基点。随着课程改革向纵深发展，教学标准越来越强调“设计意识”（教学设计），越来越强调课堂教学改革不是一种教学方法或教学技术的更新和调整的事情，它需要在先进的教学理念支持下展开有效教学设计。

1.发展性

学科教学最根本的追求，就是想方设法让学生在课堂教学的单位时间里获得有效发展，学生有没有取得进步或发展，是衡量学科教学质量高低的一项重要的指标。因此，以促进学生的发展为核心目标设计教学，是课改背景下教学设计最基本也是最重要的特征。所谓发展，就是指学生经过学习产生的变化、取得的进步和获得的积极的情感体验。学生的进步或发展是全方位的，主要表现为从不懂到懂、从少知到多知、从不会到会、从不能到能、从不想学到想学、从想学到学好等变化上，特别是表现在学习策略的掌握和学习能力的提升上。学科教学设计所关注的学生发展不仅是学生整体的发展，还有学生个体的个性发展。因此，设计教学时，应该充分考虑个体的差异，不硬性规定“步子”大小，不强求全班同步行进，允许学生根据各自的学习需求、学习方法和学习能力，选择各自的发展目标。

2. 开放性

学科教学的基本理念认为，课堂教学是一个开放的生态系统，具有明显的开放性特点。教学设计的开放性特点，要求教师在教学内容的确定上，从单一的书本知识向学生的生活、生产和社会等方面拓展，将学生的个体知识、直接经验以及学习环境看作重要的课程资源。在教学方法上，要从以教师为中心向以学生为中心转变，提倡以“自主、探究、合作”为特征的探究性学习。在教学过程方面，要注重师生的交流互动与心灵对话，让学生多一些感悟、体验的机会，多一份参与的激情和动力。在解决问题的答案方面，要从答案唯一、解法唯一向条件、问题、解法和结果的适度开放转变。

3. 生成性

“凡事预则立，不预则废”。教学设计把预设看作生成的前提，没有充分的预设，就不可能有预期的生成。学科教学基本理念认为，教学活动的发展有时和教学预设相吻合，但更多时候则与预设有差异甚至截然不同。新课改背景下的课堂，不再完全是预设“计划”的课堂，教师决不能完全按照预先设定的教学目标、教学内容和教学计划进行教学，要时刻注意课堂中发生的情况，也就是学生的生成情况，这种生成是预设基础上的动态发展。教学设计的生成性特征要求教师把教学设计看作一个动态、发展的概念，设计时要多些弹性灵活的成分，以便根据教学过程中学生涌现的各种信息，及时修正原有的设计，灵活机智地增减教学内容、调整教学目标、选择教学策略，帮助学生有效达成预期的学习目标。

（二）教学实施能力修炼

学科教学实施是指教师在课堂教学过程中根据教学目标或教学任务的需要，运用心理学、教育学以及学科教学的相关理念、知识与技能，遵循一定的原则，采取一定的策略和举措，建立起良好的课堂教学关系，确保学生的学习有序高效。教师专业能力的修炼，除了教学设计能力修炼，教学实施能力修炼也很重要。教学实施能力必须通过努力修炼才会提高。修炼教学实施能力需要教师多种能力的融入，诸如思考能力、道德素养、各种基本功等，有超强教学实施能力的教师一般都有较强的综合素养。学科教学实施能力包含的范围较广，包括课堂提问能力、情境创设能力、管理与调控能力、言语教授能力等。根据大部分成功教师的经验，修炼教学实施能力可以从以下几个方面着手：

1. 尊重学生，建立积极的师生关系

课堂教学的过程是师生情感交流的过程。课堂气氛对学生的学习效率有很大的影响。愉快和谐的课堂气氛、良好的师生关系和理性的教师权威，不仅有助于教师传授知识，更有助于学生学习。在这样的教学环境中，师生之间具有较大的相容性，教师信任、尊重、关爱学生，学生主动地接纳教师的指导，接纳各项教育措施。教师的行为对学生产生潜移默化的影响，教学活动便能高效顺利地开展。

2. 把学生的学习发展放在首位

学科教学设计具有发展性特点，设计学科教学，要十分关注学生的发展。学科教学实施，同样要十分关注学生的发展。

3. 遵循启发式、发现式教学原则

教学方法的选择和运用，是教师教学实施能力的重要组成部分。不管选择哪种教学方法，都应当遵循启发式、发现式教学原则，以构建课改背景下的新型课堂。

所谓启发式教学，是指按照认知事物、掌握知识与技能和解决问题的思维过程，逐步启发学生层层深入地思考问题，能动地领会和掌握知识技能。实施启发式教学可供选择的具体方法很多，如激疑启发、情境启发、比喻启发、类推启发、讨论启发、描绘启发、对比启发等。

发现式教学是启发式教学的进一步深化和发展。其主要特点是在教师的引导、启发和激励下，通过一系列的发现步骤，引导学生主动、自主地探究问题，从而有所发现，并在发现的过程中掌握知识和技能。发现式教学强调学生是知识的发现者，因此这种教学方式能充分地调动和发挥学生的学习积极性、创造性，有利于发展学生的认知兴趣和认知水平，有利于发展学生的独立观察能力、思考和解决问题等能力。

4.运用现代化信息技术构建智慧课堂

构建大数据背景下的智慧课堂，是时代赋予的使命，是培养、发展学生核心素养的需要，是对教师专业发展的挑战，也是教师修炼教学实施能力的重要方面。构建智慧课堂，离不开现代化信息技术的运用。新课改以来，现代化信息技术的使用越来越受到关注和重视，它不仅是单纯的辅助性教学手段，已成为学生的认知学习的工具，在构建智慧课堂、培养学生的思维能力和解决问题的能力方面发挥着不可低估的作用。

（三）教学评价能力修炼

所谓教学评价，主要是对课堂教学活动的过程与结果做出一系列价值判断。教学评价涉及对教师的教学活动和对学生的学业的评价两种，后者可以称为学习评价。本书主要讨论后者，即学习评价。教育课程改革发展的攻坚战在于评价改革，而如何对学生的学习进行评价又是评价改革中最为关键的领域，因为无论是教师评价、教学评价还是课程评价，归根结底都要落实到学生的学习进步与发展，而刻画学生学习进步与发展的真实状况，无疑需要通过学习评价来完成。毋庸置疑的是，学习评价是评价改革的焦点和难点。教学评价改革攻坚战的主力军是广大　线教师，因而教学评价能力修炼也是教师教学实施能力修炼的重要一环。

随着教学改革的不断深化，教学评价的诸多方面，包括评价的目的、价值功能、评价过程、评价方式等理念都已经或正在发生质的变化，这就更需要教师加强修炼，提高教学评价的理论水平和实践能力。

1.强化教学评价的设计意识

对学生的学习进行评价不是一种随意的行为，应该预先做周密的思考；对学生的学习进行评价绝不是可有可无的，教学设计理应包括学习评价的设计。教学评价中存在的问题，有许多可以归结到教师的评价设计上，成功的教学评价往往离不开预先的思考和设计。修炼教学评价能力，必须深刻领会教学评价的功能价值，明确评价是镶嵌在教学过程中的一个重要环节，在教学设计中，对评价的目的、内容，评价的方式、时机等都要做周密的思考和设计。

2.切实践行“为学习而评价”的理念

传统教学的教学评价，主要是评价学生的学习结果，即“对于学习的评价”。课改背景下的教学评价，既是“关于学习的评价”，更是“为了学习的评价”，学习评价的目的，不仅在于检验学生的学习结果，更在于引领学生的学习过程，促进学生的学习发展。这一评价理念的改革，必将引起评价理念及实践的一系列变革。只有深刻领会、切实践行这一理念，才能设计并开展体现评价的目的、过程与结果统一以及符合发展性、指导性等原则的教学评价。

四、教学智慧修炼

所谓教学智慧，主要指教师面临复杂的教学情况所表现出来的一种敏感、迅速、准确的判断能力。

新课程理念下的课堂教学不是简单的知识学习的过程，而是师生共同成长的生命历程，是不可重复的激情与智慧综合生成的过程。课堂教学改革就是要超越知识教育，从知识走向智慧，从培养“知识人”转为培养“智慧者”，要完成这样的“超越”，实现从培养“知识人”到培养“智慧者”的转变，则需要智慧型的教师。教师要成为学生智慧成长的引导者、促进者和自我智慧成长的反思者、实践者。为此，教师不仅需要广博和专精的知识，更需要机敏、豁达的智慧，要用智慧的心灵去点燃学生智慧的头脑，才能使课堂闪烁智慧的火花。

学者型教师继续向上努力，就要以智慧型教师为专业发展的方向。教学智慧是良好教育的一种内在品质，表现为教学的一种自由、和谐和创造状态，表现为真正意义上尊重生命、关注个性、崇尚智慧、追求人生丰富的教学境界，是科学与艺术高度融合的产物，是教师在探求教学规律基础上长期实践、感悟、反思的结果，也是教师教育理论、知识学养、教学机智、教学风格等多方面素质高度个性化的综合体现。

不难发现，许多优秀教师的教学艺术，突出表现在对学生的学习有超乎寻常的敏感性和感受力，善于突破教学常规，用不寻常的手段，便捷高效地机智地处理问题，彰显出高超的教学智慧这种教师能够自如地妥帖恰当地处理教学突发事件，顺势而为地诱导学生积极探索与思考；能够巧妙有效地帮助学生对重点、难点进行深入理解，自然流畅地启发学生展开思维的翅膀，生动愉悦地诱导学生步入人生智慧的魅力境界。因此，教师高层次的专业素养集中表现为由各种教学能力生成的丰富的教学智慧，教学智慧应该是教师终生追求的一种专业境界。教学智慧修炼，无疑应是达成教师发展愿景的一项重要的修炼。

教学智慧的含义很广，它不局限于教师在突发情境下的灵机一动或随机应变，可以说构建智慧课堂的过程中处处需要运用教学智慧。从内容划分的角度看，教学智慧主要包括组织材料进行教学设计的智慧、教学内容呈现的智慧、师生沟通对话引领学生的智慧、教学方法选择和应用的智慧、教学过程组织管理的智慧、个别化教学策略应用的智慧等方面。

下面这则案例可以给教师带来许多启发。

2005 年秋天，著名特级教师李镇西应宜昌市宜都教研室邀请前去讲学，并上一堂公开课。出发前，李老师通知邀请单位，这堂课准备上《提醒幸福》。课堂设在宜都剧院的舞台上，台下黑压压地坐满了慕名前来听课的老师。上课铃声响了，李老师像以往一样微笑着走上讲台，微笑着扫视一下课堂，开始上课。可是当他亲切地宣布本节课的课题要同学们打开课文《提醒幸福》时，意外发生了——同学们都一脸茫然，有的同学说：“老师，课本上没有这篇课文呀！”怎么会这样？李老师心中一惊。一旁的教研员吓坏了：“糟糕，我记成《紫藤萝瀑布》了，我让学生预习的也是这篇课文呀！”而学生的课本上根本没有《提醒幸福》这篇课文。这可怎么办？马上去复印？上课铃声已经响起，根本来不及了。这位教研员急得满头大汗。出来解围的是李老师：干脆就根据学生的学习进度，从课本上临时选一篇吧，也不用预习了。

“同学们，你们学到第几课了？”李老师问道。根据学生的回答，李老师了解到他们刚学完一个单元，下一个单元的课文主要有《春》《济南的冬天》，还有《山中访友》。除了《山中访友》，其他课文李老师已经教过好多遍了，都有足够的把握把课上精彩。于是他随口问道：“你们想学哪一篇呀？”在李老师想来，学生多半会选《春》或者《济南的冬天》，因为这两篇毕竟是名家的名篇。可是，意外再次发生了——同学们都异口同声地回答:"想学《山中访友》!"真是"哪壶不开提哪壶",为什么他们选中的偏偏是自己一遍都没有读过的课文?李老师愣住了,他一时有些不知所措,虽然只有短短的几秒钟,但在李老师心中,这短短的几秒钟已经足够长了。

名师毕竟是名师,李老师很快镇静下来:没关系,没有读过不要紧,不如索性就和同学们从同一个起点开始一起来研读课文,这正好是对自己的一次新的挑战。

"同学们,既然你们一致想学《山中访友》,那么我们今天就来学这篇课文吧。这篇课文你们没有学过,李老师也没有读过。我们现在就一起来读吧!先用十分钟时间,我们都很快把课文读一遍,找出不懂的问题,或者自己最欣赏的语句,一会儿我们大家一起来讨论好吗?"——就这样,李老师在数百名听课老师的众目睽睽之下,在一个完全陌生的地方,面对完全陌生的学生,在事先毫无准备的情况下,开始了一篇自己完全陌生的课文的教学。自然、潇洒、随意,是李镇西老师上课一贯的风格,今天,他还"潇洒"得起来吗?

名师毕竟是名师,课堂上的"突发情况",在无数次地外出上公开课的李镇西老师这里是常事。每一次这样的猝不及防的挑战,反而更能激发他即兴发挥的灵感。在学生阅读课文的十分钟内,李老师快速地默读课文,把自己当作学生那样走进课文——与学生一起圈点勾画,捕捉疑问,尽可能从学生的角度揣摩他们可能不懂并会提出的问题。他是在阅读,也是在"备课"。很快,课文读完了,他的教学方案也形成了。于是,在数百位听课者面前,李老师呈现了一堂令所有听课者都难忘的精彩的公开课。这堂课的教学流程完全随课堂上学生的学习情况而自然推进,教师"教"的思路和学生"学"的思路完全融为一体。课堂上,师生双方开展平等和谐的质疑、碰撞、赏析、交流,教师和学生不知不觉地走进对方的心灵,同时走进课文的深处。在李老师的引领下,学生不但完成了对文本的解读,而且读出自我、读出问题,学习到了一种阅读态度和阅读方法,学会了多角度思维,感受到了阅读的快乐。

(转引自李镇西《"山中访友":和学生一起平等地研读》)

教学智慧的形成需要积累、反思、领悟，更需要教学思想理念的觉醒。上面这则案例启发教师可以从以下几个方面修炼自己的教学智慧：

（一）努力提升自己的教育教学理论素养

教学智慧源于教师敏锐的观察力、灵活的思维和坚强的意志力等心理品质，源于教育学、心理学等的理论水平，源于教学经验、教学技巧的丰富与积累，源于对学生了解的深度和诚恳、爱护的态度，源于教师较高的理论和师德素养。教师对事业、对学生要怀有一片爱心，且良好的心理素质也很要紧，在课堂上，遇到任何意外都要能够沉着、冷静，遇事不慌，才能充分发挥自己的聪明才智。

教师还必须具有正确的教育教学理念，具有正确的教学观、学生观。有了正确的教学观和学生观，才能主动积极地同学生平等交流，才能了解和掌握学生的学习需求，才能理解学生的认知、情感、思想和行为方式，才能洞察学生的内心世界，才能在复杂的、真实的、冲突性的教学情境中保护并激发学生向上的积极性。

案例中，李镇西老师发现学生的教材上没有事先准备的课文时，他首先想到的是征求学生的意见："你们想学哪一篇？"当学生提出他们想学的课文是"山中访友"，而自己对此一点儿也不熟悉时，李镇西老师爽快地表示："同学们，既然你们一致想学"山中访友"，那么我们今天就来学这篇课文吧。"这一教学环节拉近了师生之间的距离，赢得了学生的信任。这种平等的交流，这种尊重学生的态度，来自李老师正确的学生观。接着，李老师又提出："这篇课文你们没有学过，李老师也没有读过。我们现在就一起来读吧！先用十分钟时间，我们都很快把课文读一遍，找出不懂的问题，或者自己最欣赏的语句，一会儿我们大家一起来讨论好吗？"短短的十几分钟时间，让李老师获得了阅读课文的时间，更让他赢得了设计下一步教学思路和方法的宝贵时间，我们不由得称赞他的教学智慧。而这显然也来源于他正确的学生观。

（二）具有丰厚的专业知识素养

李镇西老师在谈到他如何应对上述案例课堂教学中的意外时，说过这样一段话："我的理解比学生丰富，我的生活阅历、专业素养、阅读视野，以及对学生阅读心理的把握等等，都是我现场'发挥'不可缺少的潜在资源。正是因为有了这些资源储备，我才能在面对突发情况时拥有一种从容，并在课堂上有一些机智的闪现。"这段话，就是优秀教师教学智慧何以形成的极好解释。

许多优秀教师遇事不慌，主要是因为心里有底。这个"底"就是教师的底气，有了这种底气，教师就会充满自信地迎接各种意外情况的挑战。底气来自深厚的学识积累，教学智慧源于积淀。知识是智慧的基础，教师的知识结构直接影响着教师的教学智慧。从微观上说，教学智慧应包括语言智慧、写作智慧、计算智慧、演讲智慧、科技智慧、艺术智慧等，而这些智慧，无不由丰厚的专业知识支撑。

零散的知识不能形成智慧，完备的有结构的知识才是教学智慧形成的沃土。通过上述案例不难发现，李老师把他积累的阅读学、文章学、学生阅读心理学知识融合在了一起，他的这节课才闪烁出智慧的火花。因此，教师必须加强专业知识的修炼，不但学习积累各种专业知识，而且把它们融合在一起，形成自己的知识体系。

（三）在实践中大胆尝试

教学智慧的形成，无疑与个人的资质有关，但资质不是形成教学智慧的充要条件。从本质上说，教学智慧是一种实践智慧，主要来源于教师的课堂教学实践，是在教学实践活动中经提升、内化而形成的。

要在实践中形成自己的教学智慧，还有一个很重要的方面，就是善于把自己的教学经验提升到教学智慧。在教学预设时，或者在课堂生成中，特别是面对一些意外，一些教师凭以往的教学经验，有时也会灵光突现、灵机一动，把课上得很精彩。但这种灵光一现式的精彩，还谈不上智慧。教师的教学智慧虽然源于教学经验，但与教学经验毕竟是有区别的，它是教学经验经过内化升华之后所形成的一种机智。经验只有上升为智慧，在预设教学活动，以及处理教学偶发、突发事件，特别是前所未遇的教学事件时，才能够超越经验，做出及时、准确的反应。

让经验转化为智慧，离不开教师对具体教学情境、教学行为的理性反思，通过对教学情境具体问题处理的反思，把教学理论的普遍性与感觉经验的特殊性有机地结合起来，从而实现教学经验的提升。这种反思既有对课堂教学处理意外时失败的反思，又有对许多成功瞬间反应的反思。课堂上，随着教学内容的展开、问题情境的创设，或者某些偶然事件的发生，教师总会突然产生一些灵感，这些智慧的闪光点就像一束火花，稍纵即逝，如果课后不及时反思，不对这些偶尔出现的“灵感”及时加以理性的审视和总结，时过境迁，那些消逝了的就不会再回来了。

五、教学个性修炼

教学是一门科学，更是一门艺术。真正的教学艺术都是高度个性化的，它要在教学过程中通过独特而鲜明的教学个性才能表现出来，并发挥其积极的教学功能。通过修炼形成自己个性化的教学艺术，是每一位教师重要的专业发展愿景。

教学个性的修炼，需要教师在课堂教学中充分张扬个性，在专业成长中充分认识自己、开发自己，充分调动和发挥自己的潜能，从而逐渐形成具有鲜明个性特点的教学艺术。具体来说，可以在以下几个方面多做努力：

（一）增强个性意识

有了较强的个性意识，才能在教学工作中有意识地修炼自己的个性，从而在教学中充分张扬自己的个性。增强个性意识，首先要认识到修炼教学个性，认识教师个人专业成长的意义和价值。个性是人最有价值的一部分，人最精彩的东西蕴含在个性里，人的创造力蕴藏在个性里。优秀教师都是具有鲜明个性化特点的教师。“最有希望的成功者，并不是才干出众的人，而是那些最善于利用每一时机去开拓自己的人。”[①] 个性意识强的老师，能注意发现和开发自己的个性潜能，做教学领域里那位“最有希望的成功者”。

增强个性意识，还要充分认识到修炼教学个性对于发展学生个性的重要价值。21 世纪是需要个性的时代，社会发展呼唤富有个性的创造型人才，开展个性化教学，发展学生的个性，培养具有个性化特点的学生，是时代赋予

① 徐世贵．教师快速成长的 10 个要诀 [M]. 天津：天津教育出版社，2010：148.

我们的使命。如果教师缺乏教学个性，那么发展学生的个性、培养有个性化的学生，就只能成为一句空谈。

（二）充分发挥自己的个性优势

著名儿童文学作家郑渊洁在《爱好是成功的动力》一书中曾经说过：“每个人都有自己的最佳才能区。”教师也是这样，每位老师在自己的专业领域内，都有自己的最佳才能区，这些最佳才能区都是教师专业发展、形成课堂教学艺术的最好资源。在个人专业发展过程中，教师应该“因性以练才”，即依据个性优势修炼自己的才能。教师在修炼自己的教学个性时，要有清醒的自我意识，对自己的心理、思维以及行为进行自我分析评估，认识到自身的优势所在，并通过学习与实践，不断地强化自己的优势。注意在教学中充分发挥自己的个性优势，就能逐渐形成体现自己最佳才能的、具有鲜明个性特色的教学艺术。例如，有的教师感情丰富、善于表达，思维结构中形象思维占优势，想象力丰富，就可以向“情感型”“表演性”方向发展自己的教学个性；有些教师性格沉稳、善于思考，并且善于质疑和推理，理性思维占优势，则可以向“理智型”方向发展自己的教学个性。

（三）强化个性化学习

厚实的理论素养与广博的知识功底，是形成个性化教学艺术的基础。这里特别强调的是个性化学习。个性化学习教学理论，要求教师带着个性化发展的需求，联系自己的教学实际，有针对性地学习理论，对所学习的理论产生个性化体悟，这样的理论才能成为自己个性化教学的理论支撑；个性化学习专业知识，同样要求教师带着个体发展的需求去学习相关知识，以充实、拓展自己个性化的知识体系，作为建构自己个性化教学艺术的保障。例如，某市教育局为一位教学名师举办“名师推介会”，在介绍她的专业成长经历的文稿中，有一段文字这样描述她是如何通过学习和实践形成自己的个性化教学艺术的：

> 在长期的英语教学实践中，她逐渐形成对学生学习英语中的“言”与“思”关系的认识，在教学中逐渐形成“言思结合”的教学特点。

如何在此基础上形成自己的个性化教学艺术？带着这样的问题，她努力地学习着。她每天读书，不断思考和写作。这些书包括怀特海、冯恩洪、夏雪梅等专家的教育学专著，以及王笃勤、程晓棠、鲁子问等的英语课程教学专著……她阅读着、思索着，从一本本书籍中寻找着他人的教学智慧，也构建着自己对英语教学的认识。2003年，她参加苏州大学英语本科函授学习，夯实了她的知识功底；2012年，她被派往英国学习培训，让她进一步从英语口语中感悟到了“言”“思”的关系；2016年，她参加教育部“国培”计划，并于2018年参加省级特级教师后备班，这让她有机会向专家学者及优秀教师面对面地学习请教。一次次的学习，一次次的思维碰撞，一次次的梳理反思，使她对英语学习中“言”与“思”的关系有了更深刻的体悟，逐渐形成“小学英语教学要让儿童在言、在思实践中发展以语言能力和思维品质为核心的英语素养”的教学主张，并倡导小学英语“言思实践教学”，开辟了小学英语教学的新路径，拓展了适合儿童英语学习的课堂新形态。在此基础上，以“学生语言素养和思维能力的发展”为核心，以“教有情趣、学得高效、聚焦运用”为表现形式的个性化教学艺术逐渐形成。

（四）博采众长，大胆创新

通常认为，一名教师从入职到逐渐成熟，再到形成个性化教学艺术，一般需要经历“模仿—探索—创新—形成”这四个阶段。具体而言，模仿阶段观摩学习成功教师的课堂教学，这是形成自己教学个性最基础的环节，这在教师专业发展的道路上是必做的“功课”，但这种模仿不是消极地、机械盲目地在形式上照搬照抄别人的做法，而应当是在模仿、借鉴别人的同时，结合自己的个性特点和教学实际认真思考，消化、吸收适合自己特点的有益的“内核”，努力发现自己的不足和长处。随着教师的积极努力和教学经验的积累，在课堂教学中开始摆脱模仿的束缚，渐渐进入探索阶段。进入这个阶段，教师开始有意识地研究、探索课堂教学中各种教学艺术形式的特点与效果，结合自己的个性特点，总结各种教学艺术形式的长处，并逐渐形成自己的教学特色。进入创新阶段后，教师要有改革与创新精神，敢于向传统挑战，大胆实践、大胆创新。这样一来，形成自己的个性化教学艺术也就水到渠成了。

六、教学创新修炼

所谓教学创新，主要指教师在教学过程中，以学生更好地成长与发展为目标，不断形成与采用新的教学理念，更新教学内容，运用新的教学方法与手段，以提高教学效果的教学实践活动。21 世纪已经步入知识经济时代，社会的发展迫切需要具有创新能力和实践能力的创新人才。在新课程改革中，培养学生的创新精神与创新能力已经成为核心的教育教学目标之一，是衡量课堂教学效果的重要标准，也是新时代一线教师的重要愿景。实施创新教学，培养创新型人才的重任，无疑落在广大教师身上。

教学创新修炼，主要指通过修炼，切实提高教学创新能力，提高创新教学效果。有些专家指出：教师的教学创新能力是一种复杂的能力，是教师教学创新认知系统、教学创新动力系统、教学创新人格系统以及教学创新行为系统等多种心理结构共同体的综合反映。根据许多成功教师的经验，可以在以下几个方面加强修炼。

（一）加强理论学习，强化创新意识

创新意识，主要指推崇创新、追求创新、以创新教学为己任的观念和意识。

科学的教育理论，尤其是新课程理论，可以给教师提供正确的教育观念，使教师更好地掌握教育规律，指导教师科学地进行学科教学工作。教师是否具有科学的、先进的教育教学理论，决定着教师有无教学创新意识，决定着教师的教学创新有没有坚实的理论支撑。而传统的封闭式教育使学科教学局限于学校生活和课堂教学之内，课堂教学只是片面地进行知识传授，使德、智、体、美、劳各育都处于半瘫痪状态；受传统的教学观念的支配，教师是考什么教什么，不考就不教；同样，学生也是考什么学什么，不考就不学。因此，传统教学无论是教还是学，都谈不上“创新”。要改变这种封闭状态，实施开放式的创新教学，教师就必须学习新课程理念，改变自己的教学观念，使创新教学成为自己的自觉行为。另外，创新教学的实施，学生创新精神的培养，需要教学

过程的民主化，需要建构起自由探讨、平等讨论的民主化课堂氛围，这就需要教师吸取先进的教学理念，改变教学观念，改变自己的角色。

除了学习基础教学理论，教师必须加强前沿理论的学习，因为前沿理论能够拓宽视野，开阔眼界，能够更好地强化创新意识。

（二）改变思维方式，发展创造性思维

创造力是创造思维的反映，发展创造性思维是培养创新能力的关键环节。创造性思维是指重新组织已有的知识经验，提出新的方案或程序，并创造出新的思维成果的思维形式。它一般具有四个特征：一是多向性，支撑思维多向性的条件是教师渊博的知识和丰富的想象；二是变通性，能够根据问题的不同层面，变换思维角度或思维路径；三是批判性，敢于进行怀疑和批判；四是直观性，直觉是一种自由创造的思维，这个自由又是相对的。要发展创造性思维，最关键的一点是改变教学思维方式。

教育理念的落实常常伴随着教师思维方式的变革，创新教学的实施同样如此。要有效实施创新教学，有效提升教学创新能力，必须转化教师的思维方式，使教师确定化、程序化、机械分割的实体性思维方式逐步转化为动态的、整体的、综合渗透的关系性思维方式。

关系性思维是一种哲学思维方式或哲学观，它不是把事物看成孤立的存在，而是从普遍联系的角度把事物放到具体的情境或系统中，放到与其他事物的关系中，特别是放到人与世界的具体关系中来考察，使“关系”成为把握存在者存在状况的逻辑起点。上述提到的创新思维的四个特征，正是运用关系思维的结果。因此，要实施创新教学，教师的思维方式一定要从封闭的固定不变的确定性思维转向动态的关系型思维。

（三）大胆实践，努力实施创新教学

教师的教学创新在实践行为上主要包括教学内容的创新、教学方法的创新以及教学过程的创新等几个方面，教师应该在行动中进行大胆而科学的实践，从而有效修炼自己的创新能力。

1. 创新教学内容

教学内容的创新主要表现为由传统的经验式转向开放式。在创新教学中，教师要根据自己对课程标准的深度解读、对学生的认知水平与学习需要的分析了解以及对教材的个性化解读，在教学内容的某个方面有所发现、有所创新，或在备课和教学过程中选择新的思维角度，对原有教学内容进行再认识，或者修正、补充乃至重新组合新教材，优化知识体系，等等。

2. 创新教学方法

“教学有法，教无定法，贵在得法。”这句话道出了教学方法的变异性和灵活性特点。随着教学改革的不断深入，新的教学方法层出不穷。在创新教学中，教师要灵活地选用教学方法，并结合教学实际设计和创新教学方法，这是优化课堂教学、培养创新人才的重要保障。为了使自己的教学方法有所创新，在设计和运用教学方法时要着眼于学生的能力和智力开发，贯彻启发式、发现式教学的基本原则，积极引进相关的教学研究成果，重视多种教学方法的有机组合。

3. 创新教学过程

创新教学过程，主要指由传统的封闭式转向开放式，是指在全面考虑教学规律、原则、现代教学的形式和方法、该教学系统的特征以及内外部条件的基础上，为了使过程从既定标准看来发挥最有效作用而做的创新性安排。教学过程是由若干相互连接的教学环节组成的。要创新教学过程，执教者就必须打破教学过程设计的常规思维，积极探究新的教学程序，重视研究教学诸因素的内在联系和课堂教学的普遍规律，使课堂结构更合理，对组成教学过程的各个教学环节的设计有所创新。创新教学过程，不仅要对各个教学环节的设计有所创新，更应着眼于教学过程的整体优化，使教学过程表现为各个教学环节之间彼此有规律的、连贯的、不断变化的过程，形成新的教学序列。

第二节　做好个人专业发展的现状评估

一、教师个人专业发展现状评估基础

教师个人专业发展是一个长期、系统的过程，需要教师不断学习、反思、探索和实践，以不断提高自己的专业素养和水平。而要全面、准确地评估教师个人专业发展现状，需要从SWOT分析和反思意识两个方面进行深入分析。

（一）教师个人专业发展SWOT分析

SWOT由美国管理学教授海因茨·韦里克于20世纪80年代初提出，是一种战略分析法，用来确定企业本身的竞争优势（strengths）、竞争劣势（weaknesses）、机会（opportunities）和威胁（threats），从而将公司的战略与公司内部资源、外部资源相结合，从中找出对自己有利、值得发扬的因素，以及对自己不利、要避开的东西，发现存在的问题，找出解决办法，并明确以后的发展方向。从研究对象的自身优势（S）、劣势（W）、外部机会（O）和威胁（T）四个方面逐一开展分析，然后通过系统的方法对所处的情景进行全面、系统、准确地研究，进而制定相应的发展战略、计划以及对策，使决策者能利用好管理对象的自身优势和外部机会，弥补内在劣势、消除外在威胁。

1. 优势（S）

（1）丰富的教学经验。教师拥有多年的教学经验，可以在教学中充分发挥自己的经验和技能，更好地满足学生的需求，提高教学效果。

（2）良好的沟通能力。教师具有较强的沟通能力，可以与学生、家长和同事进行有效的交流和合作，建立良好的教育合作关系。

（3）熟悉的学科知识。教师拥有熟悉的学科知识，可以为学生提供专业的知识和技能，帮助学生更好地掌握学科知识。

（4）具备创新思维。教师具备创新思维，可以不断地尝试新的教学方法和教育技术，提高教学效果，满足学生的需求。

2. 劣势（W）

（1）缺乏高端教育技术的应用。教师缺乏应用高端教育技术的经验和能力，不能很好地利用教育技术来提高教学效果。

（2）缺乏跨学科知识。教师缺乏跨学科知识，不能很好地应对跨学科教学的需要，难以为学生提供全面的教育服务。

（3）教学资源有限。教师所在的学校教学资源有限，不能提供足够的教学资源，难以满足学生的需求。

（4）缺乏较好的职业发展规划。教师缺乏较好的职业发展规划，不能很好地规划自己的职业发展方向，缺乏进一步提升自己的动力和方向。

3. 机会（O）

（1）教育政策的改革。随着教育政策的改革，教育环境和教学方式也在不断变化，这为教师提供了更多的机会来发展自己的教育理念和教学技能。

（2）在线教育的发展。随着在线教育的发展，教师可以更好地利用教育技术，为学生提供更为丰富的教学资源和教学方式。

（3）不断提高的教师待遇。随着教育事业的发展，教师的待遇也在不断提高，为教师提供了更多的职业发展机会和动力。

（4）职业教育的重视。随着社会对职业教育的重视，教师可以更好地发挥自己的专业知识和技能，为学生提供更好的职业教育服务。

4. 威胁（T）

（1）教育资源的不均衡。教育资源的不均衡可能会影响教师的教学效果和职业发展，需要教师不断寻求更好的教学资源和发展机会。

（2）教育市场的竞争。随着教育市场的竞争加剧，教师需要不断提升自己的教学技能和教育理念，以更好地适应市场需求。

（3）学生需求的多变。学生需求的多变也可能会对教师的教学方式和效果造成影响，需要教师不断更新自己的教学方法和教育技能。

（4）教育行业的不确定性。教育行业的不确定性也可能会对教师的职业发展造成影响，需要教师具备一定的应变能力和创新精神，以应对不断变化的教育环境和市场需求。

（二）强化反思意识，清晰地认识自己的专业发展状态

“教师是否愿意花时间反思自己的工作，是教师是否具有专业素养的标志。没有最好，只有更好。学海无涯，艺无止境。教师的专业追求、探索、提升都要靠不断的反思。教师要学会在言说和行动中思考，在反思批判中成长。”① 此话很精辟地道出了反思对于教师专业发展的价值和意义。

20 世纪 80 年代以来，人们逐渐重视教师的专业反省能力在专业发展中所起的作用。教师应该是实践者，是自身行为的研究者，应当具有较强的反思意识，能不断反思自己的教学理念和行为，不断反思自己专业成长所走过的路，并不断自我调整、自我建构，从而获得持续的专业成长。

教师专业发展现状的自我评估，就是教师对自己专业发展状态的一种反思。对专业发展状态的反思，是个体对问题进行的反复、严肃、执着的沉思，是解决问题获取进步的必不可少的路径。请看下面的两个案例：

案例：某青年教师的个人专业发展现状自我评估

了解并认清自我是教师专业发展的重要环节，只有认清自我，才能获得在专业发展道路上持续前进的动力和方向。

1. 优势

（1）忠于教育，热爱教育事业。尊重、信任、理解学生，相信每一名学生都能进步成才。工作之余，能够不断地充实自己的教育教学理论，对教育的价值和功能有清楚的认识，并努力在实践中践行。

（2）善于采集和积累教学资源，能充分利用各方面的资源丰富自己的课堂教学，能熟练地运用现代化教学手段辅助教学。

（3）能独立完成自己的教学工作，能经常与有经验的教师交流互动。

（4）能从多个角度去思考问题并有一定的深度，有较强的创新意识。

2. 劣势

（1）对学生的发展情况虽有所了解，但了解得不够全面和深入。

（2）授课中对教材的拓展延伸部分把握不够，教学艺术水平还不

---

① 孙晨红，张春宏，王睿．教师专业化发展与教师成长 [M]. 哈尔滨：东北林业大学出版社，2016：144.

高，因而在教学中不那么胸有成竹和得心应手。

（3）在教学科研方面缺乏创新意识，且研究不够深入，仅仅停留在表面。

（转引自王聚元著《教师专业发展愿景规划与终身学习策略》）

这位教师能通过反思清晰地认识到自己的长处和短处，并认识到短处产生的原因，为今后自己在专业发展的道路上有目的地继续前进奠定了基础。

案例：某英语师范生个人职业生源规划

1. 职业分析

英语教师的职业要求：

（1）拥有本科师范学院毕业证、教师资格证、英语等级证书、普通适等级证书计算机证书等。

（2）具备较强的专业能力，掌握好英语专业知识，能说流利地道的英语口语。

（3）具备较强的教学技能，如教学反思能力、设计创新能力、观察能力、话语能力、班级管理能力、互动能力等。

（4）英语教师应有强烈的事业心、敬业精神和高尚的职业道德。树立符合素质教育精神的英语教育教学观念，坚持面向全体学生，始终体现以学生为主体，尊重学生个体差异，促进学生个性的健康发展，注重学生创新精神和实践能力的培养，坚持促进学生全面发展，全面提高学生的素质。

（5）具备与时俱进的精神，有较高的现代信息素质，拥有批判性思维，适应信息化社会的教学要求。

（6）要有良好的个性，能处理好与学生之间的关系。

英语教师工作要求：

（1）课前。备课前要认真钻研教材，了解知识之间的联系，根据学生实际制定单元目标和课时目标。备课方案符合教学大纲的要求，熟悉教案，精心设计提问，注意听说领先读写的教学原则。

（2）课中。严格执行教学计划，内容正确，重点突出，利用好课堂的40分钟教学时间提高教学质量，有机渗透德育。教法灵活多样，教态亲切自然，注重语音教学，帮助学生归类、启迪思维，激发兴趣，注重学法指导，培养学生的学习能力。

（3）课后。及时认真地对学生的作业、订正进行批改，做好批改记录，进行批改分析。帮助学生解决不懂的问题，认真负责地批改试卷。做好教学总结和反思，不断改进教学工作。

2. 自我分析

（1）职业兴趣。喜欢按计划办事，偏好于具体任务，喜欢关注实际和细节情况，习惯接受他人的指挥和领导。通常喜欢独立做事，不喜欢领导职务。希望成为一名中学英语教师，既有相对的自由又能继续待在比较纯净的环境里，整体生活有规律、平静安宁。教师是一个很神圣的职业，既可教书又可育人，还能对社会做出一份贡献。希望可以尽一己之力去做一些对学生有利的事情。

（2）职业价值观。就职业而言，一个职业首先应该有合适的报酬，使自己满足生活所需，有足够的财力去获得自己想要的一些东西。其次，一个职业应该能够充分让发挥自己的独立性和主动性，按自己的方式、想法去做。就个人而言，个人应当积极主动地去做自己应该做的，对自己的工作认真负责。特别是教师，不仅要对自己的课程负责，也要关心自己的学生，对学生负责。

（3）个人特质。首先，自我评估。优点方面：为人乐观，乐于助人，勇于面对各种困难，时刻在为未来打下基础，做事认真，有热情，有很强的责任感，工作能力不错，有上进心；缺点方面：缺乏胆量，缺乏主见，做事不够果断，工作经验积累不够，不够主动，较容易被周围环境影响。其次，父母家人评估。优点方面：有坚韧不拔的性格，工作时候认真投入，有非完成不可的决心，观察能力强，很细心，比较乐观；缺点方面：胆小，缺乏生活常识，缺乏主见，有点内向，生活中情绪化有点严重，缺乏一定的社会经验。最后，同学朋友评估。优点方面：待人热情，平易近人，乐于助人，学习和工作都很认真负责，很有礼貌，很乐观，想象力丰富，细心；缺点方面：缺乏一点魄力和毅力，有时过于敏感。

自我认知小结：热情、细心、有责任感、善于营造和谐的人际关系。但是缺乏胆量和毅力，性格有点内向，这对于以后的教师生涯有不利的影响。所以，在大学生活中要积极参加社团等实践活动，锻炼自己的胆量，培养活泼外向的性格，致力于学业，培养专注力和毅力。

3. 职业定位

（1）内部条件因素。优势因素：性格开朗，做事谨慎认真；完美主义；参加过支教活动，有一定的经验。劣势因素：没有真正体验到英语国家的语言环境，口音不够标准；性格敏感，易焦躁；创新能力不足。

（2）外部条件因素。优势因素：各行业领域越来越重视英语；英语学习在社会上的出路很多。劣势因素：英语教师需求量减小；重点学校要求硕士研究生以上的学历并严格筛选。

4. 职业发展目标和路线

（1）短期目标。大一努力提高自己各方面的能力，参加社团活动，当班干部，进行适量的支教活动积累经验，认真学习专业知识；大二参加英语演讲比赛，专心准备专四考试，争取拿到专业四级优秀证书；大三参加英师师范技能大赛，领一次国家奖学金；大四考取专八证书，设计优秀毕业论文，大学四年总绩点在 3.8 以上。

（2）长期目标。在珠三角地区的中学担任中学英语教师，能把英语知识更好地教授给学生，具体路径为实习教师—普通教师—优秀教师—高级教师。

5. 计划实施

（1）时间安排。每周至少安排 2 次早读，弥补发音不足，使发音更地道；每周都要去图书馆，特别是晚上和早上没课的时候；中午至少有半个小时的午睡时间，以保证下午的上课质量；利用午睡前的时间复习早上上课的知识，预习下午上课的内容；利用晚饭前的时间去田径场跑步锻炼好身体；减少手机的使用时间。

（2）付诸行动。按照时间表进行作息；上课集中精力认真听讲，不能走神；多看英文书、多听 BBC 等新闻，多练多说英语，适当看美剧和电影，提高自己的综合素质，扩大知识面；乐观，善于接受别人的批评，改正别人指出的缺点和不足；培养耐心，认真对待每一件事情和工作；积极参加支教活动，积累经验。

6. 评估与调整

短期目标切实可行，比较符合实际情况。但需要付出辛勤的汗水，第一个短期目标可以在大二这学期完成，专四考试的准备工作较重，需要提前复习备考，并且认真有毅力地坚持执行。提高交际能力要求我积极参加各种活动，踊跃参加各项比赛，虽然难度较小易于操作，但需要持久的毅力和积极活跃的心态。短期目标中各项若比较难以完成，则应及时转变策略改变计划，进行恰当的调整。长期目标比较抽象，但是方向是比较明确的，需要后期的规划和积极行动。

（转引自王聚元著《教师专业发展愿景规划与终身学习策略》）

二、个人专业发展现状评估主要内容

个人专业发展现状评估可以是多方面的，包括专业知识与能力、教学研究能力与水平、教育教学理论的掌握，以及师德养成、教学风格形成等。在评估分析时，要根据自己的实际情况及专业发展的阶段性愿景目标有所侧重。请看下面两则案例：

案例：某高层次骨干教师的自我分析

1. 已有成果

1992 年 8 月参加工作以来，我主要担任小学语文教学工作，担任多年的小学各年级语文教学工作，曾任教科室副主任、教导处副主任（分管语文），现任教导处主任。20 余年来，我一直行走在小学语文教学及研究之旅中，追求“和谐愉悦、轻负高效”的课堂教学，形成了个性化的教学风格。我多次在市区上公开课、示范课以及下乡送教，参加省优质课竞赛获一等奖。我曾被市教师进修学校聘为兼职教师，多次为市骨干班主任、新教师等培训班做讲座。我负责学校省、市各级课题的语文子课题研究，有近 60 篇论文在省、市各级教育刊物上发表，几十篇论文在省、市级论文评比中获奖。我曾获“市优秀教育工作者”“市教育新闻宣传先进个人”“市‘三八’红旗手”“市教科研工作先进个人”等荣誉称号。近5年，我带培的5名青年教师被评为市、区语文教学骨干，并指导多名青年教师在市级赛课中获得佳绩。

2. 存在的差距与问题

（1）教学理论水平不够高。我能积极参加各类培训学习，目前刚被评为市学科带头人。我虽然思想上要求进步，但是因为平时工作忙碌疲乏，读书不够自觉，理论素养亟待提高。

（2）缺少理性提炼。我虽然上了不少成功的公开课，在语文教学方面也积累了一定的教学经验，但对自身的教学经验缺少理性提升，对自身的教学特色缺少理性思考，对自己的教学风格缺少理性提炼。

（3）深入研究不够。目前，学校两个关于“深度学习”的省级课题刚结题，我虽发表了多篇论文，但多是零碎的经验做法罗列，论文层次不高，缺乏系统性。

因此，我希望在专家、导师的指导培养下，以我校的市级首批基础教育前瞻性教学改革重点培育项目《促进学生课堂深度学习的策略研究》为依托，将“小学语文课堂学生深度学习心理障碍及排除”作为研究方向，将“建构情智和谐、深度高效的语文课堂”作为教学追求，并对初步形成的“和谐愉悦、情智共生、深度高效”的教学风格在理论上做出进一步提升，凝练出自己的教学思想与教学主张，力求通过深入研究系统提炼教学经验，加强教学论文的理论深度和厚度，争取在核心期刊上发表几篇教学论文以及在省级获奖。

（转引自王聚元著《教师专业发展愿景规划与终身学习策略》）

案例：某青年教师的自我评估

1. 优势

（1）从教四年，我对自己执教的学科领域逐渐熟悉，对教育教学理论以及新课程理念有了一定的理解。

（2）在四年的教学工作中，我积累了一定的教学经验及管理经验，具备了一定的组织及管理能力。

（3）我为人诚恳，团结同事，工作热情，积极向上，乐于进取。

（4）我有较高的教学研究意识，能积极地参与教学研讨活动。

2. 不足

（1）我平时参加教学研讨活动敏于思，但惰于笔，教学中的反思及经验没能及时形成书面文章。

（2）作为班主任，我对学生缺乏耐心，管理工作有待进一步优化。

（3）我的教育教学理念虽有所提高，但对问题的反思和重构能力还有待提高。

（4）我的文化底蕴不够丰厚，在专业素养及专业知识上存在诸多不足；我虽乐于参与教学研究，但往往停留在感性层面。

（转引自王聚元著《教师专业发展愿景规划与终身学习策略》）

第一个案例中的主人公是一位学科带头人级别的骨干教师，她在最近几年的愿景目标是迈进特级教师队伍。对照特级教师的评选标准以及自己的专业发展实际，她把学科教学和教学埋论水平以及教学研究作为自我评估的主要内容。评估的角度放在课堂教学能力和水平达到怎样的档次，有没有形成自己的教学风格，教学理论水平如何，有没有自己的教学思想，以及教学研究方面有没有高质量成果。通过这样的自我评估，她明确了今后几年继续努力的方向。

第二个案例中的主人公则是一位刚入职不久的青年教师，他的愿景目标是成为一位合格而称职的教师。对照教师专业标准，他的评估内容既包括教学能力，又包括教学理论学习，既包括学科教学工作。

三、个人专业发展现状评估的视角

评估视角没有一定之规，大体来讲，主要有以下几个方面：

（一）个人专业发展所取得的成绩

未来的发展是建立在目前所取得的成绩基础上的。实事求是地评估分析自己在师德养成、学科教学、学生管理等方面的工作，以及在理论学习、教育教学研究等方面所取得的成绩，可以明白自己的专业发展达到哪个层次，不但能增强继续前进的信心，而且能明确继续前进的方向。评估成绩包括取得哪些同行公认的成绩或成果，获得过哪些荣誉等，既要实事求是，又要明确具体。例如，有位骨干教师对自己取得的成绩是这样评估的：

1. 学科教学领域

近二十年来，我一直奋斗在教学第一线。我挚爱阅读，精读教育学、心理学，研读教育名家的先进理念，涉猎哲学与社会学。在广泛而深刻的阅读中，我不断修正着自己的教育观、教学观、学生观、价值观，不断丰富着自己的理论积淀，改进着自己的教育行为。近几年来，我几乎每年都承担市、区级的公开课任务，每学年在校内向全校教师做骨干教师示范课一次，受到同行的一致好评。自从被市教研室聘为“语文学科中心组成员”以来，我努力在市级教研平台上历练和展示自己，连续两次在“市小学语文学科帮扶结对活动”中，执教示范课《世界上第一个听诊器》和《识字8》，向市内各校教师代表演绎和诠释了自己对语文教学的理解，并在教材解读、教学设计、课堂驾驭等方面对年轻的小语学科教师做出引领。数年来，我坚持走在学校乃至市、区学科教学教改的前沿，对小学语文各级段的教学内容、要求、特点和策略都有自己的见解。曾获市优质课赛教一等奖、市小学语文青年教师基本功大赛一等奖。在省、市各级组织的各类教学技能与教学设计比赛中也屡获殊荣:《三顾茅庐》教学设计在省优秀教学设计评比中荣获一等奖,《生命的壮歌之“蚁国英雄”》获省优秀教育案例一等奖。

2. 教学科研领域

对理论的不懈学习与研究使我思维敏锐，视野开阔，在教学研究方面取得了长足进步。“十一五”和“十二五”期间，我主持研究省规划、市规划课题四项，取得丰硕的研究成果，共五次获得教科研成果奖。我边实践边反思，笔耕不辍，在各级杂志上发表教育教学论文

40多篇，其中省级21篇；在各级竞赛中获奖论文70多篇，其中省级一等奖8篇；在“教海探航”论文竞赛中两次获得省三等奖；在“师陶杯”论文竞赛中多次获得二等奖；连续五年在市教科院组织的教科研论文评比中获得一等奖。2014年4月，我代表所在区参加“市教育科学规划精品课题培育对象”阶段建设情况现场汇报评估活动，汇报学校在精品课题建设方面的创新思路和扎实举措，赢得了广泛好评。我主持研究的省“十二五”规划课题《学校文化引领下有效校本研修的实践研究》受到表彰，获评精品课题“优秀”等级，是本区获得教科院表彰的唯一一个小学组课题。此课题已以高质量通过结题鉴定。在我的努力推动下，学校教科研工作在全市的知名度不断提高。教科研工作使我在学习中拓展了生命视野，在实践中充实了生命体验，在反思中提炼了生命智慧，在成功中提升了生命价值。

（二）个人专业发展所存在的问题及困惑

对存在问题的评估，是评估和分析自己在专业知识、专业能力以及专业情意等方面所存在的不足和缺陷，以发现自己与实现愿景目标所需要条件的差距，从而更加明确自己为实现愿景目标而努力的方向。问题评估不是年终工作总结，不宜面面俱到，而要依据近阶段所要实现的愿景目标，根据自己的实际情况，有较强的针对性；问题评估不是自我检查，不能走形式，不能言不由衷、抽象空洞，而是要实事求是，切实具体。请看下面一则案例：

某骨干教师在自我评估中对所存在的问题的评估

本人能积极参加各类骨干教师培训学习，努力提高自己的教学研究能力和水平，但是因为近两年分管学校德育、后勤等工作，在教学研究方面投入的精力与时间不够，所以教学研究成果不突出。我虽然喜欢读书，但是多阅读教育杂志，缺少对教育理论专著的研读，理论素养有待提高；虽然课堂教学扎实有效，但缺乏深刻性、灵动性；对于学校文化建设方面的课题，缺乏对小学语文教学的深入研究，撰写的论文缺少系统性和深度。

（转引自王聚元著《教师专业发展愿景规划与终身学习策略》）

这位老师既十分客观地具体揭示了自己在专业发展方面所存在的问题，又分析了产生问题的主要原因，如由于学校管理工作的分工，投入教学研究的时间和精力不够多，导致教学研究缺乏突出成果；再如，由于缺少教学理论专著的研读，导致理论素养不太高，等等。这不但明确了自己进一步克服缺点、消除差距的方向，而且为解决问题寻找到了抓手。

困惑也是专业发展道路上为实现更高的愿景目标所存在的问题，主要指在专业发展方面争取更上一层楼所存在的困难或疑惑。例如，案例中那位青年教师在其“自我评估”里提出的困惑主要如下：①自己总感觉时间和精力不够，没有时间去充电。虽每天忙于事务，但效果不明显。②课堂教学所花费的时间和精力已经足够多，但效果似乎不明显，如何保证课堂教学的有效性？③课堂教学中应该如何驾驭并把握课堂？

这位青年教师所遇到的困惑，相信大部分刚入职不久的年轻教师都会遇到，这些困惑是前进道路上的阻碍。下面是另一位骨干教师在“自我评估”里提出的困惑：

困惑一：多年来，为了把自己的教育教学理论水平提高到一个新的层次，我加强理论学习，订阅了数种教育教学理论刊物，并认真阅读思考。但是我发现，随着教育改革步伐的不断推进，各种理念、各种主张、各种口号层出不穷，有的甚至相互抵触、相互矛盾，我常常产生无所适从之感。

困惑二：多年来，我参加多期各种层次的骨干教师培训，聆听过许多有名望的专家学者的学术讲座。这些专家学者的理论讲座常常让人产生眼前一亮的感觉，但总觉得与自己的教育实践联系不上。专家学者们常常对传统教学提出批评，但往往又并不指出改进的方向和措施，于是我便会产生“越听越不会教”的困惑。

困惑三：按照特级教师评选条件，要求至少在核心期刊上发表两篇以上论文。这些年来，我一直为此而努力，虽然在省级以上刊物发表的论文数量已经远远超过特级教师评选标准提出的要求，但是在核心刊物上发表的论文还没有。对于如何提升自己论文的学术水平，实现“零”的突破，我觉得有些困难，有些迷茫。

（三）发展空间

评估和分析个人的发展空间，能让教师发现自己在哪些方面还有发展潜力，以及在哪些方面可以发展并能够发展，不但有助于教师提升自己的信心，更有助于他们从中探寻到继续前进的方向。发展空间具有明显的个性化特点，不同的个体在各个不同的阶段，发展空间各不相同。每个人的发展空间并不是一厢情愿地凭空想出来的，而是需要根据愿景目标和以往所取得的成绩，针对存在的问题，再结合个体的主客观条件，做出全面的权衡分析。请看下面的例子：

某学科带头人所做的“自我发展空间”分析

经过全面的分析权衡，我感觉自己在以下两个方面还有较大的发展空间：

1. 研究内容的转向与突破

任学校教科室主任的7年时间里，我所主持的课题基本上都是学校管理层面的大课题，对语文学科教学鲜有涉及。在掌握了基本科研方法、积累了一定的科研经验的基础上，我可以将研究的重点转向自己专业发展的领域。以前，我对语文教学的关注和研究的，着力点基本上都是在阅读教学领域。我一直在思考“课程要求我们教什么”“教材给了我们什么可教的内容”“我们实际在课堂上教了什么”等问题，在不断的探索与实践中，我又把着眼点放在教学内容的解读、选择、整合与重构上，形成了“教什么永远比怎么教更重要”的理念，这就为继续开展语文教学研究打下了坚实的基础。

近年来，我逐渐认识到，语文课程教学中阅读教学和习作教学各占半壁江山。阅读教学的确非常重要，但对于学生语文素养的全面提升来说，习作能力的提升更是基石。我开始有意识地关注教学杂志上关于习作教学的一些论文，并且购买了王荣生、潘新和、叶黎明等教授的著作，研读他们对习作教学的研究成果和主张，尝试着把语文教学研究的视角由阅读教学研究转向作文教学研究。在近阶段的教学研究中，我小有斩获，陆续完成了《从精致思辨到精微生成》《创意阅读，触发灵性习作》《咬嚼见真味，评改求精妙》《仿笔，实现与作者对话的有效路径》等论文。在研究过程中，我感觉自己对语文学科的性质有了越来越清晰的认识与把握。接下来，我准备进一步清晰地规划研究的方向和路径，在习作教学的领域里架构自己的研究框架。相信学科教学实践会成为研究的土壤，持续深入的研究又会不断促进学科教学的质量提升，实现教学研究产生质的突破。

2. 教学风格的提炼与形成

在前期的学科教学实践中，我基本上处于“无规划无目的”的自由发展状态。无论是上公开课，还是论文写作，基本上都是兴之所至，没有高位的设计和系统的思考。也就是说，我的发展只有一个个节点，这个节点无法用一以贯之的理念串联起来，自然无法形成清晰有序的成长路径。我的教学基本上是通过以下方式完成的：一是模仿名师，揣摩特级教师的课堂教学设计和娴熟的教学方法，在课堂上进行“临摹”；二是同伴互助，在不断的磨课、反思中汲取他人的智慧，改进自己的课堂；三是广泛阅读教学案例，在别人的课堂上获得启发。经过努力，我的学科教学有了很大的提高，甚至在同行中小有名气。但不难发现，我的实践方向有些散乱，没有提炼和总结出鲜明的教学风格。后来，我参加了省特级教师后备人选研修班，在导师的指导和引领下，我的课堂成为自己的课堂，好似一盘地道的“清蒸鱼”，它具有最新鲜的食材、最讲究的刀工、最适合的火候、最精致的调味，那是属于我自己的“味道”，那才是专属于我的教学风格。

（转引自王聚元著《教师专业发展愿景规划与终身学习策略》）

第三节　制定实现愿景目标的具体措施

一、设置愿景规划目标

目标是发展愿景的具体体现，有了目标，便有了方向，专业发展必须有明确的、有效的、切实可行的目标，以便教师排除不必要的犹豫和干扰，全心致力于目标的实现。

（一）总目标和阶段目标

总目标是总的努力发展的方向，阶段目标是一个个发展阶段的具体目标，是总目标的“子目标”。如果把总目标比作一个发展平台，那么阶段目标则是通往这个平台的一个个台阶。下面是新入职教师参加为期三年的教师培训时所设置的发展目标：

新入职教师个人专业发展三年总目标

通过参加为期三年的小学语文教师培训，将课内学习与课外学习相结合，自己学习与专家指导相结合，教育理论与教学实践相结合，能够在教学上形成自己的风格，并且具有一定的科研能力，做一名有一定理论功底、科研能力、专业技能的优秀教师。

个人专业发展年段目标

第一年度目标：提升理论素养、强化教学反思能力为主的目标。

1. 认真听取专家讲座，并做好学习笔记。

2. 学习同人的教学经验，听县或区骨干教师的课；在学习他人的基础上，完善自己的课堂教学。

3. 在教学理论的指导下，写下点滴反思，并加以整理和总结，结合课堂教学，撰写教育教学科研论文。

第二年度目标：以提高课堂教学艺术强化教学反思能力，加强教育科研能力，重构自身专业知识结构为主要目标。

1. 在日常教学中，要随时记录教学中的感想和学生的创新片段，学会积累，学会研究。

2. 将自己的专业知识运用于教学实践，并通过实践与反思，如与教学对象、教学环境不断互动的过程，强化自己的教学实践能力；将学科知识能力和教育理论素养相结合，通过教学实践整合自己的专业知识，重构自己的专业知识结构。

3. 利用现代化设备，借鉴网络资源，加强对教材体系的梳理，多看名师课堂实录，取他人之长，补己之短。

第三年度目标：提高教学效率，以促使教学品质专业化为主要目标，进一步提升自己的教学水平，形成自己独特的风格。

1. 在教学中努力形成自己的教学风格，注意学法指导，努力培养学生良好的学习方法和习惯，提高教学效率；努力培养学生学会独立钻研的学习品质和敢于表达的好习惯。

2. 勤于学习与反思，及时总结提高，有较高质量的教学反思。

（转引自王聚元著《教师专业发展愿景规划与终身学习策略》）

该教师设置的总目标和分阶段目标十分明确具体，把通过三年的努力所要达到的总目标以及每一年的努力方向设置得十分清楚明了。以下这个案例是关于在校师范生的职业规划，虽然比较简单，但是也很明了。

1. 总目标

教书育人，为人师表，加强师德修养；立足岗位，终身学习，提升专业素质；学以致用，转边教育教学方式，利用3～5年时间，成为研究型教师。

2. 本年度具体目标

（1）教育理念：学习先进的教育教学观念和先进的事迹，真诚对待自己所从事的职业，把教育教学真正作为事业，踏踏实实奉献教育，诚心诚意关爱每一个学生，用“爱”堆起教育的基石，用自己的学识及人格魅力，赢得学生的信任，点燃学生的兴趣，促进学生健康、快乐地成长。

（2）探索合适自己的课堂教学模式，用新的理念指导自己的课堂教学，使自己在课堂上活跃起来，成为学生施展才华的主阵地。通过课堂教学实践，形成自己的教学风格，探索自己的课堂教学模式，大胆创新，总结经验，不断求索。通过自己的教学艺术，吸收学生的追求，使课堂上的学生个个爱学习、对学习有探索欲。

（3）树立终身学习的态度，切实提高自身业务素质，科学学习专业理论知识，提升自我的专业水平和处理教育、教学实际问题的能力。在教育教学过程中，不断反思、创新、总结、积累知识，自我发展，不断自我充实与更新知识。同时，多听别的老师授课，学习他人的优点，克服自己的不足。所谓教学相长，就是要与学生一起成长，这样才能成为学生的老师。

（4）增强科研意识，为专业化发展提供强大的原动力。时代在创新，对教师的要求也在不断严格。在以后的工作中，不仅要提高能力，积累经验，总结方法，还要培养自身的创新意识，真正实现创新教育，做一名优秀的新教师。

（二）近期目标、中期目标和长期目标

从时间上说，教师专业发展愿景目标可以分为近期目标、中期目标和长期目标三类。这三类目标前后关联，方向一致，逐级提升，组成一个目标体系。远期目标是某个发展周期内所要实现的最高目标，近期目标是远期目标得以实现的基础目标，中期目标则是介于长期与近期之间的过渡性目标。近期目标、中期目标、长期目标所需要的时间没有统一的标准和限定。对于以五年为周期的专业发展规划，一般来说，近期目标一年左右，中期目标二到三年，远期目标则是五年左右。请看以下两则案例：

案例：新入职教师五年发展愿景规划目标设置

近期目标：

在原有基础上，通过一年的努力，教学理论、教学实践和教学研究水平上升到一个更高的台阶，争取成为有一定影响力的教师。

1. 理论学习方面

养成自觉学习前沿理论的习惯，及时了解本学科教学的最新理论成果，开阔自己的理论视野，丰富自己的理论素养，促使自己的教学理论水平有新的提升。

2. 教学实践方面

进一步更新学科知识，强化反思意识，不断积累和总结教学经验，从经验型教师向研究型教师过渡；虚心学习，大胆实践，争取在教学模式、教学方法、教学艺术等方面有所突破，初步形成自己的教学特色。

中期目标：

反思自身专业发展道路，对照名师的评选条件，发现并改进自己

的不足和缺陷，进一步明确方向，通过两年时间的努力迈进优秀名师队伍。

1. 理论学习方面

深度学习前沿理论，把握教育教学改革的动态和发展趋势，具有开阔的理论视野和扎实的理论功底，能从较高的理论高度审视日常教学行为。

2. 教学实践方面

聚焦课堂，以先进的前沿理论观照课堂教学，在创新教学的实践与研究中，以“本真语文”为核心理念，进一步形成并彰显自身“以学定教，顺学而导，言意兼得，指向运用”的教学风格。

3. 教学研究方面

使教学研究成为自己日常生活的一部分，走出基于日常经验的教学，实现从经验型教师向研究型教师的转变。

成功申报并开展省级课题的研究，有较丰厚的教学研究成果，争取在省市级刊物上发表至少三篇论文，在省、市优秀论文评比中获二等奖以上的论文不少于三篇。

远期目标：

对照优秀教师评选条件，进一步反思和总结自己的专业发展道路，分析自己的优势与劣势，明确继续前进的方向。经过五年时间的努力，缩短与优秀教师的差距，争取早日加入优秀教师队伍。

1. 理论学习方面

研读教育理论专著及前沿理论，把握教育教学改革的发展趋势，对教育教学理论有自己的认识与领悟，在进一步提升理论水平的基础上，凝练出自己的教学思想。

2. 教学实践方面

精通本学科初中阶段各年级的课程标准和教学内容，进一步彰显自己的教学风格，践行自己的教学主张，教学成绩突出并在同行中有一定的知名度。

坚持教学改革与创新，争取拥有较高的教学艺术水平，在公开课、优质课及研究评比中获得一等奖奖项。

3. 教学研究方面

进一步提升教学研究水平，论文质量有新的突破，争取在省级以上刊物发表论文不少于三篇，尝试在核心期刊发表论文。

进一步发挥新进教师在教学研究方面的引领作用，带动学校的青年教师开展教学研究，形成有较高水平的新进教师研究群体。

（转引自王聚元著《教师专业发展愿景规划与终身学习策略》）

案例：师范生发展愿景规划目标

近期目标（大学计划）：

在这一阶段中，我的主要任务是为即将走上工作岗位做准备。想要在就业应聘中脱颖而出，就需要我在大学中好好把握每一分钟，为将来进入社会打下良好的基础。

大一，在学好专业知识之余，虽有加入校红十字会和学院学生会，但不久后就退出了。从这点看来，耐心有待改进。而且，不够积极主动参加学校组织的课外实践活动，师范技能训练欠缺。

大二，在努力学好专业知识之余，拿下英语四级。担任班长，主动为同学们服务，积累经验，提高自己处理事情的能力。大二暑假参加“三下乡”活动等社会实践。

大三，以培养教师的师范专业技能为重点，参加模拟课堂练习，提高师范技能实战能力及培养教师的文化素养。积极参加模拟课堂练习，体验课堂教学，提高教师素养。考取普通话证书、英语六级证书以及计算机等级证书等。

大四，重视实习，认真实习，主动联系教育实习单位，在实习中要虚心求教，积极总结反思；准备招聘考试面试：了解就业信息，积极参加各种社会招聘活动，努力复习专业知识和公共知识，关注时事政治，深入掌握教育学、心理学基本知识。

中期目标：

在这一阶段中，我的主要任务是走上工作岗位，成为一名幼师。其中最重要的就是从普通教师转变为学校骨干教师的这个环节。想要在自己的职业中有所成就，就需要不断地学习和进步，因此转变为学校骨干教师是刚成为教师后的主要方向。

毕业通过招聘考试成为实习老师。之后虚心向前辈学习，观摩优秀教师的课堂，学习并运用优秀教师的教学模式。担任班主任服务小朋友和家长，从而一步步从普通教师成长到骨干教师。

远期目标：

进入幼师行业三年后，应该积累许多教学经验，在教学上有良好的表现，同时在论文发表上应该更积极，成为学校里的骨干幼师。

（转引自王聚元著《教师专业发展愿景规划与终身学习策略》）

二、设置目标须遵循的几项原则

（一）系统性原则

总目标、阶段目标，近期目标、中期目标、长期目标，这些各层级目标构成了一个完整的目标体系，彼此之间有紧密的内在联系和极强的逻辑关系。教师在设置目标时，要注意不要让它们彼此隔离或者支离破碎，必须考虑体系内各项目标之间横向和纵向的联系，要满足上位目标对下位目标的要求，充分体现目标之间的连续性和递进性。例如，上面所举的那位初中语文学科带头人所设置的目标，近期、中期、远期目标就具有明确的连续性与递进性；每期目标的总目标和具体目标是上下位关系，下位目标服从于上位目标；每期目标又由体现教师专业发展的四个互相联系的重要方面组成。这样，这些目标就组成了一个完整的目标体系。

（二）具体性原则

目标设置和表述应力求明确具体，杜绝说空话、套话。目标设置大而空，“达成什么”不明确，势必会影响后续的“如何达成”。目标设置越具体，对教师的专业发展越有促进作用。在设计目标时，教师一定要明确具体地考虑清楚并用具体明确的行为表述方式呈现出来，避免抽象概括或者含糊其辞。例如，说“通过学习，提升对新课程理念的认识”显得抽象了一点儿，但是说“通过新课程标准的学习，更明晰对语文学科性质与价值的认识”就具体多了。

一般来说，我们常用行为动词来表述目标，这种陈述方式表述的目标又称为具体行为目标，它具有可操作、可观察和可测量的特点，这正体现了目标的具体性。如有必要，可以在设计目标时尽可能设置一些能够考量的指标。例如，成功申报并开展省级课题的研究，有较丰厚的教学研究成果，争取在省、市级刊物上发表至少三篇论文，在省、市优秀论文评比中获二等奖以上的论文不少于三篇。坚持教学改革与创新，教学艺术水平较高，在市级以上公开课、优质课及研究评比中获得一等奖奖项。

下面这两则案例里的新入职教师以及师范生所设置的目标就颇具具体性特点，值得借鉴。

案例：新入职教师本年度具体目标

1. 深度学习和了解前沿教育理论

围绕个人研究课题精读两本书（魏星《语用：语文教学的新坐标》、李海林《言语教学论》），递交两篇高质量读书笔记，并在小组或全班至少做一次读书心得交流（或读书报告）。

2. 锤炼课堂，形成教学风格

其一，以先进的前沿理论观照课堂教学实践，通过课堂教学研讨、观摩交流及与优秀教师对话等方式，提升自己的教学智慧，在创新学科教学中形成自己个性化的教学风格。

其二，上一堂体现课题研究成果的研修考核课并按要求递交教学简案、课后反思、同伴和导师点评等。同时，不断反思课堂教学，在导师的带领下凝练教学主张，形成教学风格，不断充实并完善“基于思维民主的语文教学”之观点，并能够对本人的教学风格做简要的阐述。

3. 课题研究提升科研水平

其一，论文写作。提高论文的理论深度与厚度，争取在核心期刊上发表 1 ~ 2 篇高质量的教学论文。

其二，课题研究。在导师的指导下承担并完成“追寻思维民主，促进言语生成”课题研究的任务，思考语文核心素养，从“思维发展与品质，语言建构与运用”的维度出发，明确课题研究主题，做好文献综述，制订研究方案，进行课题论证与交流，撰写高质量的科研论文，形成阶段性研究成果。

（转引自王聚元著《教师专业发展愿景规划与终身学习策略》）

案例：师范专业学生规划具体目标[①]

第一年：

（1）尽快适应熟悉和掌握组织幼儿一日活动及各种教学活动的业务技能，争做一个技能扎实的青年教师。

（2）扎实学习《幼儿园教育指导纲要》，学会说课、评课、分析教材的难重点。根据幼儿的发展和幼儿的兴趣点，制订符合幼儿实际的各类教学计划，经常反思评析自己的教学实践。

（3）经常与经验丰富的教师交流沟通，学习组织幼儿及与家长沟通的有效方法。

（4）认真参加每一次的教研活动、各种学习，认真思考并作好笔记，虚心学习。

（5）努力提高自身的师德素养，成为一名师德高尚的教师。

第二年：

（1）提高为幼儿发展创设适宜的物质环境和精神环境的能力，能为幼儿营造一种平等、宽松、理解、激励的精神环境。

（2）掌握寓教育于游戏的原则，因人施教，引导幼儿主动地学习。

（3）具备基本的家长工作能力，能召开家长会，能与家长及时联系幼儿的发展情况，注重个体差异，促进每个孩子不同程度地提高。

（4）利用业余时间阅读幼教方面的书籍，不断丰富自己的知识，拓宽视野。

（5）在教学中有自己的创意，寻求自己的教学特色；全方位地去

① 幼师未来三年专业发展规划措施（精选5篇）[EB/OL].(2022-04-05)[2023-06-09].http://www.yjs21.com/y/5324656.html.

感受幼儿；具备积极的工作态度。

第三年：

（1）逐步形成自己独特的教育理念和教育风格。广泛学习，将所学到的理论付诸实践，并在实践中调整自己的教育观念和教育手段，形成自己的教育风格，做一个个性的幼儿教师。

（2）具备指导家长提高科学育儿水平的能力，根据个别幼儿的实际情况制定对策。

（3）加强日常工作中对幼儿的观察与反思，培养对教育的敏感性，力求能敏锐地感受到每个孩子的需要。

（4）不断提高业务能力，争取成为一名优秀的幼儿教师。

（三）适度性原则

设置的目标应该难易、高低适度，能够“跳一跳，摘得到”，既有挑战性，又有可行性。如果目标设置得太高，愿景目标与教师实际差距过大，则实现难度太大，不但不会产生内驱力，反而会促使教师产生实现愿景的畏难情绪，从而影响专业自我发展的积极性；相反，如果目标设置得过低，用不着下多少功夫就能达成，同样会影响教师不断进取的积极性。例如，上面那位语文骨干教师设计的中期目标是在“争取成为有一定影响力的学科带头人”的基础上，“通过两年时间的努力迈进市级名师队伍”，远期目标没有要求自己马上进入特级教师队伍，而是根据自己的实际情况提出“经过五年时间的努力，缩短与特级教师的差距，争取早日加入特级教师队伍”。

（四）集中性原则

教师专业素养由各个方面组成，从理论上说，组成教师专业素养的各个方面都应当得到发展，不能有所偏废。但在教师专业发展的具体实践中，每一个发展阶段中的各个方面不可能同时并举。设置目标时，要根据这个阶段的发展需求以及自身的具体情况，不必每一个方面都顾及。就某一方面来说，也不需要面面俱到，而是要有所侧重，以集中精力，着力于这个阶段最需要得到发展的方面。

三、制定实现愿景目标的措施

如果说发展现状的自我评估是解决“我是谁”的问题，目标设置是解决“我要成为谁”的问题，那么制定实现目标的措施则是解决“我如何成为谁”的问题；如果说发展现状分析是解决“我现在在哪里”的问题，目标设置是解决“我要往哪里去”的问题，那么制定实现目标的措施则是解决“我如何往那里去”的问题。制定实现愿景目标的措施，是教师专业发展愿景规划不可或缺的重要环节。

（一）具体可行，具有较强的可操作性

所设置的措施应该是可操作的一个个行动项目，每一个行动项目都表明为了实现愿景目标该做哪些事儿、怎么做。因此，每一项活动都要有具体的行动方案，包括内容、步骤、时间以及可以预期的结果等。必要时，还可以列出为保障计划顺利实施所准备的条件或举措。

（二）突出重点，有较强的针对性

制定的措施不宜面面俱到，而是要突出重点。制定具体措施的目的，一是为了保证愿景目标的顺利实现，二是为了解决自我评估中发现的问题或困惑。所以，制定措施时，一是要瞄准愿景目标，二是要针对存在的问题。

教师可以把各项目标分解成若干个小目标（子目标），仔细考虑要达成这些小目标该做哪些事儿、怎么做。例如，以下案例中的新入职教师为了实现个人专业素养发展方面所要达到的目标，把该目标分解成“认真读书”“参与培训”以及“开展研究”三个子目标，从而制定出了切实可行的具体措施。

1. 认真读书

读王荣生教授的《语文教学内容重构》，探究语文教学内容、语文教材、教学方法、语文知识等相关问题；读《江苏著名特级教师教学思想录》，从身边的特级教师成长案例中获得思想和方法上的启迪；继续精读孙绍振教授的《如是解读作品》《名作细读》等书籍，让自己对文学作品的解读有更多维的思考和更深刻的辨析；阅读叶黎明博士的

《写作教学内容新论》，并对照和检视自己的习作教学实践，梳理出适合自己的研究重点，开展课题研究。

2. 参与培训

角色的重新定位，需要有更高层次的责任与担当。我参加了一系列高级别的培训——校长任职资格培训、省首批阅读领航人培训，直至现在的特级教师后备人才高级研修班培训……我视培训为绝佳的提升自己综合素养的机会。我期待在培训中对教育、儿童、人的发展等基本概念的内涵有更丰富而深刻的认识，对思维的本质特性有更理性的解读，对教科研的真实状态和方法有更高层面的把握……我坚信只要用心学习，就会有收获。

3. 开展研究

我要在课题研究中获得再次出发的力量。具体来说，我将针对自己感兴趣的问题——小学习作教学内容的选择和重构，在7至8月精读一两本教育教学专著，确定研究的目标，梳理出研究的内容，认真写出一份具有较高质量的课题研究方案，并在导师的指导下申报省“十三五”规划课题。

（转引自王聚元著《教师专业发展愿景规划与终身学习策略》）

针对存在的问题，是指在自我评估中找出存在问题的基础上，思考解决这些问题的对策及举措，从而制定出切实有效的措施。例如，某位教师发现自己在专业发展中存在问题或困难时缺乏高水平专家的引领，为了克服这个缺陷，他的举措是利用参加高层次骨干教师研修班的机会，“每月主动至少与导师交流一次”；他发现由于忙于学校行政管理工作，平时读书的时间太少，于是决定“每天至少抽出一个小时的时间用于读书学习”；等等。

参考文献

[1] 叶澜，白益民，王枬，等 . 教师角色与教师发展新探 [M]. 北京：教育科学出版社，2001.

[2] 吴康宁 . 教育社会学 [M]. 北京：人民教育出版社，1998.

[3] 孙晨红，张春宏，王睿 . 教师专业化发展与教师成长 [M]. 哈尔滨：东北林业大学出版社，2016.

[4] 张典兵，王作亮 . 教师专业发展 [M]. 徐州：中国矿业大学出版社，2017.

[5] 林静 . 基于“教 – 研 – 培”相结合的教师专业发展路径研究 [J]. 教育观察，2022（33）：71–74.

[6] 冯园园，张定强，高波 . 论教师个人教育哲学对“自主”专业发展的推进作用 [J]. 中小学教师培训，2023（3）：13–18.

[7] 王露 . 深度理解与意义重构：教师专业发展的再解读：基于解释人类学视角 [J]. 荆楚学刊，2022（5）：54–59.

[8] 李新翠 . 学习共同体：激发教师专业自觉的发展模式 [J]. 教师发展研究，2022（3）：71–77.

[9] 张千帆，李晓艳，刘妞 . 教师团队合作行为的影响因素研究 [J]. 高等工程教育研究，2016（1）：113–117.

[10] 严胜文 . 基于名师工作室的青年教师专业发展模式探索 [J]. 贵州教育，2022（1）：19–21.

[11] 姜黎文 . 让教研组成为新教师专业发展的“助推器”[J]. 上海托幼，2021（Z1）：48–49.

[12] 陈倩娜，周钧 . 突围应试困境教师的反思特征分析：以“名师工作坊”项目的两位教师为例 [J]. 黑龙江教师发展学院学报，2021（7）：21–24.

[13] 赵莉，李王伟，徐晓东 . 个性化和持续性教师专业发展模式的构建与效果研究 [J]. 中国电化教育，2021（5）：117–123，110.
[14] 张素玲 . 教师专业发展的特点与策略 [J]. 辽宁教育研究，2003（8）：3.
[15] 唐玉光 . 教师专业发展的研究 [J]. 全球教育展望，1999（6）：5.
[16] 杨玲，崔延琪，许琼英，等 . 教师专业发展模式构建：基于“CARE”项目的探索 [J]. 中小学教师培训，2020（11）：73–78.
[17] 王磊 . 提高教师专业发展模式的探究：以校本培训为例 [J]. 中国多媒体与网络教学学报（中旬刊），2020（7）：62–63.
[18] 祁建香 . 校本教研与网络教研相结合的教师专业发展模式分析 [J]. 试题与研究，2020（16）：45.
[19] 朱俊 . 融合共进：让教师与学校一起幸福成长 [J]. 江苏教育，2022（94）：76–77.
[20] 刘向永 . 基于实践共同体的高校支持教师专业发展 [J]. 江苏教育，2022（78）：6.
[21] 李帝武 . 构建支持服务体系引领教师专业发展 [J]. 湖北教育（教育教学），2018（5）：7.
[22] 夏循藻，朱国斌 . 实施“研训教一体化”促进教师专业发展 [J]. 湖北教育（政务宣传），2017（11）：32–34.
[23] 李健，卫倩平 . 教师专业发展影响因素：分类、反思与重构 [J]. 中小学教师培训，2020（6）：24–28.
[24] 陈桂华 . 反思 · 学习 · 研究：评何欢兰老师的专业成长之路 [J]. 江苏教育，2022（70）：66–67.
[25] 赵萍 . 教师专业发展制度研究：学校教研组：基于三种理论视角的探讨 [J]. 教师发展研究，2017（1）：37–43.
[26] 薛城 . 建设优秀教研组促进教师专业发展 [J]. 江苏教育，2016（54）：22–23.
[27] [28] 涂元玲 . 培养教师调查研究学生能力 促进教师专业发展 [J]. 中小学教师培训，2019（2）：9–12.
[28] 吴乐乐，姜利琼，柏杨 . 骨干型教师专业发展的定位、方向与路径反思 [J]. 中小学教师培训，2017（5）：13–16.
[29] 曾土花，胡中锋 . 教师合作文化视角下的教师专业引领 [J]. 当代教育科学，2013（3）：3.

[30] 郝建江，郭炯 . 新兴技术赋能教师专业发展：诉求、挑战与路径 [J]. 开放教育研究，2023（1）：46–52.

[31] 李阳杰 . 教师专业发展中的师徒制：研究进展与未来展望 [J]. 现代基础教育研究，2022（4）：105–110.

[32] 杨汉洲，熊丹妮 .“教师专业发展”教材内容体系的审视与重构 [J]. 湖北文理学院学报，2022（12）：62–66.

[33] 李秋霞，梁震 . 人工智能时代教师专业发展路径探寻 [J]. 教育理论与实践，2022（34）：54–58.

[34] 周振宇 . 课堂观察：基于教师专业发展目标的实践尝试 [J]. 中小学教师培训，2017（10）：13–16.

[35] 汤光凡 . 生本课堂教学策略的思考与实践 [J]. 湖南教育：中旬（B），2016（1）：28–29.

[36] 缪徐 . 草根化研究：教师专业发展的有效途径 [J]. 中小学教师培训，2013（12）：31–34.

[37] 肖安庆，李通风，谢泽源 . 微课推动教师专业发展：现状、优势与策略 [J]. 中小学教师培训，2013（10）：15–17.

[38] 钟启泉 . 教师“专业化”：理念、制度、课题 [J]. 教育研究，2001（12）：12–16.

[39] 钟祖荣，张莉娜 . 教师专业发展阶段的调查研究及其对职后教师教育的启示 [J]. 教师教育研究，2012（6）：7.

[40] 程良宏，王媛 . 论教育改革中教师的“被培训”[J]. 教育发展研究，2012（8）：65–70.

[41] 张聪，焦利芳. 问题导向的宽基础人才培养模式：浙江大学“基地”建设的实践与探索 [J]. 清华大学教育研究，2004（5）：84–87.

[42] 左岚. 以“教师的转变”为核心的教师专业发展模型研究 [J]. 教育发展研究，2014（18）：80–84.

[43] 冯晓英，郭婉瑢，黄洛颖 . 智能时代的教师专业发展：挑战与路径 [J]. 中国远程教育，2021（11）：1–8，76.

[44] 田亚妮 . 以教师文化促进教师专业发展的理论与实践研究 [D]. 西安：陕西师范大学，2006.

[45] 刘珍珍 . 教师同伴互助的有效性研究 [D]. 武汉：华中师范大学，2014.

[46] 林克松 . 工作场学习与专业化革新：职业教育教师专业发展路径探新 [D]. 重庆：西南大学，2014.
[47] 郭旭 . “师徒制”与新教师专业发展 [D]. 上海：上海师范大学，2009.
[48] 池春燕 . 教师专业发展背景下的师徒制研究 [D]. 上海：华东师范大学，2007.
[49] 邓涛 . 教师专业合作的理论与实践研究 [D]. 长春：东北师范大学，2008.